成功家教丛书

杜希福 主编

成功密码

如何让孩子成就辉煌

田 园 颜 蕊 邱晓兢 等 编著

山东教育出版社

图书在版编目(CIP)数据

成功密码——如何让孩子成就辉煌/田园等编著. —济南：山东教育出版社，2011
(成功家教丛书/杜希福主编)
ISBN 978－7－5328－6827－8

Ⅰ.①成… Ⅱ.①田… Ⅲ.①家庭教育—研究 Ⅳ.①G78

中国版本图书馆 CIP 数据核字(2011)第 062520 号

成功家教丛书

杜希福 主编

成功密码

——如何让孩子成就辉煌

田 园 颜 蕊 邱晓兢 等编著

主　　管：山东出版集团
出 版 者：山东教育出版社
(济南市纬一路 321 号 邮编：250001)
电　　话：(0531)82092663 传真：(0531)82092661
网　　址：http://www.sjs.com.cn
发 行 者：山东教育出版社
印　　刷：山东新华印刷厂德州厂
版　　次：2011 年 12月第 1 版第 2 次印刷
规　　格：787mm×1092mm 16 开本
印　　张：25.5 印张
字　　数：311 千字
书　　号：ISBN 978－7－5328－6827－8
定　　价：32.00 元

(如印装质量有问题，请与印刷厂联系调换)
电话：0534-2671218

出版说明

“家庭是孩子的第一所学校。”“父母是孩子的第一任老师。”“好父母胜过好老师。”如今，这些教育名言已成为家长们的共识。因为成功的家庭教育是孩子走向成功的基础，所以，天下父母都想为孩子打牢这个基础，都希望孩子在人生道路上快乐前进，走向成功。

而在现实生活中，绝大多数的父母并不是教师。那么，怎样才能成为胜过“好老师”的“好父母”呢？怎样才能成为合格的“第一任老师”？怎样才能真正担当起孩子家庭教育的重任呢？

学习，父母需要学习。学习最先进的教育理念，学习一些教育学、心理学知识，学习教育孩子的方法和技巧，学习他人教育子女的成功经验。

罗丹说过，我们生活中不是缺少天才，而是我们的教育中缺少发现和认识天才的能力。

每个孩子都是潜在的天才，孩子身上都蕴藏着巨大的、不可估量的潜力，只要教育得法，看似普通的孩子，也能做出非凡的成就。

心理学的研究发现，0～13岁是人一生中大脑发育最迅速的时期，是记忆力最佳时期，是一生中最可塑的阶段，也是奠定人的智能和性格的重要阶段。这个阶段，特别是学龄前，孩子与家长相处的时间最长，所以，家庭教育对孩子的成长与成才起着关键作用。父母不仅要爱孩子，还要用最适合的方法教育孩子。反之，错误的教育方法则会贻误孩子一生。适合的教育方法是最好的。用适合的方法教育自己的孩子，才是父母对孩子真正的爱，才能教出成功的孩子，才能成就孩子辉煌的一生。

所以说，教育孩子，方法最重要。

比如，很多孩子都喜欢“搞破坏”，父母应该怎样对待孩子的这种行为？如果父母见孩子“破坏”东西，不问青红皂白就是一巴掌，这一巴掌很可能把一个天才打成一个蠢才。如果对孩子的这种行为加以分析、引导、指导、教育、启发、鼓励，很可能培养出一个爱迪生或爱因斯坦。

比知识重要的是能力，比能力重要的是兴趣；好成绩不如好心态，好心态才有好未来。

在教育孩子时，父母应该树立这样的理念：父母给孩子的不能只是富裕的生活，或是英俊的外貌，最重要的是给孩子一个成功、快乐、幸福的人生。

其实，天下所有的父母都期望孩子有一个成功、快乐、幸福的人生。那么，怎样才能使期望变成现实呢？

请读一读《成功家教丛书》吧，您能从中找到答案。

本《丛书》得以出版除主编和作者的辛勤劳动外，还得到了常淑敏、刘庆芳、刘士祥、方圆、齐敦贤、吴若瑜、钱玉、孔令柱等专家的指导，以及快乐教育网、儿童发展教育研究中心、库金会超常教育（学校）研究所等机构的支持和帮助。在此表示真诚的感谢！

总 序

杜希福

许多家长都上过大学，在大学里学着不同的专业，以适应社会上不同的工作。但有一种几乎人人都要从事的工作，却没有相应的专业去对应，这就是如何做父母。

而孩子的教育又是那么敏感！伟大的儿童教育家洛克在《教育漫话》一书中说："教育上的错误比别的错误更不可轻犯。教育上的错误和错配了的药一样，第一次弄错了，决不能借第二次、第三次去补救，它的影响是终身洗刷不掉的。"

如何教育孩子，成为年轻父母及至整个家庭的首要问题。

没有办法，必须学习！

个人认为，根据事前、事中、事后来分，家长对家庭教育知识的学习可以分为三种时态，以对 3～6 岁幼儿教育的知识为例：

一是前导性学习。即在孩子 3 岁以前，家长就要系统地了解孩子 3～6 岁发展进程，并知道在不同的时期，孩子会有怎样的发展和怎样的需求。有了这些知识做基础，家长就可以优雅地欣赏孩子的发展，并在关键的时候帮孩子一把。

二是适时性学习。即孩子已经进入幼儿时期，他们的成长给家长提出了许多新问题。家长一边学习，一边指导孩子，尽管有点儿手忙脚乱，但总体上能赶得上孩子的发展。适时性的学习也有风险，当孩子稍稍度过了你所刚刚了解的发展时期，就可能耽误一点儿。

三是弥补性学习。即孩子已经进入小学，发生的问题却是幼儿时期的欠账，解决问题还得从幼儿时孩子发展的原因找起。为此，家长不得不再去了解孩子幼儿时期发展的心理特征，根据当时的发展缺陷来制定补救方案。

显而易见，家长最好参与前导性学习，这对于掌握孩子成长规律、系统把握家庭教育的阶段性工作是十分重要的。尽量不要用弥补性培训去解决已经存在的问题，那样，事倍功半就在所难免，出力不讨好、出力不管用也是非常可能的。

就学习的途径来说，可以分为向父母学习、向同伴学习、向老师学习和向书本学习几种情况。

向父母学习，是多数人的天性。一旦孩子有问题，我们都会想父母当年是怎样教育我们的。

向同伴学习，就是看别人怎样教育孩子，然后引入自己的家庭教育。

向老师学习，因为幼儿园和学校是有组织的教育机构，教师应该是教育的专业工作者，对于家庭教育具有特别的指导作用。家长应该与老师保持良好的关系，经常听听老师的意见。

向父母学习无可厚非，但今天孩子的成长环境与我们可不一样。向同伴学习可以弥补前者，但视野不够宽阔；大多数老师可以成为我们的老师，但个别老师的教育行为也值得商榷。

对于有作为的家长来说，向书本学习是必不可少的。因为书本里有专家对孩子成长规律的描述，有教育孩子应该遵循的基本规则，这些都具有较为普遍的指导性；书本里也有许多成功家教的经验，通过对成功事件的分析，从中找出影响成功的决定性因素，这对于我们都具有一定的借鉴意义。

本《丛书》的作者们通过长时间的努力，分四个专题介绍了家庭教育的知识和方法，提供了若干成功家教的实践案例，愿它能为您的家庭教育提供帮助。让我们的孩子健康成长，是我们共同的心愿！无论这个孩子是我的、您的，还是他的，他们都是中华民族的子孙！

目录
CONTENTS

第一章 品质优秀的孩子才能成功

正直是立身之本

一个成功的人，必然是品德、健康和才能的结合体。教育孩子不仅要发展他的智力，同时还要培养他的优秀品德。正如智力的培养需要从孩子一出生就开始一样，孩子的优秀品德也必须从摇篮时就开始熏陶。

俗话说："欲做事，先做人。"只有懂得做人的道理，会做人，做一个堂堂正正的人，做一个具有良好品德的人，才能成就一番事业。如果一个人不懂得如何做人，那么，他就不可能做成大事。所以，父母在教育孩子时，首先应该对孩子进行良好的品德教育。

对于孩子的品德教育，父母的作用非常重要。因为父母是孩子的第一任老师，也是儿童时期陪伴孩子时间最长的人，父母会成为孩子模仿的对象。所以说，不注意培养孩子品德的父母，就不是合格的父母。

孩子的心灵是一块奇妙的土地，播上思想的种子，就会获得行为的收获；播上行为的种子，就能获得习惯的收获；播上习惯的种子，就能获得品德的收获；播上品德的种子，就能得到命运的收获。所以说，孩子的命运掌握在父母的手中。

父母要严格要求自己，做孩子的表率，努力培养孩子好的品德，为开拓孩子美好未来积极创造条件，同时也就使自己成为一个伟大的人。因为世界上再也没有比伟大人物的父母更伟大的了。

父母的行为要非常小心，因为孩子是父母的影子，是父母的翻版。比如，母亲喜欢化妆，女儿也必然是爱打扮的；母亲是个长嘴妇，女儿也不例外。同样，父亲好喝酒，儿子也会喝酒；父亲管不住自己的嘴，儿子也会如此，这已成为社会上的定律。为了培养孩子的品德，父母的行为要谨慎，应处处做孩子的表率，孩子好的行为或坏的行为都是父母教育和影响的结果。

正直是一个人的立身之本，是每个孩子必须具备的一种基本道德品质。

要想孩子能成为一个成功者，首先要成为一个正直的人，这种品格的形成要靠父母对孩子从小的引导。

正直的表现有很多种，父母可以从很多方面引导和教育孩子，使孩子真正理解正直的含义，并成为一个正直的人。

首先，父母要告诉孩子懂得公平、公正，不藏私心。

其次，告诉孩子要敢说敢做，敢做敢当，勇于承认错误。

有的孩子怕犯错误而不为，有的孩子明知是错也不承认，怕认了错便毁了自己的形象。要告诉孩子这些都不是正直之举。正直不是不犯错误，敢做敢为也不见得事事都做得对，但正直者一旦认识到自己的错误，就会勇敢承认，勇于改正。

守信是处世之根

诚实是做人之本，守信是处世之根。诚实守信是一种道德品质和道德信念，是每个孩子长大成人的道德责任，也是一种崇高的人格力量。对孩子诚信品质的培养，有利于孩子认清是非善恶，这是孩子树立正确的人生价值观的重要基础。

诚信正直的孩子会有强烈的正义感，会有乐于助人的善举；诚实守信的孩子会敢于承认错误、勇于承担责任，这也是孩子有责任心的表现。而这些与诚信密切相关的品格，如正义感、责任感、善良的心、知错能改等，都是孩子树立正确的人生观、价值观不可缺少的品质。

守信是一种传统美德，也是现代孩子不可缺失的素养。培养孩子守信的品质，对孩子树立正确的积极的人生观、价值观有着重要的意义。

孔子说过，信用是为人的根本，不讲信用，难以在社会上立足。人活在世上，必然要同周围的人们打交道，而人与人之间的关系与友情，是需要信用来维系的。古往今来，人们痛恨尔虞我诈、轻诺寡信的行为；崇尚言必信行必果、一言既出驷马难追、说话算话的君子作风。只有恪守信用的人，才能交到知心的朋友，才能成大事。

讲信用是孩子立足于社会必不可少的资本，父母应予以重视，培养孩子信守承诺的好品格。

守信是优良品德，失信是不道德的行为。一个言而无信的人是不会得到别人尊敬的，同时也没有人愿意与其合作。

人与人合作的基本前提就是要守信用。父母教育孩子守信用，就是要求孩子在与人交往中做到守时、守信。因为，守时、守信的孩子更受人欢迎，更容易获得社交的成功。守信的人，别人就愿意与他合作。

讲信用是做人的一项原则，因此，父母必须从孩子小的时候就对其进行信用教育。父母可以从以下几方面着手培养孩子守信：

一、父母对孩子许诺要慎重

父母对孩子许诺前一定要慎重考虑，该不该对孩子许诺，能不能兑现，这种许诺对孩子来说到底好不好等等。一旦许诺，父母就要严格履行自己的诺言，因为孩子是单纯的，也是易受其他因素影响的，特别是朝夕相处的父母。父母只有恪守信用，才能在孩子心目中建立威信，同时也教育孩子对谁都不能随便承诺，一旦承诺了就要负责。

二、避免逼迫孩子许下不可能兑现的诺言

父母逼迫孩子许下不可能兑现的诺言，对孩子的心理健康发展

是非常不利的。一方面会使孩子学会使用大而空的诺言取悦别人；另一方面，许下这种不能兑现或者很难兑现的诺言，将会使诺言的威严性和重要性在孩子心中大打折扣。

三、让孩子说到做到

父母应该教育孩子对别人要讲信用、负责任，答应别人的事要兑现。如果经过再三努力仍没有做到，应诚恳地说明原因，表示歉意。父母应告诉孩子在答应别人之前，要慎重考虑自己有没有能力和把握做好此事，对不能做好的，就不要轻易答应。

四、培养孩子的时间观念

培养孩子良好的时间观念，养成不拖拉的好习惯，应该从孩子小时抓起。让孩子在很小的时候就懂得时间的重要，懂得及时兑现答应别人的事。即使孩子与朋友的约定没有太大价值，也要令其遵守。孩子必须在这些小小的约束中，学习到如何以自己的努力管理自己的行为。久而久之，孩子面对任何事情都会守信践诺。

五、父母要信任孩子

父母要让孩子有被信任的感觉，父母越信任孩子，孩子就会越讲信用。否则，他就会撒谎。比如，有些父母因害怕孩子交上坏朋友或异性朋友而不愿给孩子自由的空间，甚至不择手段地了解、侦察孩子的动向，监听孩子的电话，偷看孩子的日记和信件。父母的这些行为，不仅不能达到教育的目的，反而会引起孩子的强烈反感，严重伤害孩子的感情。

六、给予孩子及时的提醒和鼓励

对于孩子守时守信，不管事情多么微小，父母都一定要及时给予鼓励和褒奖，激励他坚持做下去。相反，如果他没有信守承诺，或者一时忘了，父母就要及时提醒他，并督促他认真地去完成。

七、要让孩子履行承诺

要让孩子从小就学会做一个言而有信的人，一旦许下诺言，就要尽力去履行。自己承诺了别人的事情，即使不情愿做，也必须认真做好。这既是对别人负责，同时也是对自己负责。

要教育孩子不要轻易许诺，一旦许下诺言，就要尽可能照此执行。实在做不到，也应该解释清楚，有条件的话，尽快将没有兑现的诺言补上。

诚实的孩子有前途

诚实是言行与思想的一致，一点也不虚假的行为品质，是拥有健康人生的基础。如果一个人从小没有养成诚实的习惯，长大后，一句谎言就能使孩子的人格破产、前途暗淡。林肯曾说："你能欺骗少数人，你不能欺骗大多数人；你能欺骗人于一时，你不能欺骗人于永恒。"欺骗别人终究会受到惩罚，而且是无法逃避的惩罚。

一个人成就的取得好比在建房，不论盖多么高的大厦，多么豪华的别墅，地基一定要打好。如果在地基上偷工减料，那么整栋楼就是豆腐渣工程，即使看上去再富丽堂皇，也终究有一天会楼倒屋塌。诚实的品质就好比房子的地基，家长一定要先帮孩子打好这个"地基"。

诚实，才能走得更远。对于孩子来说，家长有责任让其在成功的路上，一步一个脚印。

诚实的人永远被人尊重！诚实就是不做那些不道德的事；不仅洁身自好，而且积极追求更高层次的善。

做一个诚实的人是需要勇气的。诚实的人也许会吃亏，也许会受骗，但他绝不会因此而远离诚实，这就如同走路有可能被摔得鼻青脸肿但却不能终生躺在床上的道理一样。

诚实做人是成功者的成功秘诀。无论谁如果做人诚实，又讲信用，那么，他就会有意外的收获。

家长一定要明白这样的道理：要想孩子学有所成，家长一定要引导孩子踏踏实实做事。因为欺骗就是在成功路上自设陷阱，总有一天自己也会掉进去。踏踏实实做事有时虽然看上去会吃一时之亏，但是，这都是为自己打基础，等基础坚实了，事业就能一步一步地发展起来。

很多家长都希望自己的孩子诚实，希望孩子不要欺骗自己，不要对家长有丝毫隐瞒，但是他们却往往对孩子不能信守承诺。如果家长每次的许诺都不过是一张空头支票，孩子的一次次希望都成了泡影，久而久之，孩子不仅失去了对家长的信任，慢慢地也就学会了说谎。

家长和孩子形成真诚和互相信任的关系，是培养孩子诚实品质的一个重要条件。童年时，孩子最信任的人就是父母，来自父母的欺骗对孩子信任感和安全感的打击更为沉重，而这种被欺骗的消极情绪体验可能影响其今后的发展。

有些家长认为孩子小不懂事，凭自己的智力可以“蒙”过小孩子。这种做法的结果是，孩子不但不相信大人了，而且学会了大人的做法，长大了也会去“蒙”别人。孩子为人处世的方法多是从家长那里学来的，家长哄骗孩子，就是教导孩子也去哄骗他人。

有些家长，不但直接欺骗孩子，还会当着孩子的面，做出各种欺骗别人的事情来，这无意间也会影响到孩子。

在有些情况下，还有一些家长却在“逼”孩子说谎。

比如，孩子刚刚懂事时，他还不懂得“作秀”，也不懂得人情世故，说话很“实”，基本上就是实话实说。但有时候，这种实话对家长来说，可能显得不合时宜。所以在这个时候，孩子若实话实说，可能就会招来大人的训斥。

有些家长可能发现，尽管自己要求孩子要诚实，可是他有时还会说谎。对于这种情况，做家长的也没有必要大惊小怪。专家研究发现，说谎具有心理基础，这是人类自我保护意识和行为的一种体现，有时通过否认事实，可以逃避责任和处罚。比如，许多孩子在做错事时否认事实，打碎了花瓶，可能会说是风吹的；嘴里还有没吃完的糖果，却摇头说自己没有吃。

对于1～3岁的孩子来说，家长没有必要对孩子大加管教，因为他的认知能力和语言发育都还不成熟，纠正说谎也没有太大意义。家长应该注意纠正自己的行为，看自己是不是在孩子犯错时过于追究责任，孩子因为害怕家长的惩罚才说谎。4岁以上的孩子，已经有了判断意识，在这个时期，家长要特别注意引导。对5岁左右的孩子进行诚实教育，是效果最好的时期，家长要适时地引导。

对于不同年龄阶段的孩子，家长就要根据说谎性质的不同，有的纠正，有的批评；对于善意的谎言要支持和鼓励。家长要根据孩子年龄的不同，采取不同的办法来培养孩子诚实的品格，为孩子走向成功打好地基。

事实上，孩子说谎的原因多种多样，其中最重要的一条就是为了逃避惩罚。心理学家的分析表明，为了避免惩罚而说谎是大多数孩子都会出现的情况。这种避免惩罚的说谎，对孩子来说是一种自我保护，就像成人有时不得不说谎来保护自己一样。

从这个意义上说，说谎也是具有价值的，说谎似乎是出于生存与适应的“自然能力”。大多数心理学的研究表明，父母惩罚得越严厉，孩子越可能说谎。因此，父母对孩子的严厉惩罚更可能造成说谎和欺骗行为。

虽然说谎在孩子成长过程中是可以理解的，但是，如果孩子习惯性地说谎或对关系重大的事情也不说实话，那么就成问题了。

怎么培养孩子诚实的品质呢？

一、父母要说实话

尽管人人都承认自己说过谎，但父母应该意识到直接或间接的说谎会对孩子产生什么影响。

父母对孩子一定要说真话，为孩子做出榜样，无论在什么情况下都不撒谎、不作假，有什么说什么，说到做到，要让孩子看到父母是怎么做的，并让孩子懂得为什么不能撒谎。有些父母在孩子不高兴或是自己很高兴的时候，常常会"哄"孩子，给孩子开空头支票，许下一些并不准备兑现的诺言。父母也许认为这些都是玩笑话，不值得认真，其实这样很容易在孩子心目中留下"爸爸妈妈说话不算数"的坏印象，从而使家庭教育失去基础，因为不被孩子信任的父母是没法教好孩子的。

当然，这并不是说家长应该把所有事情都告诉孩子，有许多事情是孩子不必知道的，或不理解的。比如，大人的隐私或远远超出孩子的理解能力的事情。即便如此，如果孩子偏要问你，也应该照直对他说，或换个方式说出来，完全没必要编瞎话。

二、鼓励孩子说实话

有的孩子有时出于某种目的，或保护自己，或怕承担责任，或逃避现实而撒谎。其实，每撒一次谎，就给自己的生活增添了一份烦恼，因为说谎后内心总是担心谎话被人识破。谎话多了，就会出漏洞，时间久了，自然无人敢相信你。父母要告诉孩子：与其天天戴着假面具，自欺欺人，倒不如老老实实地向别人袒露真实的自我，人们不会因为谁有缺点就疏远他。

三、教育孩子不弄虚作假

学习，需要孩子用科学、严谨的态度来对待。只要拥有这种态度，就可以掌握丰富的知识，具有出众的才能，自然会赢得人们的尊重。倘若为了追求虚荣、功名而弄虚作假、抄袭、剽窃他人的成果，即便获得了好成绩也不会心安理得。

四、告诉孩子做诚实的人

无论任何时候，人们都喜欢诚实的孩子。因此，父母应告诉孩子，在待人接物时，要胸怀坦荡、言而有信；千万不要学那种口是心非、自毁其约的恶劣行径。

五、帮助孩子养成诚实的习惯

要使孩子养成诚实、不说谎的好习惯，家长与孩子相处时，要注意对孩子说话的方式，注意不给孩子提供有利于说谎的机会，也不要让孩子回答一些带有一定强迫色彩而孩子又不得不用谎话去辩护的问题。日常学习、生活中，要相信孩子、尊重孩子、理解孩子、支持孩子，不要轻易地怀疑、否定孩子，为了使孩子受到耳濡目染、潜移默化的教育，不妨在家里经常谈论有关诚实的重要性的话题。为此，家长可以给孩子推荐一些强调诚实重要性的书籍，以便更有效地培养孩子诚实正直的品质。

很多父母认为孩子小小的谎言没有什么危害性，甚至还觉得他们很可爱。其实，撒谎一旦成了习惯，当孩子长大后，这个习惯就会变成罪恶的源泉。

谦虚才能不断进步

虚心使人进步，骄傲使人落后。谦虚的人是有自知之明的人，不是一受夸奖就不知天高地厚、姓甚名谁的人；谦虚的人是能接受别人批评的人，不是自以为是、胡搅蛮缠的人；谦虚的人是能严以律己、宽以待人的人，不是心怀叵测、抓小辫子的人；谦虚的人是不耻下问、能虚心向别人学习的人，不是因为自己有长处、优点而自傲的人。父母要教育孩子从小做个谦虚的人。

现在提倡对孩子实行鼓励教育和赞赏教育。对此，许多家长仿佛找到了培养孩子的法宝，认为只要常说"你真棒"，就能将孩子培养成材。虽然夸奖和赞赏对孩子的成长是很必要的，但是，家长还要注意培养孩子谦虚的品质。

提到谦虚，有些家长可能会将谦虚与不自信联系起来，认为孩子一谦虚就不会推销自己，不会展示自己，可能就抓不住成功的机会，甚至对他们的成长会有负面影响。其实，谦虚的品质是一个孩子走向成功的一种推动力，这就是我们所熟悉的"谦虚使人进步"的道理。

谦虚会使人时刻意识到自己的不足，从而不断地发展自己，进而有利于与他人相处，促进自己不断进步。

谦虚是一种美德。谦虚能使人保持头脑清醒，能正确地认识自己取得的成绩和存在的问题，能端正态度，不断学习，取人之长补己之短。所以，父母应该让孩子明白"谦虚使人进步，骄傲使人落后"的道理。

谦虚是一种求实的态度。谦虚能使人比较清醒地认识主观与客观、个人与集体的关系。

骄傲自满是在孩子有了一定的自我意识、自我评价能力后产生的。有的孩子可能取得过一些成绩，听到过不少赞美之词，便认为自己确实优秀；有的孩子只看到其他孩子的缺点，因而总认为自己优于他人；有的孩子虚荣心强，因而听不进逆耳忠言；有的孩子受个人英雄主义影响，总喜欢处处表现自己。

骄傲自大会对孩子的发展产生消极影响。骄傲自大的孩子常在自己的周围树起一道无形的"墙"，形成与外界的隔膜。这就会使他盲日地骄傲自大，心胸也会变得很狭窄。他虽能取得一定的成绩，但往往没有远大的理想和志向，只满足于眼前取得的成绩。而且，由于他看不到别人的成绩，只会“坐井观天”、夜郎自大。

骄傲自满不但是孩子成长进步的障碍，而且还会造成人际关系的紧张。父母应该让孩子知道，如果一个人滋生了骄傲的情绪，那么最后受伤害的总会是他自己。

作为父母，应该耐心地教导孩子，让孩子学会正确地评价自己。既要认识到自己的优点，又要看到自己的不足。父母还需要规范孩子的行为，督促他改正骄傲自大的坏毛病。告诉孩子，在交友中应该怎样做和不应该怎样做，并加以训练和指导，使其养成良好的行为习惯，多发现他人的优点、长处，虚心向他人学习。这样，才会受到大家的欢迎。

骄傲是一种不良的心理状态。孩子，特别是聪明的孩子，常容易产生骄傲自满的情绪，父母应该给予积极的引导，使其心理健康发展。

那么，父母应怎样培养孩子谦虚的品质呢？

一、让孩子认识到骄傲的危害

父母要向孩子讲明道理：谦虚使人进步，骄傲使人落后。谦虚的人不仅能学习新知识、新事物，而且还会学习别人的长处和先进经验，使自己不断进步；而一个骄傲的人则会自满，不愿学习别人的优点、长处和新知识、新事物，久而久之，他不但会原地踏步，还会退步和掉队。

谦虚的人往往懂得尊重他人，团结他人，能凝聚起更大的力量，取得更大的进步。而骄傲自大的人就像井底之蛙，视野狭窄，瞧不起别人，这往往会影响团结，导致失败。所以谦虚会迎来成功，骄傲会导致失败。

家长应该让孩子认识到骄傲是健康成长的绊脚石，任何成绩的取得只能是阶段性的、局部的。如果因一时一事成绩就忘乎所以，必然导致停止不前。因此，家长应有意识地给孩子介绍一些成功者的经验，告诉他，古今中外凡是有所作为的人，都是谦虚谨慎、胸怀宽广的人，为孩子树起学习的榜样。

二、让孩子分清自信和骄傲的区别

自信是一种积极的人生态度，它能使人乐观上进；而骄傲是对自己的不全面的认识，是盲目乐观，常会让人不思进取。对于父母来说，应该培养孩子的自信心，但不能让他滋长骄傲自满的情绪。两者形式上有很大的相似性，常会让人迷惑，孩子常会把自己那点小自满看做自信，这时父母应该帮孩子分清两者的区别。

三、帮助孩子全面认识自己

一般来说，骄傲的孩子可能多多少少有某方面的长处，总觉得自己有点骄傲的“资本”。对此，要做些具体分析。人谁没有长处？你聪明能干，他忠诚老实；你能说会道，他埋头苦干；你做事干脆麻利，他慢工出细活……如果都把自己的长处当做骄傲的资本，各以所长，相轻所短，那长处就可能成为短处，成为羁绊自己脚步的绳索、阻碍前进的绊脚石。何况，自以为是的“长处”，比起别人来，未必真的是长处。如果把本来不是长处的东西，也误以为是自己的“长处”，那就尤其可笑了。

对此，父母应该先分析孩子骄傲的根源：是学习成绩比较好，还是有某方面的艺术潜质，抑或是有运动天赋什么的。然后应让孩子认识到，他身上的这种优势只不过限定在一个很小的范围内，放在一个更大范围就会失去这种优势；正确的态度应该是积极进取，而不是骄傲懈怠；优势往往是和不足并存的，应该努力弥补自己的不足。

父母要告诉孩子，取得了一定的成绩，这确实是自己努力的结果，但是不要忘记这里也包含着家长的培养、老师的教诲和同学的帮助。自己的成绩也包含着人家的努力，不能全记在自己一个人的账上。

四、指导孩子学会欣赏他人

父母应指导孩子学会欣赏他人，以促使其树立良好的“理想自我”形象。

学会欣赏他人才不会自视过高。对于孩子来说，学会欣赏他人并非易事，但只要在日常生活中稍加注意，从点滴做起，慢慢就会做到，从而克服骄傲心理。比如，学会宽容，学会倾听，尊重与理解他人，关心爱护他人等，均有助于孩子克服骄傲心理。

五、不要过分赞美孩子

我们都知道，无论是在学习中，还是在生活中，孩子都不能缺少自信，而赞美孩子是激发孩子自信的有效方式之一。但是，很多父母没有把握好自信教育，反而因为过分表扬，让孩子变成一个眼高手低、大话连篇的“低能儿”。

六、表扬孩子要适度

有些父母望子成龙心切，孩子稍微有点进步就欣喜若狂，赞不绝口，久而久之，也会助长孩子的自满情绪。正确的做法是：在表扬孩子时，高度重视感情的作用，尽量做到“浓淡”适度。有时对孩子轻轻的一个微笑，也会起到许多赞美之词难以起到的作用。并且，父母应尽量少在外人面前夸奖孩子，因为孩子的自我评价能力还较差，看到那么多人肯定自己，容易产生错误的认识，认为自己真的多么优秀，从而产生骄傲情绪。

七、开阔孩子的视野

狭窄的眼界和胸怀往往也容易滋长骄傲情绪。因此，家长要培养孩子的广阔胸襟和视野。在班集体中，若以己之长与别人之短相比较，不外乎是沾沾自喜，自以为什么地方都比别人强，因而看不起别人。因此，父母应该开阔孩子的眼界和胸怀，引导他走出自我的狭小圈子，带他到更广阔的地方走走，陶冶他们的情操。还要让孩子了解更多的历史名人的成就和才能，以丰富的知识充实他们的头脑，使之变骄傲为动力。

八、指导孩子勇于接受批评

有的孩子只希望得到别人的赞扬，一听批评就不高兴，甚至产生抵触心理。比如，说他懒惰，批评他不讲卫生，指出他作业中的错误等等，他就会噘嘴生气、闹情绪。这些都是不谦虚的表现。

父母要教育孩子懂得，谁都会有缺点，都可能犯错误，重要的是，要知错认错、知错必改，引导孩子努力改正错误。遇到孩子不接受批评时，父母可以适时给孩子讲一些伟人知错改错的故事，给他讲明道理，让孩子自觉地接受批评教育。

九、给孩子讲道理、举实例

"勤于学，严于分，善于比"的教育方法，很值得父母们借鉴、参考。

勤于学，就是当孩子在某个领域取得某些成绩后，一定要激励他戒骄戒躁、继续努力学习。告诉孩子，取得了成绩并没什么了不起，只要你继续学习，就会发现自己原来这个也不知、那个也不晓，就会知道自己的不足。父母可以帮孩子不断确立新目标，让他知道自己原来还有那么多东西不会，自己取得的成绩实在不值一提，还是谦虚一点好。

严于分，就是要严于剖析自己。当孩子取得成绩后，家长一定要和孩子一起冷静分析，用"两点论"来看待自己，告诉孩子寸有所长、尺有所短的道理，从而防止骄傲情绪的滋生。

善于比，就是要教育孩子善于找出自身与别人的差距，找到差距之后，孩子才能确定自己应该向别人学习什么。

十、为孩子树立榜样

榜样的力量是无穷的。父母是孩子的第一任教师，是孩子效仿的最直接的榜样，父母对孩子的示范作用是巨大的。因此父母首先应该成为孩子高尚人格的榜样，如谦虚友善，尽量不要在孩子面前表现出骄傲情绪，以免孩子潜移默化中受到不良影响。

耐心是成功的关键因素

缺乏耐心是孩子身上普遍存在的一种现象，这种现象如果长期存在，就会对孩子将来的发展产生不利的影响。作为父母，要用耐心来培养孩子的耐心。

俗话说："心急吃不了热豆腐"。这正说明耐心是成功的关键因素之一。在心理学上，耐心属于意志品质的一个方面，它与意志品质的其他方面，如主动性、自制力、心理承受力等有一定的关系。

耐心是孩子未来成功的关键因素之一。培养孩子的耐心不仅对他在学习上有帮助，而且对他今后的人生道路也有很大的影响。但是，孩子毕竟是孩子，许多孩子都不够有耐心，只要想到了什么，他便立刻要求兑现，否则便不停地纠缠、吵闹，直到父母满足他的要求为止。

而许多孩子没有耐心，是因为家长自己做事也是虎头蛇尾。所以，要想让孩子有耐心，父母首先要有耐心地去做每一件事情。如果父母自己做事缺乏耐心、三天打鱼两天晒网的话，就很难培养有耐心的孩子。

作为父母，有时要指导监督孩子做事。孩子做事的全过程中，父母在关键时刻要给予指导和提示，这不是代替而是帮助孩子想办法，以防孩子碰到解决不了的问题时灰心丧气。当孩子想不出办法而又不愿去想、有偷懒或依赖父母的迹象时，父母应予以说服鼓励，必要时给予批评并监督孩子独立地做完某件事。这样长期坚持下去，孩子的能力提高了，习惯养成了，做事也就不再半途而废了。

在生活中，父母还可以充分利用各种机会培养孩子的耐心。如果孩子喜欢花草，父母可以利用家中的阳台，买来花盆和花籽，让孩子在培育花草时，观察植物生长的过程。在这个过程中，让孩子明白，无论你怎样着急，你今天撒下种子，它不可能明天就长大。要想有收获，你必须耐心等待，给它浇水、施肥、松土，并让它享有充足的阳光。

此外，要集中孩子的精力，使他们持久地沉浸在一种活动中。要让孩子知道，生活中的许多事是需要耐心和等待的。有时孩子饿了或想要什么玩具，家长可有意延缓一下时间，以培养孩子的耐心。

责任心是能力发展的催化剂

责任心，是一个人能够立足于社会、获得事业成功与家庭幸福至关重要的人格品质，是一个完整而独立的人必须具备的品质之一。

当今社会，没有人再怀疑责任心对于一个人的重要意义。当孩子慢慢长大、越来越有自己独立意识的时候，父母就要告诉他什么是"责任"。只有孩子明白了责任的意义，他才会为自己所做的事情负责，也才能更好地决定自己的理想和生活方向。

一个负责任的人，面对责任，无论大小，他都不会推卸，因为他知道负责任是一种积极的人生态度。责任也是一种付出，负责任的人在付出的同时会感到快乐，这种快乐会让他心胸豁然开朗，也会让他更冷静、更成熟。

一个对家庭、对社会负责的人，才让人感到可信任；一个对生活、对事业负责的人，才会不断地进取、创造；一个对民族、对国家负责的人，才会去献身、去贡献。成就伟大事业的人都有强烈的责任心，责任心是事业心的基础，也是许多高尚精神和良好品德的基础。

责任心是孩子健全人格的基础，是能力发展的催化剂。责任心的培养应遵循这样一个规律:从自己到他人，从家庭到学校，从小事到大事，从具体到抽象。

一个没有责任心、没有价值感的孩子，因为找不到自己的生命在社会中的地位与重要性，就会感到迷惘而失去创造价值的动力，容易为其他一些物质性的、轻浮的事物所吸引而沉溺其中。所以，在家庭教育中，父母要有意识地培养孩子的责任感，让孩子树立责任意识。这样，当孩子面对突如其来的挫折时就不会迷失自我。让孩子明白责任，有助于孩子摆脱以自我为中心的心态，培养自治、自理的能力。

责任心的培养有助于孩子理解、体谅、关爱别人，也有助于孩子关爱社会、担负重任，从而促使孩子做一个对社会、民族和国家负责任的人。

如果想让孩子成为一个合格的人才，家长必须教育孩子从小就有责任心，在个人发展空间和个人责任之间达到平衡。因为“只有从小就具有责任意识，孩子将来才会成为一个对自己的行为负责、对组织、社群尽职的人。而这一点，是一个领导者必备的素质。”

事实上，一个人能承担多大的责任，才有可能取得多大的成就；担得起责任的肩膀，才能担得起成就。

责任心是孩子发展兴趣的基础，是孩子能力发展的催化剂。只有培养孩子的责任心，孩子才能做到将事情坚持到底，才能保持长久的兴趣，才能培养出良好的兴趣，催化出较强的能力。

那么，作为父母该如何培养孩子的责任心呢？

一、培养孩子的责任意识

父母要培养孩子的责任心，首先要培养孩子的责任意识，只有孩子有了责任意识，才会看到自己的责任。意识决定一切，孩子如果没有这种责任意识，就不会有责任之说。所以，要培养孩子的责任心，一定要首先培养孩子的责任意识。

二、让孩子对自己负责

培养孩子的责任心应该抓住孩子生活和学习中的各种机会，让孩子做他力所能及的事情。父母应该让孩子明白，自己的事情就应该自己去做。

让孩子首先学会照顾自己。根据年龄的不同，让孩子学会自己吃饭，自己穿衣，自己上厕所，自己洗衣服，自己打扫房间，这一切都需要家长耐心地指导。

孩子上学后，要让孩子对自己的学习负责，使他们自己管理好自己。父母要让孩子明白，学习不是为了家长，而是为了他自己，是他自己的事情。因此，父母尽量不要陪着孩子做作业，更不能帮孩子写作业，而应该让孩子独立思考问题、独立解决问题、独立完成作业。

三、让孩子对家庭负责

作为家庭中的一名成员，孩子既应该享受权利，也应该承担一定的家庭责任，包括承担一定的家务劳动。父母对孩子责任心的培养应该从大处着眼、小处着手，通过鼓励、奖惩等方式，督促孩子履行职责、完成他所承担的那份家务劳动，逐渐培养其家庭责任心。如果一个孩子在家庭层次的责任心难以确立，将来走上社会也难以向社会层次的责任过渡。

四、让孩子学会对自己所属的团体负责

孩子和经常在一起玩的伙伴，就是一个小团体。上学后，在班级里有值日小组、有班集体等，这些都是孩子所属的团体。家长应该告诉孩子，在团队中应多做一些事情，帮助其他的伙伴，尤其是对弱小

的伙伴，更要多加照顾。只有孩子具备这种责任感，才有可能成为一个团队的优秀成员，才能跟其他伙伴相处得更好。

五、培养孩子的社会责任感

人是要步入社会的，而且只有融入社会，才能有机会取得成就。为此，家长要培养孩子的社会责任感，让孩子从小遵守社会公德，如不乱扔垃圾，不在公众场所大声喧哗等，并鼓励孩子参加各类志愿工作、义务活动等，着力培养孩子的社会责任意识。

为了使孩子将来能有所成就，家长要提早锻炼孩子的“肩膀”，让他承担对自己、家庭、团体和社会的责任。有了这样勇担重任的“肩膀”，孩子才有可能创造更大的成就。

六、有意识地交给孩子一些任务

随着孩子年龄的增长，父母要逐步教育孩子自己的事情自己做。做之前父母要提出要求，鼓励孩子认真完成。如果孩子遇到困难，父母可在语言上给予指导，但是一定不要包办代替，让孩子有机会把事情独立做完。交给孩子办的事情，父母要有布置、有检查、有督促、有验收，一抓到底，切不可顺其自然、半途而废。

七、让孩子持之以恒

要求孩子做事情有头有尾、善始善终，是培养孩子具有责任心的有效途径。有些孩子做事情经常虎头蛇尾、甚至有头无尾，随意性比较强，他们总是缺少持之以恒的精神。而持之以恒则是责任心的前提条件，倘若办事情不能持之以恒，则很难说还有什么责任心。

八、父母要为孩子做表率

父母是孩子社会行为的楷模。父母在家庭生活中所表现的责任感的强弱，是孩子最先获得的责任感体验。父母对孩子的影响不仅是深刻的，而且是终身的。

对任何人来说，能做好的事而不去做，就是缺乏责任感；同样，对于尽自己的全力做不到的事而硬要去负责，则是滥用责任感。家长要经常反省自己，随时随地对自己的言行负责。如果家长经常对人夸海口，却不去履行自己的诺言，时间长了，孩子也会悄悄模仿，想怎么说就怎么说，对自己说的话不承担责任。因此，家长一定要加强自身的修养，做一个有责任感的人，为孩子健康成长当好表率。

九、要让孩子自己承担行为的后果

要让孩子明白，每当问题发生时，不要急着怨恨、指责别人，而要首先反省自己有什么地方做得不够恰当。父母应该通过训练，让孩子明白，做任何事情都必须遵守规则，否则，就必须由自己承担行为的后果。

十、教孩子学会关心他人

学会关心他人有助于孩子责任心的培养，因为关心他人就是责任感的具体表现。要让孩子从关心自己的父母、亲人和家庭开始，从点滴小事做起。如主动关心家里的老人、病人，做一些力所能及的家务劳动，让孩子在家庭生活的磨炼中形成责任感，进而上升为对家庭、对父母以及对社会负责。

另外，我们也可以有意识地安排孩子帮助孤寡老人、残疾人做点事，带孩子参加居民区的卫生、绿化劳动，鼓励孩子在学校做好值日工作等。在这些有意义的实际锻炼中，孩子会逐渐感受到自我存在的社会价值，就能不断地增强他们的社会责任感。

只有对家人有强烈责任感的人，才会对他人、对社会有强烈的责任感。

赋予孩子一颗仁爱之心

爱心，是人类最光辉灿烂的人性，是最崇高、最伟大的品德。教孩子做人，首先要赋予他一颗仁爱之心。

爱心教育是让孩子受益一生的教育。一个充满爱心的人，会变得更自信更快乐。

有爱心的人，是一个善良的人。爱心能够给他人、给社会带来温暖，也让自己的心灵充实、纯洁。

爱心是孩子心理健康的一个十分重要的内容。尤其是在儿童时期，孩子的身心发育最为迅速，因此，在这个阶段呵护孩子的爱心，对塑造良好性格和健康行为都有十分重要的意义。

善良和爱心，也是孩子的天性。婴儿1岁前就对别人的情感有所反应。比如，旁边有孩子哭，他会一起哭；一两岁时，孩子看到别人哭，就会拿自己喜欢的东西去安慰；到了五六岁时，孩子开始进入认知反应阶段，他知道什么时候该去安慰正在哭泣的同伴，这些都是孩子爱心的自然表现。但是，如果得不到后天的培养，孩子的爱心就会逐渐消失。

对于一个人的个性发展而言，没有什么能比爱和善良更重要了，这是孩子将来亲和社会的基础和前提。孩子的爱心是通过自然而然的模仿、潜移默化的渗透而逐渐形成的，是一个从外在到内在、从量变到质变的发展过程。在这一发展过程中，家庭是最重要的爱心培育基地，父母是最直接的爱心播种者。因此，孩子有没有爱心，关键在于家长的引导和培养。

那么，父母应如何赋予孩子一颗仁爱之心呢？

一、孩子的爱心要从小培养

婴幼儿时期是人的各种心理品质形成的关键时期，爱心的形成也是从这一时期开始的。因此，培养孩子的爱心，要从孩子很小的时候抓起。在婴儿时期，父母要经常爱抚孩子，对孩子微笑，让孩子感受到父母对他的爱，这是孩子萌生爱心的起点。随着孩子一天天长大，父母要把自己看做孩子的伙伴，陪孩子游戏、聊天、学习，让孩子感受到家庭的温暖，感受到被爱的幸福，为培养孩子的爱心打下基础。

二、父母要做孩子的榜样

父母是孩子的镜子，孩子是父母的影子。只有富有爱心的父母，才能培养出富有爱心的孩子。孩子时时刻刻把父母作为自己的榜样，父母的一言一行都在潜移默化地影响着孩子，“身教重于言教”就是这个道理。因此，父母平时就要注意自己的言行举止，做到孝敬老人、关心孩子、关爱他人、乐于助人等，让孩子领悟到父母是富有爱心的人，自己也要做一个富有爱心的人。

三、让孩子知道关爱父母及家人

父母是孩子最亲近的人，但孩子是否能理解自己的父母，体会父母的爱子之心呢？很多孩子认为，父母为自己所做的一切都是应该的，因而不大关爱父母。

针对这种情况，家长应该教育孩子，让孩子做一些力所能及的家务。例如，帮助妈妈倒垃圾、给花浇水。教育孩子自己的事情自己做。从小培养孩子独立自主、热爱劳动的优良品质，激发孩子关心父母、热爱父母的美好情感。

让孩子了解到父母的辛苦操劳，体会父母对他们的关心爱护，只有让孩子了解了这些，孩子才会关心父母、尊重父母。

四、教孩子学会设身处地为他人着想

父母应注意培养孩子设身处地地为他人着想、感受他人情感的能力。比如，当看到别人生病时，要让孩子体谅他人的痛苦，从而为他人提供力所能及的物质或精神上的帮助。

五、为孩子提供奉献爱心的机会

许多父母只知道一味地疼爱孩子，却忽略了给孩子提供奉献爱心的机会。其实施爱与接受爱是相互的，如果让孩子只是接受爱，他渐渐地就会丧失施爱的能力，只知道索取，不知道给予，并且觉得父母关心他是理所当然的。有的父母以为给孩子多点关心和疼爱，等他长大了，他就会孝敬父母、疼爱父母。其实这是一种误解。父母没有给孩子学习关爱的机会，他们怎么会关爱父母呢？还有的父母认为，孩子的任务就是学习，其他的都不重要，只有学习好了，孩子将来才能有一个好的前程。于是什么事都为孩子着想，孩子衣来伸手、饭来张口。学习固然重要，但是，孩子的性格、习惯、品质、心理对孩子的成长、成材更重要，并且这些都需要在生活、学习中逐步培养，不可能一蹴而就。

六、保护孩子的爱心

培养孩子的爱心需要父母的鼓励、支持和帮助。当父母帮助孩子实现了一件有爱心的事情时，孩子会从中感受到来自父母的肯定，从而对自己的爱心及施爱行为有了正面的认识。当孩子做了有爱心的事情时，不管这件事情是否经过父母的允许，首先要给予肯定和赞扬。你应该说："好孩子，你真有爱心！"当孩子想付出自己的爱心却又无力实现时，你应该说："孩子，让我们一起来做吧！"

七、培养孩子的同情心

同情他人，是爱心的一种具体体现。孩子如果缺乏同情心，只会关心自己，只顾自己的快乐，而无视别人的痛苦，甚至把自己的欢乐建立在别人的痛苦之上，这种孩子是很可怕的；而有同情心的孩子往往比较会关爱他人。因此，父母要在生活中培养孩子的同情心。

八、让孩子心存感激之情

有些孩子在接受别人关照时，不但没有任何感激之意，相反还会埋怨别人照顾不周，这样的孩子心里没有“感激”二字；还有些孩子虽然在接受帮助时嘴里说“谢谢”，心里却认为他本该受到他人的帮助，这样的孩子也是难有“爱心”的。

因此，在教育孩子时，要让他们懂得“感激”、“同情”。只有将这些情愫汇集到孩子的心灵里，才会凝聚成“爱”的情感。

给孩子一颗善良的心

家长在教育孩子时，应该注意培养孩子善良的品性。那些与人为善的孩子，不仅能认同自己、喜爱自己，而且能够和周围的人友好相处，能快乐地面对生活。而且更重要的是，这还决定孩子事业的发展方向。一个善良的孩子，会以善的标准来约束自己，他的进步或成功，会对他人、对社会都有益；而一个心存恶念的孩子，有可能会做出危害他人、对社会有害的事情。

一个健康的孩子就好比一棵树，善良是树的根茎，正直是树干，丰富的情感是生机勃勃的枝叶。只有具备这些品质的孩子，才能结出甘甜的果实。可以说，让孩子拥有一颗善良的心，是把孩子培养成人和成材的首要任务，因为善良的情感及修养是一个人的精神核心，只有在孩子幼年时期细心培养，才会让善良根植在孩子心中。

人之初，性本善。正是因为这样，越早培养孩子善良的品性效果越好。父母应该从小给孩子灌输善良的思想，并让孩子学会友善待人。

一、不要忽视对孩子善良之心的培养

善良可以为孩子赢来良好的人缘和幸福的生活。

人们常说："播种善良，才能收获希望。"孩子可以没有楚楚动人的姿容，也可以没有富足的物质财富，但是如果他没有了善良的心，那么他的人生就会搁浅和褪色——因为善良会带来亲和力、带来感情的回报。孩子多一些善良，就多了一些谦让，也就多一些宽容和理解，这样孩子就能赢得人们的喜爱，他也会在生活中感受到美好和幸福。

对于普通的孩子而言，也许他们做不出惊天动地的善举，但是他们应该学会以"勿以善小而不为，勿以恶小而为之"来要求自己，用平凡小事展现自己的善良品质。

二、教孩子学会同情别人

缺乏同情心的人不可能具有善良的品质。试想，如果孩子只关心自己，只顾自己快乐，而无视别人的痛苦，甚至把自己的快乐建立在别人的痛苦之上，这怎么还能有善良的表现呢？因此，想让孩子拥有善良的心，父母必须在生活中培养孩子的同情心。

父母的言行举止对孩子的影响是最大的，父母对周围人表现出真挚的同情，并帮助身边有困难的人，可以让孩子受到感染，让孩子在潜移默化中学会善良。

三、教孩子爱护动植物

让孩子拥有一颗善良的心，不仅要友善地对待家人、小朋友或陌生人，而且对待动植物也要保持一颗善良的心。父母要从小教会孩子爱护动植物，不随意践踏草坪，不胡乱攀折花草，从爱护花草和小动物开始，学会与他人、与社会、与大自然和谐相处。这将非常有利于将善良的种子根植于孩子的心田。

四、表扬孩子善良的举动

如果孩子所做的事情得到了父母的肯定和表扬，那么，他就会带着极大的热情继续这么做。因此，当你发现孩子帮助了别人、为别人着想了，一定要及时表扬孩子的这种举动，鼓励孩子以后多做一些助人为乐的事情。

目前，很多家庭中只有一个孩子，缺少同胞兄弟姐妹之间相互帮助的实践机会，在这个阶段父母要重视孩子在幼儿园、学校或社区里与其他孩子的相处情况。父母要多创造机会让孩子和同伴在一起，这本身就是一种教育，让孩子在交往过程中学会帮助别人、学会与人分享。

若想让孩子将善良当做一种习惯坚持下去，在孩子13岁前，父母要格外注意孩子的善意举动。只要发现孩子有善良的举动，父母一定要及时表扬。要让孩子知道，父母对他的行为非常赏识。如此一来，善良就会成为孩子的一种习惯。

五、让孩子明白善良不是懦弱

现在有的家长的做法实在让人难以理解，孩子在幼儿园偶尔与其他小朋友发生一点儿摩擦，家长就会质问老师，或者找对方家长算账。更有甚者，有的家长还会“教唆”自己的孩子：“别人打你一拳，你就踢他三脚，看以后谁还敢欺负你！”“我们宁愿赔钱，也不能吃亏。”

其实小孩子之间打打闹闹，发生磕碰是常有的事。今天你打了我，明天我打了你，后天也许两人又和好如初了。孩子之间的矛盾，来得快，去得也快，父母不必看得那么严重，更不应该教孩子“以牙还牙”，那样不仅会让小小的矛盾愈演愈烈，也不利于孩子善良品质的培养。

当然，父母也应该教育孩子如何正确面对外来的侵犯，学会保护自己。必要的时候也不能一味忍气吞声，要学会反击，免受不必要的伤害。要让孩子明白，在外来侵犯面前，退让是怯懦的表现，是不勇敢；只会号啕大哭，听任拳头落在自己头上，是愚蠢。总之，要教孩子善良，而不是懦弱。

让孩子拥有一颗感恩的心

感恩是一种处世哲学，也是生活中的大智慧。培养孩子的感恩之心，让他为自己已有的而感恩，感谢生活给自己的赠予。这样，他才会有积极的人生观和健康的心态。

生活中，人们往往对别人的小恩惠感激不尽，却漠视亲人的恩情。在教育孩子的时候，也没有意识到这一点。多数家长给予孩子无微不至的关怀，不让孩子受苦受累，他们认为这是做父母应该做的，所以不图孩子的回报，这也在很大程度上致使孩子不懂得感恩。例如：

一个上小学的孩子和妈妈吵架了，于是准备离家出走，母亲生气地说：“出去了就不要回来！”

孩子含泪在大街上走了好久，眼看天就要黑了，才感觉到肚子饿了。正巧，街边有一个拉面摊，他走上去准备买碗拉面吃。但是他一摸口袋，发现没有钱。

卖拉面的是一位阿姨，看到他站在路边，就好心地问他：“孩子，你是不是想要吃拉面？”

孩子略带羞涩地说：“对不起，我忘了带钱。”

"没关系，我请你吃拉面。"阿姨回应道。

过了一会儿，拉面端上来了，孩子感激地热泪盈眶。

阿姨问他："这么晚了，你怎么还不回家啊？"

他抽泣着说："阿姨，我真希望我妈妈像你这样好。"

"为什么？"

孩子擦着眼泪说："你不认识我，还对我这么好，我没带钱，你还请我吃拉面；可是我妈和我吵架，竟然把我赶出来，还叫我不要再回去！"

阿姨听了，说道："孩子，你想得不对啊，你妈妈说的那是气话。你想想看，我只给你一碗面，你就很感激我，可是你妈妈养了你十来年，每天给你洗衣做饭，你为什么不感激她呢？"

孩子听了阿姨的话很受感动，他立马放下筷子往家跑。当他看到妈妈焦急地在路口张望时，眼泪止不住地掉下来，他扑到妈妈的怀里，发现妈妈的眼里也含着泪……

这位卖拉面的阿姨的一句话，才使孩子明白，父母每天为自己操劳，自己却丝毫没有对父母感恩。

如今生活条件好了，孩子们过着饭来张口、衣来伸手的日子。他们的物质生活很容易得到满足，甚至物质充裕，所以，他们觉得这一切都是理所当然的。于是对感恩也有了许多陌生感，很多孩子既不知道为什么要感恩，也不知道如何感恩，甚至不懂得什么叫感恩。

孩子的感恩之心需要父母的教育和培养，父母越早教导孩子学会感恩，孩子就越容易成为一个知恩图报的人。爱孩子，就应该在你忙的时候让孩子帮帮忙；在你累的时候，让孩子给你捶捶背；在适当的时候，让孩子做些力所能及的事。让孩子从平常的生活小事中感觉到父母对他的爱，在爱中领略被爱，他也会因此更爱父母。等孩子渐渐长大，他才会怀有一颗真诚的感恩之心。

怀有感恩的心，孩子才会对自己的生活心存感激，对父母的辛苦和付出怀有感谢之情，这样孩子才会懂得珍惜。

感恩，不仅仅是对父母和亲人，对老师、对同学、对许许多多的人都需要怀有感恩的心。

感恩是一切美德之源，让孩子怀有一颗感恩之心，不仅能培养他与人为善、乐于助人的品德，促进他健康人格的形成，而且对其今后和谐人际关系的建立有重要作用。

懂得感恩，便会将感恩化作一种充满爱意的行动，实践于生活中。同时感恩也不是简单的报恩，它更是一种责任、自立、自尊和追求一种阳光人生的精神境界！一个人会因感恩而感到快乐，一颗感恩的心，就是一颗和谐的种子。我们只要怀有一颗感恩的心，就能发现生活的美好、世界的美丽，就能永远快乐地生活在真情的阳光里！

教育孩子拥有一颗感恩的心：感谢家庭，感谢家乡，感谢学校，感谢社会，感谢祖国……不要放过生活中点点滴滴的感动，让孩子体会这些感动，并把这些感动化作对生活的热爱和前进的动力。

父母要告诉孩子，世界上不管什么人给予自己哪怕是再微不足道的帮助和关怀，都不要忘记感恩。这样，孩子才会真正体会到“我们的生活多么快乐”！

中国是个讲仁爱、懂感恩的国度。老祖宗经常讲，“滴水之恩，当涌泉相报”，“投之以桃，报之以李”。作家王跃文说：“做个中国人，特别在古代，一辈子都在感恩：从皇恩、养育之恩到知遇之恩，等等，真是感不尽的恩。”然而到现在，我们也不得不承认这样一个事实：知道感恩的人太少了，尤其是孩子！

父母应该如何让孩子拥有感恩之心呢？

一、让孩子从感恩父母开始

“感恩孝为先”，孝敬父母是在各种美德中占第一位的。要让孩子知道，即使是来自父母那最简单的衣食、最质朴的关怀，也无不倾注了父母对他的爱，这种爱是独一无二的。这样，孩子才能珍惜自己拥有的一切，感激父母，热爱父母。

父母要在乎孩子的爱，接纳孩子的爱，知道让孩子感恩。正是因为缺少这方面的习惯，无论我们的父母怎样为孩子操劳，孩子总认为是应该的，天经地义的，并不为之感动，充满感激。

要让孩子记住父母的生日，在父母生日的时候送上自己最真挚的祝福。

感恩，是人性善之反映。让孩子从感恩父母开始，学会关心身边的人，关心周遭的世界，进而关心整个社会。培养孩子的感恩之心，孩子才会形成善良的品质，才会与人友好相处，在他人需要的时候给予帮助。

有了感恩之心，孩子才不会变得冷漠无情，而是对生活充满热情；有了感恩之心，孩子才不会变得自私自利，而是乐于奉献。有了感恩之心，孩子才能处理好人际关系，才能有美好的亲情、友情、爱情。

二、教孩子感恩老师和学校

学校从父母怀中把孩子接过去，将孩子培养成德、智、体、美、劳全面发展的少年。父母要告诫孩子，在学校要听老师的话，而要真正使孩子听老师的话，首先要让孩子尊敬老师，细心体会老师的辛苦。父母不要当着孩子的面批评老师或学校，一旦教师和学校在孩子心中失去了威信，那么孩子的教育危机也就来了。他一旦不再听从教师的教导，你也将无计可施。因此，父母们千万要维护教师的威望，这也是为你的孩子着想。

三、让孩子感恩他的朋友

有不少父母因为对孩子的世界漫不经心，所以常常会忽视孩子之间的友情，结果造成对孩子的伤害。事实上，做父母的应该重视孩子与同龄人之间的友谊。在孩子的世界里自有一种父母无法想象的

“法令”和相互间不可忽视的影响力。

四、让孩子学会感恩自然

父母要经常带孩子到郊外走走，呼吸呼吸新鲜空气，感受大自然的恩赐。在阳光明媚的春天看看油菜花，挖挖野菜；在酷热难耐的夏天游游泳，抓抓螃蟹；在硕果累累的秋天采采菊花，摘摘苹果；在雪花飞舞的冬天打打雪仗，堆堆雪人……在玩耍中引导孩子感受自然界赋予人类的快乐，从而使孩子认识到，没有阳光，就没有温暖的日子；没有阳光，就没有这五彩斑斓的生活。人类应该感谢太阳，感谢空气，感谢大自然，感谢万物……

五、让孩子学会感恩生活

在生活中，不乏这样的人：总是索取，不懂得回报；总是接受，不懂得感激。也有这样一些人：怨天尤人，颓废消极，对社会、对人生充满抱怨，总觉得人生不如意，命运不公平。

一个情感麻木、完全以自我为中心、不懂得感恩生活的人，将会给自己和别人都带来痛苦，因为他总是把得到的都视为应该如此的，总会忽略别人的善意，而铭记别人的一点点过失和冒犯。这样的人痛苦总多于欢乐，怨恨总多于感动。

感恩其实是生活的大智慧。人生在世，不可能事事顺利。一个人如果能够感谢挫折，那他的生活将是充实和快乐的，他的身心也便是健康的。为使孩子身心健康地成长，父母一定要引导教育孩子学会感恩社会。

感恩是一种对给予我们爱和帮助的人的真诚感激。饮水思源，知恩图报是高尚的；反之，忘恩负义，以怨报德则是可耻的。

宽容是一种智慧和力量

宽容，就是宽恕容忍，严以律己，宽以待人。一个人只要有了宽容的品质，就能容纳不同的意见，尊重他人的生活方式，允许他人有这样或那样的过失，给他人改正错误的机会。有宽容之心的人一般能与人和睦相处，合作共事，保持良好的社会关系。

宽容是中华民族的传统美德，是一个人应该具有的品质。

父母要教育孩子有一个广阔的胸襟，让孩子学会宽容，保持健康的心理，这样才能让孩子与伙伴融洽相处、轻松交往。

在与人交往时讲究宽容，一旦与人发生不快和矛盾，应通过换位思考来冷静处理。人与人之间难免会有摩擦，只要不是原则性的问题，大可不必轻易动怒，而应换位思考，谅解别人，设身处地为别人着想。宽容了别人也就宽容了自己。遇到别人由于误会而冤枉自己或无意伤害了自己时，更应当予以谅解，不应得理不让人。在指出别人错误时，态度要诚恳、友善，不要尖酸刻薄，更不要抓住人家的错误不放，应做到得饶人处且饶人，让别人有台阶下。

宽容能促使人形成从容大度、虚怀若谷的高尚品德。懂得宽容的人具有宽阔的胸怀；懂得宽容的人有自信心，意志坚定；懂得宽容的人有远大目标和理想；懂得宽容的人为人开朗、豁达、礼貌。

应该让孩子明白，在处理人与人之间的关系时，宽容比惩戒更有效。在生活中，无论我们遇到什么事，都要宽容以对。

雨果说过："世界上最宽阔的是海洋，比海洋宽阔的是天空，比天空更宽阔的是人的胸怀。"

孩子的生活是多姿多彩的。他会有很多伙伴，每天在一起学习、生活、做游戏。可是，他也会碰到一些不顺心的事，比如，和小伙伴相处的时候，有时会因为一些小事争得面红耳赤；有的孩子把不顺心的事都闷在心里不肯说，变得怪癖而孤独；有的孩子控制不住情绪，恼羞成怒，对伙伴大打出手……要让孩子避免这些事情的发生，就需要让孩子有一个广阔的胸襟。只有学会宽容，才能使孩子有健康的心理，才能让孩子与伙伴融洽相处。

让孩子从小就有一个宽阔的胸怀、养成宽容的性格，孩子长大后才能更容易成就事业。

如今的社会更需要人们具有宽容的品质。在一个组织性较强、生产社会化程度较高的社会里，社会进步与个人事业的成功更需要人们相互合作，而合作需以宽容为基础。宽容是人们交往、合作的"润滑剂"。同时，现在的社会更具开放性，社会变化加速，新生事物层出不穷，社会价值取向出现了多元化的趋势，人们的个性也变得更加鲜明。在这种情况下，一个人只有具备宽容的品质，才能接受变革、接纳新生事物，才可能容忍多元化的价值取向和人们的独特个性。

即使别人错了，也要试图去了解他、理解他。容忍别人，宽容别人，同样能获得信任和支持。

那么，如何培养孩子宽容的美德呢？

一、创造和谐的家庭环境

为让孩子学会宽容，父母首先应有宽容的品质。如果父母心胸狭窄，无视他人的意见，习惯于将自己的意志强加于人，不给人改错的机会，为一点小事争执不休，为一点小利而斤斤计较，孩子又怎么能学会宽容呢？孩子受父母的影响很大，父母有一颗宽容之心，宽容的品质才会再现在孩子身上。

父母要为孩子提供一个和谐的成长环境。如果孩子生活在一个宽容友爱、温馨和谐的家庭环境中，就会逐步潜移默化地形成一种持久的宽容、忍让的善良品质。

二、鼓励孩子积极参与社会活动

社会是一个大课堂，父母要为孩子创造多接触社会的条件，带孩子参观一些既能增长知识、又能认识社会的场所，多参加游览和公益活动等有益的活动。同时，鼓励孩子用自己的眼睛去观察社会，用心去感知社会生活中的真善美，从而提高辨别是非、善恶、真假的能力。这样做，对孩子的健康成长也是非常有利的。

过度保护、封闭孩子，会使孩子失去与他人相处的机会，也会使孩子失去认识他人价值的机会。让孩子积极参与社会活动，不但不会影响孩子的学习，而且还能使孩子在参加活动的过程中学到课本上学不到的知识，开阔孩子的视野，培养其走向社会所必需的各种能力。从小学会与人和谐相处、尊重谦让，为孩子将来走向社会打好坚实的基础。所以，从小让孩子参与社会活动是父母教育孩子不可缺少的一课。

宽容之心是在实践中发展起来的。孩子只有通过交往，才能体验宽容的意义，获得宽容的快乐。如称赞别人的优点，庆贺同学的成功，帮助有困难的同学，采纳别人的合理建议等。这些都能使孩子得到友谊、获得进步。

在教育中，父母要特别注意引导孩子用宽容的态度来对待身边的同学。让孩子不嫉妒比自己强的同学，不嘲弄比自己差的同学，不故意为难自己的竞争对手。引导孩子向好同学学习，帮助差同学，学会与竞争对手合作。

三、让孩子学会换位思考

父母应告诉孩子，同学之间难免会有摩擦，只要不是原则性的问题，大可不必轻易动怒。如同学不小心撕坏了你的本子，或是将墨水撒在了你的衣服上，都应宽容同学。换位想一想，如果你是那位同学，那又该怎么办呢？设身处地为别人着想，宽容了别人也就宽容了自己。

四、让孩子到大自然中陶冶情操

大自然的博大与雄浑可使人心胸开阔、性格开朗、心情愉悦，进而催人产生宽容之心。父母可带领孩子观赏祖国的大好河山，让浩渺的海洋、奔腾的河流、秀丽的湖光山色陶冶孩子的心灵，开阔孩子的视野和胸襟。

五、让孩子习惯于“变化”

宽容不仅体现在对“人”的态度上，也表现在对“物”和对“事”的态度方面。因此，父母要引导孩子见识多种新生事物，让孩子喜欢并乐意接受新生事物，习惯于事物发生的变化并乐于创新。如让孩子观察生活中日新月异的变化，允许孩子独辟蹊径地解决问题。孩子一旦习惯于“变化”，也就能“包容”新生事物和适应事物的变化。

不会分享的孩子难以成功

乐于与人分享的孩子，在待人接物中往往显得比较大度、得体，他的社会适应性更好，也更愿意付出。

相反，喜欢“吃独食”的孩子，在待人接物中往往比较小气、斤斤计较、顾虑重重，通常不愿意主动付出，做什么事情都喜欢讲条件、讲好处，更容易出现社交问题。

因此，在日常生活中，父母要引导教育孩子养成分享的好习惯，特别是经常与人一起分享快乐、成功和荣誉。

懂得分享的孩子在成就动机和抱负水平上比自私的孩子更高一些，他对人生和世界的看法更乐观，更能自觉地遵守秩序和纪律。在生活中，我们也可以看到，那些行为大度、为人爽快的孩子，做事往往更认真更努力、自觉性更强，他更愿意遵守规则，在集体中更乐于助人，更容易接受别人的意见。

懂得分享的孩子，对自我的要求就可能更高，做事就显得更努力和有责任心，从而也就可能达到更高的目标，取得更大的成就。胸怀大度的孩子，有更好的自我调控能力，能更好地调节自己的情绪和心理，忍耐性更强。这些心理品质也有利于孩子成功。

现实生活中，小气的孩子并不少见。小气虽然不是什么大毛病，但如果是一个什么都不愿与他人分享、独占意识很强的人，就很难与他人形成良好的人际关系。所以，从小养成与他人分享的习惯很重要。

现在，每个家庭大都只有一个孩子，加之生活逐渐富裕，父母的呵护使孩子的自我意识增强，要吃好的、穿好的，家中一切必须以他们的情绪变化和要求为中心。如果达不到要求，就开始耍脾气。很多父母一见家中的“小皇帝”、“小公主”耍脾气了，不管要求合不合理，一概顺从孩子，而这正是滋长孩子形成自私观念的温床。

一个孩子自私的程度将决定他未来所走的人生道路。自私心过重将影响人生发展。一个小孩如果让别人看来特别自私，那么，他将失去很多小伙伴，一般的成人也不喜欢这样的孩子。他在学校里就不会得到老师的表扬和器重。孩子有了自私的苗头，父母既不要大惊小怪，也不能放任自流，应及时帮助孩子纠正这个缺点。

孩子自私，一般都是和父母的教育分不开的，天性只是一方面，环境和后天的教育却起着潜移默化的作用。如果父母教育方法正确，孩子便会养成大公无私、愿与人分享的优良品德。为此，父母可通过以下方法予以教育：

一、无私的父母才能教育出无私的孩子

当父母帮助别人的时候，最好让孩子一同参与，让孩子体会到帮

助别人的快乐。例如可以邀请孩子一起参加社区劳动，“外面雪停了，我们一起去小区里扫雪吧，这样，其他小朋友或老爷爷、老奶奶才不会滑倒。”在给灾区捐衣服时也可以问问孩子：“妈妈单位里正在组织职工为灾区人民捐衣服，你看你有什么衣服可以捐给灾区的小朋友吗？”一般来讲，孩子听到这种倡议，都会积极响应，久而久之，便会培养出无私助人的品格。

二、鼓励孩子向身边的榜样学习

父母可以教育孩子以那些胸怀宽阔、慷慨大度、落落大方的同学为榜样，注意观察他们的言行，对照自己的思想和行为，从他们身上汲取长处来弥补自己的不足，孩子自私的心理就会得到抑制并逐渐消除。

三、鼓励孩子学会和他人分享

孩子之所以不愿与人分享，是因为他觉得，分享就是失去自己的所有。父母首先应该理解孩子这种难以割舍的“痛苦”，但同时也要让孩子明白，分享体现了自己对别人的关心与帮助。自己与别人分享了，别人也会回报自己同样的关心与帮助，这样彼此关心、爱护、体贴，大家都会觉得温暖和快乐。

幸福的人不仅会和朋友分享快乐，也会和朋友分担痛苦。你的痛苦被朋友分担时，痛苦便减少一半；你的幸福和朋友分享时，幸福便增加一倍。分享应该从小开始学会，是从与小朋友分享玩具、分享物品开始的；从来不舍得把自己的玩具给别人玩的孩子，最终也没有人跟他玩。自私会把分享的大门关闭。

四、不要溺爱孩子

孩子不愿与他人分享，是与父母的溺爱密切相关的。很多父母出于对孩子的爱，把好吃的、好玩的全让给孩子，孩子偶尔想让父母分享，父母却在感动之余，常说："我不吃，你自己吃吧。"长此以往，就强化了孩子的独享意识，他理所当然地把好吃的、好玩的据为己有。

在家庭生活中要形成一定的"公平"环境，无疑对防止孩子滋长"独享"意识具有积极的意义。父母应教育孩子凡事都应该想到别人，知道自己与其他成员是平等的，自己有愿望，别人也有愿望，好东西应该大家分享，不能只顾自己不顾别人。

五、鼓励孩子在实践中学会分享

要经常让孩子与小朋友开展生动有趣的活动，使孩子与小朋友共同分享活动的快乐。另外，也要经常给孩子提供为父母服务的机会。如家里买了水果、糕点时，可让孩子进行分配，如果孩子分配得合理，就及时表扬。

六、教育孩子不是自己的东西绝不可据为己有

如果孩子从小没有这样的概念，不仅在与同伴交往会产生矛盾和纠纷，将来长大了还有可能发展成偷盗。父母经常严厉地告诫子女，属于自己的东西，自己才可以拥有；不属于自己的东西，绝对不可心存贪念。

七、教育鼓励孩子改正自私行为

教育鼓励孩子改正自私行为，以赢得同学、朋友等的认可。

当然，父母在对孩子进行教育时，要注意掌握分寸。父母要明白孩子毕竟是孩子，不要过分勉强孩子什么东西都与人分享，更不要因孩子拒绝分享而惩罚他。

乐于助人才能合作共赢

一个懂得关爱、帮助他人的孩子，才会有更多的朋友，才会受到人们的喜爱，也才更容易取得成功。因此，父母要积极培养孩子乐于助人的好品格。

一个有爱心、懂得帮助他人的人，才能得到更多人的帮助，才会有更多的朋友，才能获得更多的机会，也才更容易取得成功。因此，父母要积极培养孩子乐于助人的好品格，鼓励孩子去帮助他人。

乐于助人是一种美德，帮助别人就是帮助自己。特别是在这个注重合作与共赢的时代，让孩子懂得帮人就是帮己的道理，对孩子将来赢得合作与成功有着特别重要的意义。

现在的孩子基本上都是独生子女，在家里大都处于被宠爱、被照顾的地位。孩子很少有关心、照顾别人的机会。有的孩子甚至很少想到别人，除非是他需要别人帮助的时候。这非常不利于孩子的成长，不利于孩子形成优良的品格，不利于孩子融入社会和他人相处，甚至会妨碍孩子的学习以及事业上的成功。

说起乐于助人，雷锋曾说："自己活着，就是为了使别人活得更美好。"在帮助他人的过程中，他奉献着自己的爱心，感受到了生活的快乐，也实现了自己的价值。应该让孩子知道帮助他人是一种美德，帮助他人是快乐的，帮助他人就是帮助自己。

帮助他人要诚心诚意，如果带有功利色彩，就不是助人为乐。让孩子把乐于助人当做一种习惯，父母就要有意识地培养。当孩子把帮助他人当做自己的自觉行动时，他就是世界上最快乐的人。

生活中，每个人都可能遇到困难，此时你帮助他人，等你遇到困难的时候，你就能得到他人的帮助。因此，父母应该从小教育孩子乐于助人。

关爱他人、助人为乐的优秀品质，对于一个孩子来说，可能会难以理解这种优秀品质的内涵与意义。但是，孩子都是极富同情心的，他的同情心就是培养他乐于助人的精神基础。

乐于助人，就是善于理解他人的处境、他人的情感和需要，随时去支持别人，关心帮助别人。培养孩子从小乐于助人的美德，对孩子今后具有高尚的情操、健全的人格有不可估量的影响。

在现实生活中我们可以看到，有些孩子会喜欢主动帮助别人，会把别人的事当做自己的事情来对待。有的孩子则对别人的事丝毫不关心，认为那是别人的事情，跟自己没有什么关系，这是一种自私的表现。

一个自私的人，他的生活是毫无乐趣可言的，因为他没有朋友、内心孤独。

一个自私的孩子只会远远地看着别人在一起玩得兴高采烈，而自己却只能一个人站在旁边。这是因为，他的自私让伙伴都远离他。

因此，父母一定要培养孩子乐于助人的品德，这不只是在帮助别人，同时也是在帮助孩子健全他的性格。

那么，父母怎样培养孩子乐于助人的良好品德呢？

一、创造温馨的家庭氛围

父母注重创造温馨的家庭氛围，经常鼓励孩子的爱心行为，孩子就会乐于助人，富有同情心，能为别人着想。

二、父母要身体力行

父母一定要身体力行、以身作则。要知道，一个人的品质和习惯并不是一时就能够养成的，也不是通过一两次教育就可以成功的，而是要经过长期而有效的教育以及各个方面的努力才有可能形成。父母长期的引导和示范能起到不可忽视的作用，父母一旦做了不好的示范，所有的努力就会功亏一篑。

三、为孩子提供帮助别人的机会

在孩子的心灵世界中，需要认同自己是家庭与社会当中有价值的成员，父母应尽量给孩子提供接触社会、关心和帮助他人的机会。比如让孩子学着帮助或者照看比自己年龄小的小朋友，试着帮助父母做一些力所能及的家务等等。

四、培养孩子乐于助人的习惯

父母要培养孩子助人为乐的习惯，这和培养孩子其他方面的习惯一样，一定不要强迫他去做什么，而是要让他在家庭生活中懂得仁爱、友情、亲情、付出与给予等方面的善行给他所带来的快乐。

五、教孩子学会与人分享

懂得分享的人才会自觉帮助别人，愿意合作。不懂得和别人分享的人是自私的，这种人是不会去帮助别人的，即使是他做了什么帮助别人的事情，也可能是另有所图。所以，想让孩子养成帮助别人的习惯，父母首先应该让他学会与人分享，让他体会到与人分享的乐趣。

小孩子心地善良，想法单纯，父母要鼓励孩子的参与意识和分享意识，使孩子对帮助别人产生兴趣，通过帮助别人可以得到一种满足。经过时间的锤炼，孩子的这种品德意识就会在他体内生根发芽，并且逐渐在他心中形成一种可以影响他今后人生的良好品质。

六、让孩子做力所能及的事

在日常生活中，要用鼓励的方式让孩子帮助父母做一些力所能及的事情，这样可以增强孩子助人为乐的责任感。还可以通过讲道理的方式让孩子知道，如果一个人只想到自己而不能给予别人帮助，那么，他就是一个自私的人。自私的人就会被孤立起来，得不到别人的尊重和帮助。所以，让孩子迈出助人为乐的第一步，就一定要鼓励孩子去帮助别人。

七、让孩子明白“帮助别人不会损害自己”

比起“不帮助别人是因为没有好处”的心理，更多的孩子更担心帮助别人会损害自己。虽然他们帮助别人时不计较回报，但是会过多地考虑自己的利益是否受损。这往往会使他们在帮助别人的时候总是顾虑重重。

父母应该告诉孩子，帮助他人不会损害自己，就像用一只点亮的蜡烛去点燃其他的蜡烛，丝毫不会影响这只蜡烛的光亮一样。

当然，父母也应该告诉孩子，帮助别人需要理智，即在自己有能力的情况下帮助别人，在别人需要帮助的时候帮助别人。无能为力的时候帮助别人，对自己是一种不负责任的表现，也就失去了助人的意义。

另外，在他人并不需要帮助的时候帮助别人，有时会让人误解，反而会“好心办坏事”。可见，让孩子明白“帮助别人不会损害自己”是有前提的。

八、让孩子懂得帮人就是帮己

帮助别人就是帮助自己，乐于助人的孩子会为自己赢得更多帮手。父母应该告诉孩子，你怎么对待别人，别人就会怎样对待你。

当孩子知道帮助别人就是帮助自己的时候，父母还应提醒孩子，只有发自内心且不带功利色彩的助人举动，才会真正感动他人；只有不带歧视色彩的且不带选择性的帮助，才能赢得他人的真情回馈。

九、让孩子知道乐于助人会提高办事效率

助人就是助己，生存就是共存。在这个充满竞争又离不开合作

的社会，乐于助人会让孩子赢得更多的合作和共赢。乐于助人的孩子会更容易赢得他人的欢迎和认可，会有更多的朋友，会有良好的人际关系。

将来走入社会，走向工作岗位，乐于助人的孩子会得到同事和领导的支持和赏识，容易得到更多的合作机会，从而提高自己的工作效率和处世能力。

礼貌是一种无形资产

培养孩子懂礼貌就是培养孩子的博爱精神，不讲礼貌的人谈不上有博爱思想。礼貌不用花钱，却能赢得一切。

礼貌的本质是表达一种敬意和友好，是一个人道德修养的体现，是从内到外的自然流露，而不是一种技术。懂礼貌的孩子即使不是最出众的，他也很有可能是最受欢迎的。

礼貌是一种无形资产，是孩子思想素质的一种体现。从生活小事上，就能很好地观察出一个人的这种素质。例如，和别人打招呼时的表情，给人让座时的动作都能很好地展现一个人的礼貌。它既装不出来，也不是几句礼貌用语就能涵盖的，而是真诚待人时的真情流露。

礼貌是拉近自己和他人距离的一座桥梁，懂礼貌的人容易让别人接受，成为一个受欢迎的人。父母要从小培养孩子讲礼貌的习惯，这对于孩子将来的社交大有益处。教孩子学会礼貌待人是一个潜移默化的过程，不可能一蹴而就，对此，父母要有足够的耐心。

一、提升孩子的内在修养

礼貌表面上是一个人外在行为的表现，实际上是一个人内心修养的反映。懂礼貌就意味着尊重他人,继而赢得被尊重,这是与人交往、相处不可缺少的习惯。

要想把孩子培养成一个懂礼貌的人,父母要从培养孩子的一言一行入手,让孩子学会礼貌用语,并恰当运用出来,能够让他人感受到被尊重。长此以往,孩子也就变得懂礼貌了。

二、让孩子学会正确运用好文明礼貌用语

“谢谢你”、“对不起”、“请”这些礼貌用语,如使用恰当,对调和及融洽人际关系会起到意想不到的作用。

正确地运用“谢谢”,会使你的语言充满魅力,使对方备感温馨。道谢时要注意对方的反应。如对方对你的感谢感到茫然时,你要用简洁的语言向他说明致谢的原因。对他人的道谢要答谢,答谢可以用“没什么,别客气”、“我很乐意帮忙”、“应该的”来回答。

学会向人道歉,是缓和双方可能产生紧张关系的一剂灵药。如在公共汽车上踩了别人的脚,一声“对不起”即可化解对方的不快。道歉时最重要的是有诚意,切忌道歉时先辩解,那样就好像是在推卸责任,达不到良好的效果,同时要注意及时道歉,犹豫不决会失去道歉的良机。

频繁使用“请”字,会使话语变得委婉而礼貌,是比较自然地把自己的位置降低,将对方的位置抬高的最好的办法。

三、让孩子主动与人打招呼

在课堂之外看到老师后装作没看见,或是干脆躲开,不主动打个招呼;见到同伴的家长不搭理;从外面回来,旁若无人地冲进厨房,对爷爷奶奶也不问好;家里来了客人,不主动向对方打招呼……

以上这些行为都是不礼貌的表现,许多家长认为孩子还小,不太在意,其实家长如果不纠正孩子的不礼貌行为,孩子就会形成不好的习惯。因此,父母应该在孩子会说话后,尽早培养孩子讲礼貌的习

惯，让孩子主动与身边的人打招呼，主动向长辈问好。

四、让孩子养成敲门的习惯

平时在家里，父母可能没有注意，孩子经常不敲门就闯入了父母的房间，其实这也是不礼貌的行为。如果孩子在家里习惯了随便闯入父母的房间，孩子在学校里很可能随意闯入老师的办公室，在别人家玩时可能随意闯入他人的房间。这会给人一种很无礼的印象。

父母要告诉孩子："如果你想进入他人的房间，必须先敲门，得到允许后才能入内。"当孩子做对了的时候，父母要用赞赏强化孩子的正确行为。

五、父母要以身作责

父母要做表率。因为父母对孩子的影响最直接、最深刻。父母的身教是对孩子最生动、最实际的教育。如果父母自己就不是讲文明讲礼貌的人，即使对孩子管教特别严，苛求孩子言行要有礼貌，效果肯定也是大打折扣的。

六、鼓励孩子直接参与接待客人

父母要给孩子讲解待客的"规矩"，使孩子懂得一定的行为规范。如亲友来访时，听到敲门声要说"请进"；见了亲友按称谓主动亲切问好；热情招待客人；当父母谈话时，小孩不应随便插话；小客人来，应主动拿出玩具与小客人玩；共同进餐的人未完全入席前不得动餐具自己先吃；客人离开时要说"再见"，并欢迎客人再来。

当家里来客人时，可以让孩子参与一些力所能及的待客活动，通过直接参与，使孩子待客的动作和技巧得到练习，并逐步养成行为习惯。如果孩子表现得好，一定不能忘记及时地给予表扬和鼓励。

七、多讲道理，少斥责

孩子的自律性比较差，孩子都有不讲文明礼貌的时候。当父母发现孩子说脏话，或者行为粗鲁无礼时，一定不要仅仅是简单粗暴地加以制止，而是要耐心地给孩子讲道理，告诉孩子为什么不能那样说话做事。比如，当发现孩子在饭桌上打喷嚏的时候，父母不要只是大声呵斥他“太没有教养了”，而是要告诉孩子：“这种行为太没有礼貌了，应该有意识地控制；实在控制不了，也一定要侧过头去，避免面向饭菜或人，同时向大家致歉。”

八、发现问题及时解决

培养孩子讲文明有礼貌是一个循序渐进的过程，父母不可能要求孩子在一夜之间就变得彬彬有礼。当孩子不习惯用敬语时，应加以指导，直到孩子养成了说敬语的好习惯为止。父母切不要把孩子的许多问题都集中起来，突击解决。正确的做法应该是发现一个问题就立即解决。

九、对孩子明确说出父母的期望和要求

父母应该和孩子多谈心，明确告诉孩子希望他能成为一个有教养的好孩子。告诉孩子哪些言行是文明礼貌的，哪些言行是粗鲁无礼的，让孩子明白文明礼貌的重要性。和孩子外出的时候，当看见有人在大街上打架或吵架时，父母应该立即告诉孩子，这种行为严重影响了社会公共秩序，是不文明的；当孩子在家里特别吵闹的时候，父母可能非常生气，但一定要控制住情绪，尽量避免对孩子大叫大嚷，而是要语气平和地告诫孩子：“希望你保持安静，父亲母亲需要休息。”或者说：“你的动作应该轻一些，别影响楼下的叔叔阿姨休息。”

十、让孩子感同身受

父母都有自己的“圈子”：亲人、同学、同事、朋友。可是大人们的“圈子”对孩子来说，几乎是陌生的，大人之间的友情、亲情，孩子们也

根本无法领会，只有让孩子感同身受才能收到良好的效果。

要让孩子接受客人并且具备热情，就要先和孩子为客人来访的事进行沟通，这非常重要，因为孩子是跟着大人的感受来表现的。当要有客人来访时，父母可以告诉孩子和客人之间的友情，说说与客人之间的趣事，这样孩子就会跟着父母的感受去礼貌待客了。

十一、注重孩子的个人礼仪

人往往在举手投足之间表现出他的修养。一些人很少说话，但通过他的举止却能让人感受到他的人格魅力。父母都希望自己的孩子举止端庄、大方、文雅，希望他有展现自己个性的音容笑貌和举止，所以要经常教育孩子保持仪容仪表的整洁，把脸、脖子、手都洗得干干净净；勤剪指甲，勤洗头；早晚刷牙，饭后漱口，注意口腔卫生；经常洗澡；衣着要干净、整洁、合体。在与人交往时要面带自然微笑，千万不要出现随便剔牙、掏耳、挖鼻、搔痒、抠脚等不良动作。

十二、帮助孩子掌握必要的文明礼貌常识

让孩子讲文明话、做礼貌人，在平时就要求孩子注意使用文明礼貌用语，不说粗俗的话，同长辈讲话要用“您”；在学校里遇见老师要问“好”；对帮助自己的人说“谢谢”；不小心打扰了别人要说“对不起”等等。

还要让孩子注意自己在日常生活中的行为也要文明礼貌。见面或分手时打招呼、握手，与人交谈时眼神、体态和表情要体现出对对方的尊重。与别人说话的时候用眼睛看着对方，这也是一种礼仪。如果与别人说话眼睛却看着旁边，这是一种不礼貌的行为。

在公共场所要遵守公共秩序和社会公德。如爱护公共卫生，不随地吐痰，不乱扔纸屑、果皮；穿着朴素、大方、整洁，头发干净、整齐；不打架、骂人；待人态度热情、和蔼；遵守交通规则；乘车时主动购票，给老、幼、病、残、孕妇及师长让路让座，不争抢座位；购物时按顺序排

队；爱护公共设施、文物古迹；观看演出和比赛时，不起哄骚扰，做文明观众等等。

勤奋的孩子才能成才

孩子聪明与否并不是将来能否成才的关键，关键是要勤奋。

“宝剑锋从磨砺出，梅花香自苦寒来。”意思是一切成功的背后都有辛酸的磨炼。只有有坚忍不拔、吃苦耐劳的精神才能成才。

“书山有路勤为径，学海无涯苦作舟”。稍许浏览一下历史就会发现，不论是善于治国的政治家，还是胸怀韬略的军事家；不论是思维敏捷的思想家，还是智慧超群的科学家，他们之所以在事业上取得不同凡响的成就，都是与他们的勤奋好学分不开的。

关于勤奋对一个人的重要性，已经没有人再怀疑了。从古代的“天道酬勤”、“吃了苦中苦，方为人上人”，到近代的“勤能补拙”；从国外的“天才就是99%的汗水加1%的灵感”，到国内的“聪明出于勤奋，天才在于积累”，都在强调勤奋对一个人的意义。因此，培养孩子勤奋的习惯和品质，是父母刻不容缓的工作。

勤奋，就是要珍惜时间，勤学习，勤思考，勤探究，勤实践。只有勤奋付出才能得到回报，任何成功者的道路上都洒满了汗水，都是通过日复一日、年复一年的刻苦努力换来的。

如果希望自己的孩子有出息，平时就要对孩子严格要求，努力培养孩子的勤奋品质，必须让孩子具备吃苦耐劳的勤奋品质。

现在的孩子大多是独生子女，他们生活在衣食无忧的环境中，从小被父母细心呵护着，他们没有劳动的意识，没有勤奋的习惯，就连一些本该自己做的事情，都不愿意去做，而是推给父母。当然，这种现象与父母的教育有很大关系。很多父母不给孩子动手做事的机会，也没有培养孩子勤奋的意识，而是对孩子过度溺爱。这样做对于孩子的成长和成功有百害无一利。

我国著名的数学家华罗庚说："勤能补拙。"著名科学家居里夫人说："懒惰和愚蠢在一起，勤奋和成功在一起，消沉和失败在一起，毅力和顺利在一起。"可见，勤奋不仅是一种良好的习惯，更是治疗愚昧和无知的良药。

多少学有所成的人，多少事业有成的人，无一不是勤奋的典范。没有勤奋的品质，就不可能珍惜时间努力求学，也就不可能获得渊博的知识和高深的智慧。没有了知识和智慧，又谈何人生成就呢？

有人说："勤奋不仅包括学习时的态度，也包括学习专业知识时注重的深度和广度，还包括广泛涉猎教科书以外的知识。"由此可知，勤奋是一种能力，是一种自觉学习的能力。只有勤奋的孩子才会自觉地去学习他想要的知识，为实现理想做准备。

勤奋是中华民族的传统美德，从古至今，勤奋的典故层出不穷，比如悬梁刺股、凿壁偷光、铁杵磨成针等等，历来被人们称颂，且成为许多人学习的榜样。人们对勤奋的人从来不吝惜好评，而对懒惰的人给以鄙视的眼神。任何一个想生活得更好的人，任何一个有进取心的人，都不会对懒惰者有好感，而勤奋的人则会赢得别人的敬重。

如果你的孩子养成了勤奋的习惯，他就比较容易受到大家的欢迎。在家里，家人、亲戚、朋友都会喜欢他；在学校里，老师和同学也会认可他；等孩子长大后，走入社会，走上工作岗位，领导和同事也会肯定他。如此一来，孩子的生活也就充满了希望。

现在的父母们望子成龙的心情太过急切，常常重视孩子的智力开发而忘记培养孩子一些决定他们命运的好习惯。为了把你的孩子打造成一个你心目中的"天才"，就要用正确的、合理的方法去培养孩子，激发他通过自我努力形成勤奋刻苦的好习惯。

那么，怎样培养孩子勤奋的品质呢？

一、让孩子从做好小事开始

或许有的父母认为，只要孩子勤奋学习就可以，其他的事情自己可以包办；或许有的孩子也会认为，只要学习好，今后有出息了什么事情都可以花钱请人家干。果真是这样吗？

所谓"不积跬步，无以至千里"、"一屋不扫，何以扫天下"就告诉了我们，无论何种习惯的培养，都需要从点滴做起，从生活中每件小事做起。没有哪个人说勤奋的习惯可以只表现在某个方面，而在其他方面可以懒惰。因此，家长要告诉孩子，为养成勤奋的好习惯，应脚踏实地、从现在做起、从小事做起。

勤奋始于每一件小事，勤于做好生活中的小事，孩子就能在不知不觉中养成勤奋的习惯。当勤奋成为孩子的一种品质时，无论在哪一方面，孩子也会自觉地表现出勤奋的特质。因此，家长不要总是对孩子说："只要你好好学习，什么事情都可以不用干。"

勤奋不仅表现在学习上，更表现在工作和劳动上。当孩子走向社会后，他的勤奋就直接表现在工作中。因此，父母要对孩子从小就通过劳动来培养孩子勤奋工作的好习惯。

父母要为孩子树立勤奋工作的榜样。许多时候，父母会做一些艰辛的工作，例如在非常恶劣的环境中，长时间地从事体力劳动，做一些又脏又累的活等。如果父母咬紧牙关，认真地去做这些事，孩子就能学到父母的这种勤奋工作的精神。

父母要告诉孩子"一分耕耘，一分收获"的道理，只有辛勤劳动才可以有收获，懒惰的人是什么也得不到的。通过教育，让孩子明事理、勤实践，从小养成勤奋的习惯。

二、对孩子要严格要求

习惯的养成不是一蹴而就的，需要一个长期的过程。孩子自制能力不强，稍不注意，他们就想偷偷懒，这样就不可能养成勤奋的习惯。因此，父母要严格要求孩子，发现孩子有懒惰的苗头，就要及时教导孩子。

事实上，每个人都知道勤奋的好处，孩子也知道勤奋的孩子讨人喜欢。但是人是有惰性的，一旦自我克制惰性的能力不强，就可能懒惰起来，时间长了，就会形成懒惰的习惯。因此，在培养孩子勤奋习惯的过程中，父母对孩子要严格要求，引导孩子不断克服懒惰的行为。

三、对孩子要循循善诱

为了让孩子养成勤奋的好习惯，父母一定要循循善诱，即有步骤地引导孩子学习。循循善诱要注意几个问题：一要注意培养孩子学习基本功；二要注意适时教育，引导孩子勤奋学习要抓住孩子有学习欲望的时候；三要注意适量，孩子毕竟是孩子，不要以成人的标准去要求孩子，学习的内容不能超过孩子所能承受的范围；四是父母态度要平和，引导孩子勤奋学习不要急于求成，否则只会适得其反。

四、让孩子有替父母分忧的责任感

经受过一番勤奋刻苦磨砺的人，一定是一个具备责任心的人。责任，不但是要对自己负责，也要对关心自己的人负责。当孩子懂得了父母挣钱不易的时候，他就会想，我一定要争口气，让我的父母过上更好的生活。为了这个目标，他会更加勤奋刻苦地去学习。

因此，让孩子有替父母分忧的孝心与责任感，往往会成为激励孩子去努力奋斗的一种动力。

五、让孩子多了解勤奋的事例

"天道酬勤"也好，"几分耕耘，几分收获"也好，这些都说明了养成勤奋刻苦的好习惯的重要性。

父母要经常给孩子讲一些事例和道理。古今中外的名人，不论是文学大师、艺术家、科学家，还是体育明星、演艺明星，他们成才都有一个共同点，那就是从小勤奋、刻苦，有顽强拼搏的精神以及惊人的毅力。让孩子明白一个知难而退、怕苦怕累的人，必定是一事无成的。

父母还可以通过讲一些名人勤奋好学的故事，让孩子知道，只要能克服艰苦条件而勤奋学习都是可以取得成功的。

一个人若想成功其实并不难，只要他能够勤奋地做人，勤奋地做事，勤奋地学习和积累。一个人勤奋的品质，就是他人生的资本。越勤奋的人，财富就会越多；越懒惰的人，所失去的人生机会也就越多，等待他的也只能是个失败的人生。

书山有路勤为径，学海无涯苦作舟。有多少付出就会有多少收获。让孩子在勤奋故事的启迪和感染下，理解勤奋品质的重要性，这样更有利于培养孩子勤奋的品质。有了勤奋的品质，孩子才会有出息。

培养孩子勇敢的品质

勇敢是孩子必不可少的品质之一。勇敢的人不怕危险和困难，遇事沉着冷静、有胆有识。对于孩子来说，不论是学习中的困难，还是生活中的困难，都需要勇敢地面对。

很多时候，培养孩子勇敢的品质，往往是对父母勇气的考验。父母遇到困难或危险时，能够勇敢地面对，孩子也能勇敢起来。

上小学的孩子已经有能力胜任很多事情。如果在孩子独立做事的时候，父母总是表现出过多的担忧，孩子就会变得紧张和恐慌，原有的尝试的勇气和自信心也会消失殆尽。父母应该放开手脚，让孩子大胆去尝试他力所能及的事情，使孩子成为一个小勇士。只要父母有意识地利用生活小事去锻炼孩子，孩子自然就能慢慢变得勇敢起来。

一、勇敢的品质是孩子独立生活的必备素质

没有勇敢品质的孩子，通常会对父母产生严重的依赖，很难真正独立起来。当父母不在身边的时候，他很难自信地照顾好自己，也不可能有勇气面对纷繁复杂的社会和形形色色的人。

一位教育家曾说："勇敢是一个人成长的拐杖，失去了这根拐杖，他就不可能真正独立。"没有独立性的孩子就如生活的奴隶，随时可能被生活左右，被困难吓倒。这样的孩子又如何能勇敢地面对困难呢？因此，对孩子勇敢品质的培养，是关系到孩子一辈子的重要事情。

二、勇敢的孩子会获得更多成功的机会

达尔文说："幸运喜欢照顾勇敢的人。"无论是在学习中，还是在生活中，无论遇到任何困难，勇敢的孩子都会大胆地去尝试，因而更有机会成功。

一道难题，勇敢的孩子会大胆思考，努力解析，即使做出来了，他还可能尝试另外一种方法；一项任务，即使有难度，勇敢的孩子也会想方设法地克服困难，努力完成。即使失败了，他表现出来的勇气和精神，也是值得别人称赞的。因为至少他尽力去做了，而不是看到有难度就退缩和敷衍。

三、勇敢的孩子会获得更多的信任

没有人希望跟一个懦夫打交道，也没有人希望自己的朋友是个胆小鬼。勇敢的孩子给人一种安全感，因为他有敢于面对的勇气和魄力；勇敢的孩子有强烈的责任心，因为他遇事不会轻易退缩，更不会随便逃避责任。

因此，勇敢的孩子会得到更多的信任和支持，这是成功的一大保障。另外，勇敢的孩子会得到异性的青睐。女孩子会对勇敢的男孩投来钦佩的眼神，男孩子也会对勇敢的女孩刮目相看。

四、对孩子不要过度关心

父母对孩子过度关心和呵护，通常会成为培养孩子勇敢品质的一大障碍。父母的过度关心会让孩子觉得"原来这件事这么严重"。这就使孩子失去了对问题和自我能力的正确把握，即使面对一些力所能及的事情和一些可以克服的困难，孩子也没有勇气去面对。

生活中，家长应该适当地对孩子"冷漠"一点儿，给孩子独立、勇敢面对困难的机会，让孩子通过尝试认识到自己的能力可以应付遇到的情况，从而克服胆小怕事心理和依赖心理，锻炼出独立性和勇敢的品质。如果孩子不小心摔倒了，只要情况不严重，父母就没有必要小题大做，而应该鼓励孩子自己站起来。这样，孩子下次摔倒的时候，自己就会勇敢地站起来。

五、对孩子不能威胁恐吓

生活中，有些家长为了让孩子学乖，喜欢用夸张的语言恐吓孩子。如果家长经常吓唬孩子，孩子就会变得越来越恐慌，越来越胆小。研究表明，家长的威胁和恐吓，会让孩子产生被遗弃的感觉，没有安全感。

教育孩子需要科学的方法，而不能依靠威胁和恐吓让孩子变得乖巧。家长应该找出孩子不听话的原因，做到对症下药。同时善于理解和赏识孩子，适当降低对孩子的期望，让孩子在轻松快乐的环境中成长，这样才能更好地培养孩子勇敢的品质。

六、让孩子多一点儿亲身体验

体验是获得认知的最佳途径。在没有了解、没有体验的情况下，孩子只会根据表象来判断事物。例如，孩子看到尖尖的针头就哭，这是因为他认为被扎的感觉很疼。很多事情孩子并没有尝试，因为父母过分渲染难度，会使孩子失去面对的勇气。

在成长的道路上，孩子总会遇到许多这样那样的挫折和困难，父母应该鼓励孩子学会勇敢地去面对。家长应该明白，让孩子在体验中感受磨难，远比不停地安慰孩子有意义。如果父母过分渲染困难的程度、磨难的痛苦，孩子就会没有信心去尝试。

大胆让孩子去体验，让孩子接受考验，孩子就会变得勇敢、坚强，成为一个勇敢的人。当孩子亲身体验的时候，他也许发现事情原来不像父母说的那样难，也没有想象的那样痛苦。

七、适当地来一点儿快乐冒险

勇敢常常与冒险联系在一起，适度的冒险是培养孩子勇敢品质的重要方法。不要因为害怕孩子出危险，就把孩子束缚在安全的环境中。否则，会让孩子变得意志薄弱、适应能力差。让孩子多来一点儿冒险，并在冒险中感受刺激、得到锻炼，孩子就会逐渐变得勇敢起来。

八、让孩子树立自信心

应该让孩子知道，自信心是战胜胆怯的法宝。胆怯的人往往是缺乏自信的人，对自己是否有能力完成某些事表示怀疑，结果可能会由于心理紧张、拘谨，使得原本可以做好的事情弄糟了。因此，应告诉孩子在做事之前就为自己打气，相信自己有能力把这件事做好。

九、鼓励孩子与人交往

父母要鼓励和带领孩子多与人交往，特别是与开朗活泼的同龄人交往。在各种集体场合，别人的友好和尊重，能使孩子感到快乐。父母也可以借助家庭、学校、孩子的伙伴、亲朋好友，为孩子提供良好的社交平台，培养孩子的勇敢品质。

十、帮助孩子积极地看待失败

每当遇到失败的时候，胆怯的孩子往往垂头丧气、耿耿于怀。这是因为他总是把失败归结于自身原因，即认为自己能力不够，或者认为自己不聪明。这会使他对自己的能力产生怀疑，对自己的自信心无疑是一个打击。那么，在以后遇到类似的事情或者更具挑战性的事情时，胆怯的孩子就会选择逃避、放弃。这会形成一个恶性循环，孩子就再也没有勇气去尝试新的任务。所以，父母要教导孩子学会积极看待失败，分析原因，依靠自己的勤奋努力来弥补自己的不足。

十一、端正教育态度

父母要从思想上认识到，对孩子的溺爱、娇宠，只会造成孩子怯懦、任性的性格。父母要树立起纠正孩子怯懦性格的信心，要认识到只有教育得当，才能使孩子的勇敢品质得到发展和提高。

培养孩子坚强的意志

坚强犹如一泓出现在沙漠里的清泉，能使濒临绝境的人看到希望；坚强好像是一首飘荡在夜空中的歌谣，能使在困难之中的人获得心灵的慰藉。

马克思曾说："生活就像海洋，只有意志坚强的人，才能到达彼岸。"想要在生活的海洋里自由徜徉，没有坚强的意志是不行的。坚强的人遇到艰难险阻时，能勇敢地面对，想尽办法战胜困难，而不逃避、不绝望、不放弃。孩子有了坚强的意志，孩子就有了最有力量的拐杖，支撑他的人生屹立不倒。

有了坚强的意志，就会发现生活中没有什么过不去的坎；有了坚强的意志，就不会因为遭受打击而自暴自弃。如果说生活就是登山，那么坚强的人最终能登上顶峰，而脆弱的人只能在山脚下眼巴巴地望着山顶叹气。

对未成年的孩子，父母应该给予保护和关怀，但不能溺爱和纵容孩子。如果父母不给孩子经历困难的机会，而是一味迁就孩子，习惯包办孩子的一切，孩子就会对父母过于依赖，无法培养孩子坚强的意志。当孩子走入社会，就会因为没有坚强的意志而屡屡遭受打击。

所以，父母应意识到坚强的意志对孩子的重要意义，要在慈爱中赋予孩子坚强的意志。

在孩子面对困难和痛苦时，父母完全可以相信孩子有面对困难和痛苦的勇气，相信孩子能够坚强面对。不要因为孩子年纪小，就对孩子过分保护。很多时候，当孩子遭遇困难时，父母便焦急地替孩子排忧解难，这对培养孩子坚强品质是毫无益处的。

生活中，我们常常看到这样的情况：当孩子与小伙伴们玩耍时，不小心跌倒了，他会迅速爬起来，继续和小伙伴们快乐地玩耍。但是，如果这时候妈妈焦急地跑过去抱起孩子，并对孩子问长问短，孩子则会大哭一场。

所以，希望孩子变得坚强，父母首先要自己坚强起来。当孩子遇到痛苦和磨难时，让孩子独自面对，让孩子接受锻炼和考验。当孩子惧怕困难的时候，父母要鼓励孩子坚强起来。只有这样，孩子才能坚强地面对人生中的任何困难。

一、提升孩子的意志品质和忍耐力

具备坚强品质的人面对困境不会轻易退缩，而是能够勇敢面对，并寻找解决问题的办法。面对挫折与不幸，坚强的人不会抱怨上天不公，不会埋怨运气不好，而是面对现实，脚踏实地地寻找出路。坚强的品质是孩子自立自强、战胜困难的有力武器，是孩子成就人生的必备品质。

二、使孩子保持积极的生活态度

具备坚强品质的孩子,能保持积极的生活态度,为理想坚持不懈地奋斗。就像“野火烧不尽,春风吹又生”这句诗说的那样,即使遭受再大的打击,也能始终保持昂扬的斗志,而不是自暴自弃。

三、不要把孩子当成弱者

不把孩子当成弱者来看待,你就会发现孩子并不像你想象的那么脆弱。让孩子从小多吃点苦,多接受生活的磨炼,孩子在困难面前就会变得坚强。因此,父母要充分相信孩子,把孩子当做生活的强者来看待,逐步培养孩子坚强的性格,孩子才能经得起更大的风浪。

四、为孩子设置必要的障碍

一个人坚强不坚强,与他从小受到的教育有很大的关系。明智的父母明白,在孩子小的时候就应该让他感知困难。

著名教育家陶行知先生说:“不要担心挫折,应该担心的是怕挫折而不敢让孩子做任何事情。”所以,父母不要担心孩子遇到困难而为孩子包办,而要主动给孩子制造困难,让孩子经受考验。每个人的一生都要经历很多挫折和磨难,父母给孩子从小设置障碍,锻炼孩子的坚强品质,孩子长大后就会将一切困难看得很平常。

五、培养孩子的勇气

如果孩子不敢去跑,他就不可能赢得竞赛。如果孩子不敢去战斗,他就不可能赢得胜利。如果孩子不敢面对挫折,他就不可能变得坚强。

让孩子的勇气多一点儿,孩子往往就会更加坚强。勇气不是天生的,是后天锻炼出来的。所以,父母要寻找机会,注重培养孩子的勇敢精神。

六、教孩子学会坚持

对于孩子来说，他做每一件事都可以体现出他的品性。例如，在孩子遇到困难的时候，如果意志薄弱，他可能会中途放弃；如果意志坚强，能够坚持一下，他就可能取得成功。

任何时候，胜利与成功都只属于坚持到最后的人。当孩子有比较大胆的举动，父母应该鼓励，让孩子感受到勇敢的乐趣，从而坚定他做事的决心，并且有利于养成做事有始有终的习惯。

七、给孩子一些必要的负面刺激

有些时候，负面刺激比正面鼓励更能激发一个人的斗志。对于孩子来说，负面刺激是指一些令人不舒服或不愉快的外界刺激，而这些刺激对于培养孩子坚强的意志非常必要。这些刺激主要有：

1. 困难

父母应该在条件允许的情况下为孩子有意识地设置一些障碍，给孩子制造一些经过努力可以克服的困难。当然，父母需要教给孩子克服困难的勇气，也要教给孩子克服困难的办法。

2. 饥饿

在生活中，很多孩子吃饭喜欢挑食或抱怨，父母可以适当让孩子尝一下饥饿的滋味，让孩子在饥饿的刺激下改掉挑食习惯，养成良好的饮食习惯。

3. 吃苦

现在大部分孩子有娇弱的一面。父母不妨有意识地锻炼孩子，比如多让孩子参加一些野营活动，让孩子在艰难的条件下吃点苦头，这有利于培养孩子坚强的性格。

4. 批评

许多孩子的心理非常脆弱，接受不了别人的指责和批评意见。

因此，必须明确规定一些孩子不应做的事情，比如打人、骂人、偷东西等。如果孩子做了，就要进行严肃的批评教育。这对孩子的身心健康成长是有益的。

5. 惩罚

对于孩子犯的较大的错误，父母应该给予适度的惩罚，这种惩罚可以是物质上的，也可以是精神上的。比如，把孩子关在一个比较安全的地方；不给孩子购买他想要的玩具等。

6. 忽视

如果父母总是一味以孩子为中心，久而久之，孩子就会养成唯我独尊、骄横霸道等不良习惯。因此，父母在生活中不要把孩子作为中心，有时候可以适当忽视孩子，让孩子调整自己的心态，从而帮助孩子养成良好的习惯，在与人交往中保持良好的心态。

第二章　智力是成功的先决条件

抓住孩子智能开发的关键期

科学研究表明：假定成人的智力水平为100%，那么，孩子从出生到4岁的智力就发展了50%，而到了8岁便已经发展了智力水平的83%～90%。也就是说，一个孩子是不是聪明的，在他八九岁的时候，就基本上已成定局了。

有不少家长对孩子进行过早期教育，但收效却不是那么明显。没有抓住孩子智力开发期，是重要的原因。

孩子心理发展的关键期是人类超常智能结构表现出明显特征的重要时期。世界上超过85%的超常儿童，在八九岁之前就有了各方面的超常表现，整个智能水平已明显超出同龄人。而幼儿期则是人类各种智能与非智力因素综合发展的关键期，也是人类超常智力结构开始建构的时期，如果在这一时期得到科学、适时地开发，孩子的超常智能结构将获得最佳发展。

所以，掌握孩子的各种智能和非智力因素发展的关键期非常重要。父母可以在关键期，有针对性地对孩子进行及时的智力开发，以达到事半功倍的效果。一旦错过这些关键期，再想开发孩子的智能，其效果可能就差多了。

那么，哪些阶段是开发孩子各种智能和非智力因素的关键期呢？心理学家研究后得出如下结论：

2岁半左右是幼儿技术能力开始萌芽的关键期；

3岁左右是幼儿开始学习自我约束、建立规则意识的关键期；

3岁半左右是幼儿动手能力开始发展的关键期；

3岁半左右是幼儿独立性开始建立的关键期；

3岁半左右是幼儿注意力发展的关键期；

3 至 5 岁是幼儿音乐能力开始萌芽的关键期；

3 至 4 岁是幼儿初级观察能力开始形成的关键期；

4 岁左右是幼儿开始学习外语的关键期(6 至 8 岁是学习外语书面语言的关键期)；

4 岁半左右是幼儿开始对知识学习产生直接兴趣的关键期；

5 岁左右是幼儿学习与生活观念开始形成的关键期；

5 岁左右是幼儿掌握数的概念、进行抽象运算以及综合数学能力开始形成的关键期；

5 岁半左右是幼儿抽象逻辑思维开始萌芽的关键期；

5 岁半左右是幼儿掌握语法、理解抽象词汇以及综合语言能力开始形成的关键期；

5 岁半左右是幼儿悟性开始萌芽的关键期；

5 岁半左右是幼儿学习心态、学习习惯以及学习成功感开始产生的关键期；

6 岁左右是幼儿社会组织能力开始形成的关键期；

6 岁左右是幼儿创造性开始成熟的关键期；

6 岁左右是幼儿观察能力开始成熟的关键期；

6 岁左右是幼儿超常能力结构开始建构并快速发展的关键期；

7 岁左右是幼儿多向思维开始形成的关键期；

7 岁左右是幼儿操作能力开始形成的关键期；

8 岁左右是幼儿自学能力开始形成的关键期；

8 岁左右是幼儿自我控制与坚持性开始成熟的关键期；

8 岁左右是幼儿阅读能力和综合知识学习能力开始形成的关键期；

8 岁左右是幼儿欣赏艺术和美感心态形成的关键期；

9 岁左右是儿童初级哲学思维产生的关键期。

家长在抓住孩子各种智能和非智力因素发展的关键期时，应注意以下 3 点。

一、要把握孩子的认知特点

把握孩子的认知特点是进行智力开发的前提。学龄前的孩子，思维特点是直觉行动思维向具体形象思维发展，最终出现抽象思维的萌芽，其中形象思维占主导。因此，在促进孩子智力发展过程中，就应为孩子提供动手的机会，提供能让孩子感知的直观形象的东西，逐步构建其系统的非学科的形象的知识体系，达到提高智力的目的。要知道，孩子记忆数量的多少、难易只是衡量孩子智力发展的一个侧面，在智力培养的过程中，应更多考虑孩子的思维水平和方式以及观察力是否敏锐、迅速，想象力是否丰富，注意力是否集中，语言表达能力是否有进展，对外界事物是否感兴趣，是否有提不完的问题等等。

二、要促进孩子全面发展

孩子智力的发展并不是我们追求的唯一目的，在孩子成长过程中，德、智、体、美、劳全面发展才能成为一个人格健全的人；同时智力发展与其他方面是相互制约、相互促进的。如果一个人智商很高，却没有坚强的意志力，没有坚忍不拔的精神，缺乏良好的自信心和精神状态，不能与人正常交往，甚至连一副好身体都没有，那他将注定难以成为一个成功的人。

三、配合学校教育搞好家庭教育

如今的孩子，很早就被父母送到托儿所、幼儿园去接受规范教育，但这并不意味着家长可以放手不管。要知道，家庭和学校的配合，是孩子智力发展的有力保证。孩子形成的认知能力，需要有一个不断巩固、练习的过程，这种巩固、练习不是机械的，需要多种丰富有趣的形式作为媒介。因此，家长要配合学校，学校也要指导家长通过日常生活、游戏、讲故事、看读物、动手操作、提问等多种形式来发展孩子的智力。

孩子的智力就像一扇未开启的大门，只要我们掌握好孩子成长的关键期，采取合适的教育方式，就能找到开启大门的钥匙，培养出一个好孩子。

怎样发现和引导智力超常的孩子

古今中外有很多智力超常的孩子。有些父母只是听别人说“你家孩子真聪明”，或者自己觉得孩子挺聪明，但孩子究竟聪明到何种程度，却心里没数。怎样知道孩子是否智力超常呢？除了用测试智商的方式外，还可以从以下几个方面来观察智力超常孩子的特点：

一、观察力强

智力超常的孩子对事物有很强的观察力，善于观察，想象力丰富。超常儿童观察物体较仔细，且爱提问题，他们还能大胆发挥想象力。他们在观察事物时比一般孩子更准确和敏锐，更能看出某一事物与其他事物的不同之处。他们不仅感觉器官灵敏，而且更主要的是有正确的分析事物的方法。

二、好奇心强

智力超常的孩子好奇心强，学习兴趣浓。如英国的生物学家达尔文，童年时期对昆虫和鸟兽很感兴趣，以至于后来通过不断地探索创立了生物进化论，成为著名科学家。

三、记忆力强

智力超常的孩子记忆力强，注意力集中，积极思考。父母在培养孩子的记忆力时，应把记忆的材料放到游戏和生活中去，使孩子在娱乐中记住这些内容。一般来说，年龄小的孩子注意力不易集中，但智力超常的孩子却能长时间地做自己感兴趣的事，在记忆力方面，也表现出非凡的才能。

四、动手操作能力强

智力超常孩子想象力好，做剪纸、玩积木、绘画、装配小机械等活动的能力强，也就是说手指的灵巧度高。

五、个性特征良好

智力超常的孩子一般都具有坚强的毅力和勇于探索的精神，他们不怕困难，在前进的道路上勇于克服困难、敢于扫除障碍。

六、抽象思维能力强

智力超常的孩子在解决问题时有较强的抽象思维能力，能透过现象发现内在关系。他们的问题也特别多。

对智力超常的孩子该怎样引导呢？

首先，要培养孩子良好的个性，培养孩子活泼开朗的性格。智力超常的孩子不能整天只沉浸于自己感兴趣的事，还要让他多了解周围其他事物，多与人交往，培养其活泼开朗的个性。

其次，要鼓励孩子胜不骄、败不馁。智力超常的孩子往往受到周围人们的称赞，这个时候父母要提醒孩子不能骄傲，要坚持不懈地学习。有时孩子会因失败而气馁，这个时候父母要鼓励孩子不要灰心，要开动脑筋，努力解决问题。

再次，要创设良好的教育环境。中外智力超常的孩子的成长史都证明环境对孩子智力发展有重要作用。因此，给孩子提供一个能多动手、勤动脑的学习环境是至关重要的。如给孩子提供一只旧闹钟，让孩子通过自己的拆装探索其构造原理，既是废物利用，又能开发孩子的智力。

最后，还要制订教育计划，进行科学的早期教育。人的智力发展在一定程度上是有一个渐进的过程的，因此，不能因为智力超常的孩子接受能力强，学的知识越深越好。这种认识是不符合科学育儿原理的。

父母要根据孩子的实际能力，制订一套适合孩子身心特点的教育计划，安排的内容既不能太深，也不能太浅。学习内容太深，孩子会因学不会而沮丧，对学习失去兴趣；学习内容太浅，孩子会觉得自己懂了而不感兴趣。

超常儿童在心理发展，尤其是智能发展方面显著超过同年龄儿童的水平。据心理学工作者的研究，超常儿童在婴儿期就表现出感知特别敏锐，幼儿阶段的智能发展也大大超过同年龄儿童的水平。他们除了具有精细的视、听辨别能力，较强的记忆力和稳定的注意力之外，还进一步发展了一定的抽象概括和初步的推理能力。

超常儿童在学龄初期的一般特点是：求知欲望强，学习自觉，不仅记忆力强，而且思维敏捷，有的形象思维能力发展突出，有的逻辑推理能力有相当高的发展。由于他们心理发展的水平较高，因此，其学业成绩也往往大大超过同年龄儿童。

长期以来，教育界存在一种错误认识，认为超常教育只是对几个高智商人才的培养。其实，真正的超常教育应该是，教育者去发现和挖掘受教育者的天赋、兴趣、潜能，更好地发展他们身上的优点和特长，以期培养出更多的杰出人才。高科技的迅猛发展告诉我们，国家要的不是几个天才，而是大量的杰出人才。

每个孩子在自己感兴趣的领域经过几年的训练，都可以成为天才，环境和心理对超常孩子的培养至关重要。其实，现在孩子的智商都比较高，关键还是环境和心理因素。学校和家庭应该创造宽松的环境，让孩子把自己的特点和兴趣展示出来，兴趣的充分展示就是天才发展的最好契机。超常教育应该是研究孩子的特点和情趣，而不是生硬地把几个经过测试认为智商高的学生，弄到封闭的教室里灌输。

孩子的早期教育决定其今后的智能发展水平，对于超常孩子的早期教育更是如此。

对智力超常的孩子应该怎样教育呢？

首先，对孩子的教育既要适当，又要全面。所谓适当是指进行教育的时间并不是绝对地愈早愈好。同时要注意孩子个性的全面发展，避免孩子智能过早地只偏于某一方面的发展。正确的早期教育，能使儿童更多的能力得到较好地发展；错误的早期教育反而会破坏其种种能力之间的平衡，或使儿童负担过重，反而有害于他们的正常发展。

其次，父母对孩子不要急于求成、甚至拔苗助长。有些父母和教师把早期教育看成单纯的知识教授，片面追求知识量，忽视了孩子智能和个性的全面发展。还有些父母和教师则不重视孩子的早期教育。这些做法都是不科学的。如果超常儿童都能及早被发现并及时对其给予正确的教育、因材施教地进行定向培养，就将是早出人才、多出人才的大好事。

怎样发现孩子的潜能

现代研究发现，人类大脑两半球的机能并不相同，而是各有各的机能优势，叫做大脑两半球的一侧优势。左半球主要负责言语功能，主管言语、阅读、书写、数学运算和逻辑推理等；而音乐、艺术、情绪和空间知觉的辨别系统则由右半球负责。过去人们对大脑两半球机能不对称性认识不足，教学训练的内容大多有利于左半球功能的发展，一定程度上忽视了右半球机能的重要性。所以，开发大脑右半球十分重要，它是开发人脑潜能的一个重要内容。

人的大脑及其机能是高度发展、高度分化和极其复杂的，它为人的复杂的心理活动提供了物质基础，同时它也蕴藏着巨大的潜力。

可惜的是，人的大脑潜能挖掘得非常少，最多用了不到10%，而绝大部分的潜能则被埋没和浪费掉了。

因此，希望自己孩子聪明的家长，首先要善于发现孩子的潜能。可以说，发现潜能是开发孩子智慧潜能的重要一步。那么，孩子天生有哪些潜在能力呢？

美国哈佛大学心理学教授加德纳提出的多元智能论，认为人的智力是一组能力，有8个方面的内容，它包括语言智能、逻辑-数学智能、视觉空间智能、肢体-动作智能、音乐智能、人际智能、内省智能和自然智能。

人的各种智能是以复杂方式协调存在的，具体到某个人，可能8种智能都存在。但如果有一种智能突出，这个突出的智能就代表着这个孩子的特点，家长就应该创造条件把它发挥出来，而不应该压制它。如果一个孩子从小听音乐就能手舞足蹈，而且还很像那么一回事，家长就应抓住机会创造条件让孩子学跳舞，孩子将来可能成为这方面的人才；如果一个孩子特别喜欢画画，而家长非要他学跳舞，这往往会得不到理想的结果。

在日常生活中，家长可以根据孩子表现出来的某些特点去发现孩子的智力潜能。

一、走路早的孩子内秀

走路本身就是对婴儿大脑发育的良好刺激。有的孩子学走路早，有的则较晚，父母应让自己的孩子早日学走路、多走路，而不应整天背着、抱着。

二、说话早的孩子反应快

有的孩子很早就开始说话，有的则说话很晚。应早日让孩子说话，说话早能学到比一般孩子较多的词汇，能运用大量的词汇表达复杂的意思。这类孩子大都口齿伶俐、语言流畅、思维清晰、理解能力强。

三、兴趣广泛的孩子天赋高

对外界事物表现出强烈的好奇心，并喜欢刨根问底的孩子，很早就表现出旺盛的求知欲和对学习的浓厚兴趣。随着年龄的增长，其知识不断增多，眼界日益开阔，兴趣逐渐广泛，并会对某一事物积极主动地去追求。

四、记忆力强的孩子聪明

有些孩子记忆力特强，超过一般孩子的水平，并且记住的时间也能维持很久。他们学习速度快、轻松自如，能够迅速地记住老师和家长的要求。

五、高度关注某一事物的孩子天赋聪颖

这类孩子会对某一类事物表现出异乎寻常的关注，能够很快地发现问题并探求问题的来龙去脉。有的孩子对某些事物漫不经心，而对某一事物则表现出浓厚的兴趣。

六、比常人活泼、健康的孩子聪明

这类孩子与父母、朋友相处时，比一般人更融洽，日常生活中情绪也比较稳定，能独立生活并且进取心强。

怎样激发孩子的潜能

每个孩子都会在大约 2 岁时面临智力水平的飞速提高，而父母却

往往容易被孩子幼稚的外在表现所“迷惑”，而忽略了对宝宝的智力引导。

此时，父母们一定要做的事情是：采用简单、有效的步骤和方法，尽快激发孩子大脑的潜能。

一、让小脑瓜“转”起来

提高幼儿智力水平最直接的方法就是不停地刺激他的大脑，让它“转”起来。

一般来说，孩子都会在大约 2 岁时面临智力水平的飞速提高，随之而来的则是性情大变——变得对周围的一切大有兴趣，无论是看到的、听到的、摸到的或者是尝到的，他都很感兴趣，并愿意亲自尝试。此时，父母应该特别注意为孩子提供足够多的“新鲜事物”，千万别让孩子的脑子闲着。

此时，有些父母开始考虑带孩子上一些正规的培训班，比如，音乐、绘画等等。但在这个阶段，进行上述正规教育并不是必需的，倒不如在休息日里全家出游，到郊外看看景色，呼吸呼吸新鲜空气，这些都能很好地激发孩子的求知欲望，足以令他的大脑飞快地“转”起来。

孩子表现得越活泼、兴趣越广泛，他们的求知欲望和学习能力也就越强。父母们可以带着孩子读诗词、唱歌谣、听音乐，并且给他们准备有趣的玩具和拼图，提供充分的空间让孩子去发挥潜能、展示活力。

二、做个小小探险家

幼儿探索周围世界时，需要父母的帮助和鼓励。当他们发现新东西、新事物时，一定要及时给予正面的肯定，他会非常乐意看到自己的努力换来积极的评价。这种正面的引导会让孩子长大以后具有更多的探索、创新精神。

当然，安全因素是父母首先要考虑的，因此，作为父母，需要“探索”得比孩子更多一点儿。通常需要注意的有：

使用带塑料套的安全插座。

全面检查并清除周围威胁宝宝安全的锐利物。

在开放式阳台、窗台等处设置安全防护设施等。

父母应该先教孩子如何做，然后才放手让他独自做一遍。如果成功，父母就要给予表扬和鼓励。

三、最合适的玩具才最有效

父母选择的玩具最好是孩子非常感兴趣的，一款合适的玩具会让孩子非常喜爱，长时间玩且乐此不疲。

能提高幼儿思维能力的玩具主要是拼图类玩具，而能提高孩子想象力的玩具种类很多。每次最好只允许孩子玩一样玩具，玩具太多反而会让孩子失去兴趣。

四、与孩子聊天

大量研究显示，语言与智力有极强的关联性，如果其中一项提高了，那么相应的另一项也会有长足的发展。通常，幼儿1岁左右开始学习说话；等他快要3岁时，就能分清自己身体的各个部分了。比如，他会指给你看哪里是鼻子，哪里是耳朵、眼睛，并且能准确地说出来。

另外，每天都要拿出些时间多与孩子说说话。这个阶段的幼儿已经慢慢开始掌握最基本的听说能力了，抓紧时间多和他说说话，这对他语言能力的提高有莫大的好处。父母与孩子说话，实际上是向他展示语言的各种表达方式，这种交流经验，可以帮助孩子提高语言表达能力。

五、和孩子一起玩

所有的孩子都有好奇心，这是天性使然。所不同的仅仅是在遇到陌生环境或事物时，是否积极投身其中罢了。一些孩子碰到此类情况时，更愿意站在一旁观察而不是主动获取切身感受；而另一些则不然，他们非常愿意投入其中。

你的孩子融入感和参与感越强，他所获得的经验就越多，也就越能促进学习能力的提高。如果发现孩子不愿意玩玩具，或者玩得非常勉强、缺少兴趣，那么，父母就一定要和孩子一起玩儿，尽量培养孩子的兴趣，使孩子乐于参与其中。

怎样尽早发现孩子的天赋

在日常生活中，家长应留意孩子的特点，以了解孩子在哪方面有天赋。

一、语言天赋

有语言天赋的孩子喜欢阅读、认字，尤其喜欢玩与文字有关的游戏，如拼字等，并且有耐心听别人说话；对事物有很好的记忆力，并能有条理地加以分析。

这类孩子将来可能成为作家、诗人、学者、政治家、编辑等。

二、音乐天赋

有音乐天赋的孩子，能辨认旋律、随音乐有节奏地舞动，对音质韵律有很好的辨认能力，能歌善舞并对音乐记忆良好。

这类孩子将来可能成为演艺家、作曲家、指挥、录音师等。

三、空间天赋

有视觉艺术天赋的孩子对颜色感觉敏锐，爱绘画，对事物有想象力，喜欢搭积木，对图画有良好的记忆力。

这类孩子将来可能成为建筑师、画家、雕塑家、棋手、战略参谋、自然学家等。

四、逻辑数学天赋

数学是十分抽象的课题。有逻辑数学天赋的孩子喜欢运算，对事物要求准确，喜欢抽象思维及事物，较同年龄孩子懂得更多数学知识。

这类孩子将来可能成为数学家、科学家、工程师、侦探、律师、会计师等。

五、身体动觉天赋

这类孩子喜欢跑跳运动，攀攀、爬，能巧妙控制身体、有效控制物体，能把握时间，有良好的反射能力，爱模仿动作。

这类孩子将来可能成为舞蹈家、体操选手、赛车手、喜剧演员等。

六、人际天赋

所谓人际天赋，即善于交际及有领导才能。这类孩子往往伶牙俐齿、爱说话，与人容易沟通，善解人意，关心别人，喜欢群体活动，具有领导能力。

这类孩子将来可能成为政治家、外交家、律师、教授、记者、企业家等。

综上所述，如果家长发现孩子有某方面天赋，就应带孩子进行测试，以便找出孩子的才华所在，然后加以栽培，而且培养得愈早愈好。

影响智力的主要因素

为什么有的孩子智力发育会落后呢？归结起来，主要有13个原因。

一、基因缺陷

如果是染色体显性遗传，那么，父母一方有智力问题，则子女智力不良的机会是1/2；若是染色体隐形遗传，父母外表看上去正常，但如果已生出一个智障孩子，那么，以后再生育时，其子女发生智障的可能性是1/4。所以，这里有一个几率的问题，并不是父母智力落后，其子女就一定智力落后。

二、染色体异常

由于染色体异常而造成的发育障碍的儿童很多，并且多数都有智力问题，最典型的为唐氏综合征宝贝。唐氏综合征宝贝是第21对染色体不正常，一般称为“21三体症”，这类患儿发育迟缓、智力低下，并呈现眼距宽、塌鼻梁的特殊面容。

三、遗传性酶代谢障碍

由于酶代谢障碍而影响智力的疾病有许多种，其中最常见的是苯丙酮尿症，它是一种氨基酸代谢异常的疾病。患儿肝脏缺乏一种酶，使苯丙氨酸不能氧化成酪氨酸，只能从尿中排除，形成苯丙酮尿。体内存在大量苯丙酮酸和酮酸，对正在迅速发育的婴儿的神经系统有不同程度的损害，从而导致智力落后。

四、近亲结婚

在一般情况下，父母单独携带某一种异常基因，并不一定会对后代有什么严重的影响。但是,直系亲属或三代以内旁系亲属结婚,如果父母都带有同一种致病基因,后代就会有明显不良的遗传基因。

五、药物影响

孕妇患病时,自行服药必须慎重。许多药物能够通过血液进入胎盘,影响胎儿的健康,甚至导致智力低下。所以,孕妇如果生病必须去医院诊治,遵医嘱服药,切不可自行滥用药物。

六、病毒感染

主要是指巨细胞病毒、单纯疱疹病毒、风疹病毒感染等,特别是风疹病毒,在孕期感染得越早,对胎儿的致畸影响就越大。

七、孕妇的情绪影响

孕妈妈的情绪对胎儿的健康成长也很重要。研究发现,孕妈妈长期精神压抑,体内会产生不正常的生物化学反应,可能会使胎儿的神经系统受害,导致发育异常,出生后容易出现智力低下的情况。

八、孕期不良生活习惯

孕妇酗酒、吸烟对胎儿的危害不可忽视。孕妇酗酒,酒精可通过胎盘进入胎儿体内,影响胎儿正在发育中的大脑神经细胞,导致胎宝贝慢性酒精中毒;孕妇吸烟,可使胎儿受到烟草中有害物质的影响,造成宫内发育迟缓、早产、低出生体重等,从而影响胎儿的智力发育。

九、窒息缺氧

这是胎儿出生时影响大脑功能的最重要因素,许多情况都会造成胎儿在出生时发生窒息缺氧。臀位产、横位产很容易使脐带在骨盆与胎儿的头部之间被挤压,从而影响母体血流供氧量,导致胎儿缺氧,从而影响大脑功能。

十、早产、低体重

早产儿的免疫系统不成熟、抵抗力差，新生儿期很容易患病，最常见的有呼吸窘迫综合征、感染、营养不足等。这些都容易引起婴儿大脑缺氧，使大脑得不到充足的营养、发育受到影响，从而导致智力低下。

十一、新生儿溶血病

这是一种溶血性贫血症，主要原因是母子血型不合，造成免疫性溶血性黄疸。患儿如果不及时换血，不但难以存活，而且即使存活下来，智力发育也会受到损害，导致智力低下。

十二、脑外伤

由于碰撞、跌坠、交通事故等造成的颅脑损伤，会对婴儿智力造成明显影响。

十三、影响脑细胞的各种疾病

脑炎、脑膜炎、脑肿瘤等，都会影响婴儿脑细胞正常发育、导致智力低下。其中，呆小病对神经系统、骨骼等发育影响更大，未经治疗的患儿常在婴幼儿时期就出现智力低下和体格生长发育落后的情况；高烧、抽风、癫痫等也是直接损伤脑细胞的疾病。

决定孩子智力的因素

一、注意力

鲜明、生动、有趣的事物，可引起孩子的注意力，但幼儿期的注意力很容易受到其他新鲜刺激的影响而发生转移。相关实验表明，在教育环境良好的情况下，3 岁幼儿的注意力可以连续集中 3～5 分钟，4 岁幼儿可集中 10 分钟左右，五六岁幼儿可以集中 15 分钟左右。注意力是孩子认识事物的开始。注意力稳定、持续的孩子，掌握知识的速度也就更快，而且记得非常牢固。

那么，如何培养孩子的注意力呢？关键是找到兴趣点，当孩子对某事物发生兴趣时，才有可能注意它。因此，要有目的、经常性地发现他的兴趣点，并创造条件让他持续不断地产生兴趣，以使其注意力不断得到锻炼。

二、观察力

良好的观察力可以帮助孩子获得周围世界的有关知识和信息，是认识世界的基础。人的大脑所获得的信息，有 80%～90%是通过视觉、听觉输入到大脑的。因此，训练孩子的观察力，要从培养基本的感觉能力入手。

所以，在保护好孩子感觉器官的基础上，家长要利用并创造机会，刺激各项感觉器官的发育。同时，要适时地培养孩子的观察力，如气候变化、动物迁移、自然常识等等。在观察时，要引导孩子做到由表及里、由近及远、从局部到整体，循序渐进，逐步养成善于观察和分析事物的好习惯。

三、思维力

思维的发展分为直观动作思维、具体形象思维和抽象逻辑思维 3 个阶段。0～3 岁的孩子，直观动作思维占主导地位；3～6 岁的孩子，具体形象思维占主导地位，与此同时，已经具备了初步的抽象逻辑思维能力。

0～3 岁孩子的思维活动是直观动作思维。孩子只有在听、看、玩的过程中，才能进行思维。其最明显的特点是边玩边想，一旦动作停止，思维活动也随之停止。3岁以后，孩子的思维就可以依靠表象和具体事物的联想展开，已经能摆脱具体行动，运用已经知道的、见过的、听过的知识思考问题。

5～6岁孩子具体形象思维占主导地位。这个阶段的孩子已经不仅仅停留在对事物简单表面的评价上，而开始对事物做出比较复杂、深刻的评价。看电视时，他可以说出好人、坏人，并能知道好在哪里、坏在哪里，还会用各种理由来说明观点。这时，家长需根据时段，与孩子进行交流，对孩子的思维能力做相应的锻炼。

四、记忆力

4岁以前的孩子，对鲜明、生动、有趣的事物非常感兴趣。这些事物能引起他的情绪反映，重复多次后，孩子便能够不费力地记住，如喜爱的玩具、动物、道路、词汇等等。但这还是形象记忆，经不起时间的考验。

5～6岁时，孩子记忆的有意性有了明显的发展，不仅能识记和回忆起需要的材料，还可以运用一些方法帮助自己加强记忆。记忆力有短时记忆和长久记忆之分。背诵、讲故事等属于短时记忆，不温习就会忘记。怎样使短时记忆形成为长久记忆，这是孩子智力发育中的一个重要问题。

家长只能利用孩子形象记忆的特点，有意识地利用新鲜、生动的实体，坚持不懈地培养他的记忆力，才能最大限度地提高孩子的记忆力。

五、想象力

3岁左右的孩子，绘画前不知道究竟要画什么，边想边画，画完后看它像什么就是什么。这说明，这个时期的孩子绘画没有明确目的，而是受外界刺激引起的。这时的孩子，想象的主题容易变化，绘画时经常中途改变主意。这说明，他的想象没有预定的目的，只是以想象过程为满足。

5～6岁的孩子，虽然无意想象仍占主导，但有意想象也有了一定的发展，正向有意想象过渡。此时，他们想象的内容更加丰富，想象的过程也更具目的性和独立性；孩子已经能把一天的活动连贯地表达出来，也可以自己为主角，编出完整的故事情节来。

这个时期在教育孩子的过程中，要充分发展他的有意想象，设计有目的性、生动形象、活泼新颖的游戏，以吸引孩子的注意力，引起他的兴趣，最大限度地发展他的想象力。

怎样对孩子进行早期智力开发

谁都希望自己的孩子聪明伶俐，不少家长也为此投入大把的金钱和大量的时间。可是最近英国教育学家和心理学者指出，对幼儿进行过度的智力开发，反而可能不利于孩子的成长。

许多父母热衷于给孩子买大量的“益智”玩具或安排幼儿进行各种所谓“开发智力”的活动，并希望借此提高幼儿的各种能力。但是如果方法不当，幼儿的大脑很有可能会不堪重负。这样，长大后的孩子容易对事物缺乏兴趣和好奇心，竞争力减弱，同时也不善于与人相处。

一、智力开发越早越好　怎么教最为关键

智力其实是一种综合的认识能力，包括观察力、想象力、认识和解决问题的能力等等许多方面。可是，现在的家长一说起早期教育，就是教孩子认字、背唐诗等，这是当前父母对早期教育的主要误区之一。这样早期教育出来的孩子应该说是畸形发展的，很不正常。

早期智力开发应该抓，而且要抓早抓好。因为大脑的开发潜力

是递减的，开发越晚，收获就越小。但家长必须明白以下两个原则：首先，智力开发要全面，在全面发展的前提下，智力的开发才是成功的。其次，要了解孩子的年龄特点，讲究遵循教育的规律。为什么把0到6岁的孩子称为学龄前儿童？就是因为这段时间不适合让他们系统地学习，而只能帮助他们积累感性的经验，同时培养学习习惯和学习兴趣。在学龄前不断地灌输各种知识，很有可能让孩子对学习产生厌倦，这是最可怕的。在小学低年级教课的老师深有体会，最难教的学生不是上学前知识准备不足的孩子，而是缺乏学习兴趣的孩子。

二、早期教育是否适当　应具体孩子具体分析

至于孩子该不该早早开发智力，育儿该不该有超前意识，还是应该具体孩子具体分析，不能单纯以年龄来判断对孩子智力开发是否过早。对孩子的早期教育归根结底要搞个性化教育，要针对自己孩子的特点来确定，切不可盲目跟别的孩子比。

在教育孩子方面，最适宜的是“跳一跳，摘果子”。即在为孩子设计发展目标时，如果孩子使劲跳也摘不着，说明发展目标太高，这就是拔苗助长。教育超前与否不能一概而论，同一项教育对同年龄的两个孩子来说，可能就会一个难些，一个容易些。因此，实施个性化教育是教育孩子的根本。

创造有利于孩子智商发展的家庭环境

家是孩子成长的摇篮，父母是孩子的第一任老师。近年来许多人认识到，培养聪明的孩子必须有一个相应的家庭环境。

有益于孩子智商发展的家庭环境是这样的：

一、家应该是一个语言性的环境

孩子的基本能力是语言能力，如果语言能力得到增强，那么，孩子其他方面的能力也会相应地获得增强。

因此，家作为孩子成长的第一环境，首先应该是一个语言的环境。家长应该用优美、规范的语言和孩子交流，只有在良好的语言环境里，幼儿的语言能力才能得到最快、最好的发展。

二、家应该是一个能激起好奇心的环境

只把学习能力与别的孩子比较，是没有什么意义的，应该在培养孩子学习能力的同时，使孩子具备健壮的身体和独立的生活能力。要做到这一点，培养孩子的好奇心是先决条件。

培养孩子好奇心，家必须是一个能够激起孩子好奇心的环境。在这个环境里，父母是关键性的因素，应该不断地创造一些新奇的氛围或者提出一些新问题，引起孩子的好奇，从而引导他去思考、探索。

三、家应该是一个知识性的环境

一个知识性的环境，能促使孩子多思多想并且找到正确的方法。智力不是“教”出来的，而是靠孩子自身的努力获得的。为了增强孩子的智力，父母应该为孩子创造一个知识性的家庭环境。

四、家应该是一个有趣味的环境

在开发孩子智商的教育中，父母切忌使用生硬、枯燥、强制的手段，而应寓教育于娱乐之中，激发孩子的兴趣，使家庭教育具有趣味性。否则，就会抑制孩子智力的发展。

五、家应该是一个训练的环境

儿童发育和健康研究专家发现，在儿童的成长过程中，目、耳、手

的协调训练极为重要。

在家庭中，父母应该创造出孩子可以用耳听、用眼睛辨认、练习手指灵敏度的环境，反复训练孩子目、耳、手协调的动作，刺激其大脑，使其智力迅速发展。

音乐有助于孩子智力发展

爱因斯坦曾说过，我能成为一个学者，且有今天这样的能力，我要感谢孩子时代教我小提琴的老师，以及学习的环境。

由此可知，音乐对于孩子教育的积极意义。学习音乐可以培养能力，当然并不是只有学小提琴才行，这里只是强调音乐所具备的独特魅力。

当然音乐方面的训练并不是一定要把孩子培养成为一个杰出的音乐家，只是训练他头脑灵敏和性情善良。即使不能成为音乐家，也不要感到惋惜，只要他在这段时间肯用心学习，不管他将来从事何种工作，通过学习音乐培养智力、能力和毅力，一定能助他获得成功。

其实，音乐的学习与年龄无关，主要在于是否曾付出时间去学。因此，不懂音乐的父母，与其送孩子去学，倒不如趁机跟着孩子一起学，除了借此与孩子共同享受知识增长的乐趣外，更可以自然地创造共同的音乐生活。

孩子能够在童年学习音乐是一件好事，但随着年龄的增长、课业加重，往往会挤掉学音乐的时间。但孩子成人后，会从音乐的消遣中使生活更为充实、幸福。

音乐能力的培养包含听、唱、读、写、弹奏与创作 6 个项目，每个项目启蒙的时间，都与生理机能的生长有关。

胎教：学听力。根据教育专家研究，耳朵是所有器官中最早成熟的，早在胚胎时期就颇具雏形，因此胎教音乐主要就是以培养胎儿听力为主。

3岁：歌唱能力。歌唱能力是伴随说话能力而来的，大约3岁就可开始有系统地训练唱歌。

4～5岁：读谱能力。4～5岁的小朋友已开始看书，所以，可以同时开始培养其读谱、书写乐谱的能力。

5岁半：弹奏。乐器弹奏的好坏，与每个小朋友手指肌肉发育状况也有关系，就像握笔写字，若过早开始，难免影响肌肉的均衡发育。一般而言，5岁半以后再开始学习弹奏更合适。

总之，培养孩子音乐能力的方式很多，起跑点也不尽相同，父母可以根据自己孩子的成长情况，在0～3岁之间，培养孩子听音乐的习惯；3岁以后，便可以开始培养歌唱、读谱和写谱能力；大约5岁半以后，耐性和肌肉都准备够了，才可以开始增设弹奏的项目。

通过听、唱、读、写、弹奏乃至创作的学习过程，孩子即可循序渐进地跨入音乐的殿堂。

孩子学音乐，不仅不会影响学习成绩，甚至还会学得更好。

据美国一项调查研究发现，选修过音乐学科的学生，在大学入学考试的智力和学力测验中，语文和数学的成绩平均要比没选修音乐学科的学生高20～40分。在中学时代参加过学校乐队或交响乐团的学生，进入大学的可能性也比没参加过的同学高52%。

爱因斯坦曾说过："我的科学成就很多是由音乐启发而来的。"

由此可以看出，学音乐不仅可以提高孩子的学习成绩，而且可以促进智力的发展。

大自然是开发孩子智力的导师

现在，不少孩子缺乏想象力和创造力，动手能力也差，这与他们远离大自然、远离绿色不无关系。

孩子们离大自然越来越远，对大自然的了解也越来越少。有的孩子甚至以为花生和苹果一样是树上结的；许多城市儿童生态意识越来越薄弱，对大自然的观察力越来越差，也越来越缺少热爱自然的感情。

大自然的无限生机中，蕴藏着蓬勃向上的生命力与创造力，是人类生命之源。一个不热爱大自然的人，一个不接近大自然的人，一个听不懂大自然语言的人，必定不会是一个有智慧的人。

大自然是人类最伟大的老师。它对所有的孩子都一视同仁、公正、宽容。它有父亲般的威严、理性、热情和粗犷，又有母亲般的柔情、感性、温柔和细腻。它从来不会厌倦，只有奉献，没有索取。

0～1 岁是孩子成长的第一个敏感期。这一时期，除了身体迅速成长外，脑部成长也处于高峰期。家长要抓住这个人生的关键期，让孩子的身体和智力都得到良好的发展。而包罗万象的大自然，就是宝宝认识世界最好的一本天然的教科书。因为只有大自然能够为孩子提供丰富多彩的视觉、听觉、嗅觉和触觉刺激，进而促进孩子的感觉全面发展。

就拿视觉来说，它是人类最重要的感觉，人所获得的外界信息，至少有 80％以上是通过视觉获得的。新生儿出生后几个月内，大脑控制视觉和其他感官信息的区域处于“疯狂发育期”。尤其是头半年，是视觉发育最快的时期，也是最重要的时期。如果长时间呆在屋内，无论父母给宝宝提供多少新鲜玩具，在墙上挂多么美丽的图画，家里布置得多么漂亮，能够给宝宝形成的视觉刺激都是有限的。而大自然既有红花绿树，又有鸟鸣鱼游，可以看到蓝天白云，也可以看到河流清溪……经常看到大自然的风光，对于丰富宝宝的视觉经验、促进宝宝认知的发展具有非常重要的作用。可以说，没有任何一间教室，可以像大自然这样，为宝宝提供内容如此丰富又如此有趣的学习环境。

在孩子满1个月后，就可以抱（推）到户外活动。要接触大自然，未必非要全家出动、三代人长途跋涉，专程去一个山清水秀的风景区才算达到目的。这样不仅父母吃不消，孩子也辛苦。可以因地制宜，在身边的小环境里寻找一个微缩的大自然，例如小区的花园。对于见多识广的父母来说，这里虽然谈不上什么风景，但对于刚刚开始认识大千世界的小宝宝来说，这个小花园也算是一个大观园了，花草树木、蓝天白云，一应俱全。如果在小区花园里转得乏味了，离家比较近的广场、绿地或公园，也是很好的认识大自然的场所。

不在户外的时候，是不是就不能和大自然亲密接触了呢？只要动一动脑筋，父母还可以把大自然带回家。例如，可以时常在家里插一些新鲜花束，也可以在阳台上种植一些绿色植物，养几尾金鱼。买回来的蔬菜水果、甚至在海边捡到的贝壳、石子，都可以作为大自然的一个部分呈现在孩子眼前。虽然家里面能够再现的大自然元素有限，但只要父母们肯动脑筋，完全可以在家里为宝宝创造一个小小的"自然角"。不过，一定要记得经常更新和增加这个角落里的元素。需要提醒父母的是，千万不要把不适于室内栽培的植物带回家。

当孩子稍微大一点儿后，就要带孩子融入到大自然中去。

一、大自然能使孩子心境平和

大自然的本质是平衡，它体现了世界上最伟大的规律。海洋与陆地的平衡，山峦与河流的平衡，白天与黑夜的平衡，动与静的平衡……即使没有接受过多少教育的人，也会对这种平衡关系有一种朴素的领悟。这种平衡是生命的基本规律。如果经常带孩子到大自然中去，面对高山和流水沉思，那么，就会领悟这其中的真谛，就可以潜移默化地塑造他们和谐、平衡的思维和心理。

二、大自然赋予孩子智慧

著名教育家乌申斯基说："自然、美丽的城郊，馥郁的山谷，起伏的原野，金黄的秋天，难道不是我们的教师吗？”

是的，父母应该让孩子去亲吻大地，让孩子融入大自然。让孩子听一听山涧的流水潺潺，闻一闻田园中泥土的气息，呼吸呼吸原野上的清鲜空气。

大自然不仅是孩子最好的老师，也是孩子最喜欢、最乐于研究的一本书。它能给孩子无穷无尽的知识，能启发孩子提出各种各样新鲜的问题，能丰富孩子的想象空间，能充分发展孩子的想象力。

在大自然中，孩子除了能开心、主动地学到常识外，还能学习如何爱护大自然。孩子可以通过观赏植物或动物及探索天文地理来获得知识；可以看、嗅、触摸、把玩、探索不同的物质，不知不觉地学会观察、比较、分类；在与草、木、蝴蝶、蚂蚁等生物共处中，可以培养爱心及尊重生命的观念——这是培养孩子健全人格的重要元素之一。

三、大自然赐予孩子美的享受

大自然的花草树木、山水虫鱼无不蕴含着美的因素。父母应该领着孩子多接触大自然，让孩子从观赏个别的、具体的自然事物开始，再扩大视野，观赏周围的自然景物。

父母还可以引导孩子从四季的变化中感受大自然的丰富多彩：春天草长莺飞，桃红柳绿；夏天荷花飘香，蛙叫蝉鸣；秋天硕果累累，气候适宜；冬天雪花纷飞，湖河结冰。引导孩子倾听自然界的各种声音，观察各种色彩，让孩子从中体验大自然千姿百态和千变万化的美。

四、大自然可以开发孩子的想象力

通过对大自然的观察，还可以开发孩子的想象力。孩子对自然界中的事物有着强烈的兴趣，什么都想知道，又很好问。如树的底下有什么？蜜蜂用什么采花蜜？桃子和李子是亲戚吗……如果父母能把这些知识娓娓道来，将使孩子不断地积累知识，想象力会越来越丰富，观察力也就会越来越强。

五、大自然可以锻炼孩子的体魄

大自然是绚丽多姿、五光十色、千变万化的，蕴含着无穷的奥秘，吸引着人类去探索。让孩子经常到大自然中去，并保证孩子充足的户外活动时间，孩子就可以吸收新鲜的空气、沐浴温暖的阳光，既能增长知识，又可以提高他们身体的适应性和抵抗力。在大自然中活动，给孩子提供自由玩耍的条件，满足他们好动的天性，既能促进其机体动作的协调发展，又有助于其大脑的发育。

游戏是开发孩子智力的金钥匙

心理学家认为，游戏是孩子最佳的学习方式，在游戏中可以提高多种认知能力。有人形容主动探索和积极学习是开发智力的金钥匙，而这把金钥匙就是在游戏的熔炉里铸造出来的。

一、在游戏中培养孩子的观察力

在游戏的过程中，孩子的注意力总是保持高度集中的状态，他们认真观察周围环境和事物，寻找有利于自己的条件，在无形中丰富了孩子的感性认识。因此，在游戏中可以培养孩子的专注力和观察力。

二、在游戏中拓展孩子的想象力

有些游戏需要不同的场景和变化的情节来支持，这些场景和情节可通过孩子的想象来确定。孩子为了使游戏有更丰富的场景和更有趣的情节，就会展开想象，从而就很自然地发展了孩子的想象力，并且培养了他们解决问题的能力。

三、在游戏中锻炼孩子的记忆力

在游戏的过程中，孩子会不断回忆以往的经历，并把自己的经验应用到新的游戏中。因此，做游戏可以使孩子巩固已有的知识和经验，锻炼记忆的能力。

四、在游戏中发展孩子的逻辑思维能力

做新游戏需要确定游戏内容，制定游戏规则。为了玩好游戏，孩子们会把过去的经验与当前的情景结合起来，考虑角色如何分工、角色之间如何搭配行动等问题，不停地开动脑筋认真思考。这样孩子就在不断寻找方法解决问题的同时，为自己带来了游戏的快乐，也增强了自己的逻辑思维能力。在游戏过程中，还增强了合作意识和能力。

五、在游戏中开发孩子的创造力

做游戏离不开玩具。现在孩子的玩具更是越来越多，而且制作得十分精巧。有的栩栩如生，有的可以行走，甚至作各种表演。在孩子玩玩具时，有些父母也喜欢在旁指指点点。这在孩子年龄很小，不能独自玩耍时，是有必要的。母子共玩儿，也可增强母子感情和家庭乐趣。但是如果孩子稍微大一点，能够独自玩耍的时候，父母则最好放手，让孩子自己自由自在地去玩儿，变着花样玩儿，这样会更有助于开发孩子的创造力。如果孩子玩得尽兴，还可以创造出一些新的玩法。

玩具就是给孩子玩儿的，只要孩子玩儿得尽兴，就达到了目的。

有的孩子在玩玩具时极不老实，玩儿几次就玩儿腻了，喜欢敲敲打打，有的甚至拿了螺丝刀把玩具分解得支离破碎。

这种情况，父母不要责怪孩子。孩子之所以拆坏玩具，这是因为

孩子的好奇心和求知欲:是想看看里面的秘密,不是有意破坏。所以,当孩子在好奇心的驱使下拆开玩具时,父母最好能因势利导,指导孩子根据玩具的结构,一个零件一个零件地拆,不要损坏零件,在孩子拆卸以后,鼓励孩子自己动手再把它重新组合起来,或者试着动手把它修好。如果孩子还小,远没有重新组装玩具这种能力,父母也可以和孩子一起动手去试。

当然,除了一些极简单的机械玩具以外,孩子由于知识的限制,对大多数玩具是无法重新组合的。但是动了手,对孩子就是一个很好的锻炼。重新组合好了一个玩具,让孩子学习了知识,也学会了劳动,还懂得了制造玩具的不易,也就不会再轻易地拆坏东西了。对于好奇心强、求知欲旺盛的孩子,父母还可趁热打铁,激励孩子努力学习,探求玩具中的奥秘。

父母要引导并参与做游戏

游戏不仅是孩子智力开发的一个必要渠道,也是孩子身心健康发展的需要。各种不同的游戏,大小不同的运动量,活动着身体的不同部位,从而促进着身体各系统的生长发育,特别是对孩子的运动系统和神经系统有利。孩子在进行游戏时,总是非常积极、欢乐的,总是伴随着愉快的情绪。同时,在游戏中,孩子广泛使用的各种玩具,反映着社会生活中的各种关系,孩子可以运用自己的知识和经验去处理和解决游戏中的各种问题。游戏的过程同时也是孩子运用智慧的活动。

父母与孩子一起做游戏,这不仅仅可以哄孩子开心,更可以利用这个机会,和孩子进行有益的交流。通过参与孩子的游戏,再加上在游戏中对孩子的鼓励,父母可以观察到孩子的内心世界,打开他幼小的心扉，并且在亲密沟通中加深亲子感情，有的放矢地帮助孩子成长。

孩子的游戏如果能够得到父母的鼓励和帮助，孩子同样能从中得到许多有益的东西。从做父母的角度，通过游戏鼓励孩子也不失为很好的途径。

游戏是儿童重要的生活内容，缺少游戏的机会和经验，将影响孩子各方面的发展。游戏还是儿童理解世界、适应环境的重要方式。

由此可见，游戏对于儿童来说，是他们的“工作”。为使孩子的身心得到健康发展，做父母的应该保障儿童做游戏的权利。现在年轻的父母逐渐认识到游戏对孩子身体、智力、情感、社会性等方面发展的价值。因此，一些开明的父母给予孩子游戏的时间、空间和充足的玩具并积极参与孩子的游戏。

父母与孩子一同玩耍，一同欢笑，那么，“自闭症”、“孤独症”就会远离孩子。

一、要为孩子做游戏创造条件

作为父母要为孩子提供游戏条件，鼓励孩子玩各种游戏。可以布置一些简单而明确的任务让孩子完成，但不要控制孩子的玩耍过程，只需近距离进行观察，尽量尊重孩子的想法。既要鼓励孩子独立游戏，也要鼓励孩子与同伴一起游戏。当孩子坚持独立完成某件事情时，父母必须保持耐心。孩子会不断进行尝试，直到成功为止，在这个过程中孩子会学到一些东西。在确保孩子远离危险的前提下，努力尝试新鲜事物在儿童发育过程中具有的积极意义。

二、不要在游戏中扼杀孩子的创造力

创造力是智力的重要部分。但在现实生活中，孩子大胆的创造性游戏常常得不到父母的理解。父母一边惊叹自己的想象不如孩子的丰富，一边又有意无意地要孩子适应父母的条条框框，对孩子的一些不符合“规矩”的创造性游戏加以制止。殊不知这种做法往往扼杀了儿童的创造力。

因此，在孩子游戏的时候，父母千万不要对孩子发号施令。正确的做法是在孩子刚开始玩的时候，父母也渐渐地加入到他的游戏中去，并充当一个角色，尽量帮助孩子玩儿得更丰富更有创意一些。

三、甘愿为孩子充当配角

在游戏中，如果父母能够放松自如地扮演弱小的角色，让孩子扮演强者，就能在轻松的游戏和笑声中抚平孩子的消极记忆。

另一方面，父母扮演弱小的角色，让孩子在游戏中有足够的自信向你表露他在重要问题上的想法和感受。而父母作为观察员和倾听者，要抓住时机，在玩耍中帮助孩子松弛某种特定情况引起的紧张情绪，使孩子在以后的生活中能够正确地面对类似情况。

四、在游戏中玩儿出感情

孩子可能会因为有机会和父母愉快地游戏一番而感到很兴奋，进而没完没了缠着父母，不过这是完全值得的。游戏之后，孩子也会明显地对父母更有感情、更加亲近，有时他们更深层的感情也会自由地流露出来。游戏和笑声让孩子对与父母之间的关系有了完全的信心，从而能够让父母更多地了解他的内心感受。因此，当孩子要求和父母一起游戏时，父母切不可置之不理甚至训斥孩子，而应该尽力配合。父母可以说：“好吧，我们一起玩游戏！”当孩子玩的游戏父母不会时，也不要因此而拒绝孩子的请求，而应该尽快“求教”：“那好，不过你要先教我该怎样玩。”总之，父母不要把与孩子一起做游戏看做是可有可无的消遣。应该说，父母在孩子的游戏活动中具有一种特殊的作用，也对孩子的身心发展具有重要作用。

打破思维定势容易成功

思维定势是指人们在发现问题、研究问题和解决问题的时候，往往凭借原有思维活动的路径来进行思维。人们探索未知、解决未知，也都是以已知或已知的组合、变换为阶梯的。然而，这种方式显然是有其局限性的。提高思维能力首先要冲破或更新原来的思维模式。

思维定势会束缚孩子智力的发展。帮助孩子打破思维定势，才能拓展孩子的思维、提高孩子的智商。打破思维定势，也就是学会发散思维。

人们常常会按照一种常规性的思维模式来思考问题，久而久之就形成了一种难以阻遏的惯性，对人们的思维活动产生着严重的影响。孩子正处于身体心智发展的成长时期，如果养成定势思维的不良习惯，就会对孩子思考能力的发展、智力水平的提高产生巨大的阻力，还会限制孩子想象的空间。所有这些，都会阻碍孩子的学业进步和身心健康。

古往今来，每一项伟大的创造和发现，都是从突破思维定势开始的。因此，敢于突破条条框框的限制、善于创新，是取得成功的重要条件之一。而固执于原有的思维，过分依靠原有的优势和经验，则是成功之大忌。

对人们的思维方式产生直接影响的重要因素便是过去的经验。生活中的经验，无时无刻不影响着人们的思维。

请看下面一则发生在现实生活中的真实故事。

一位年轻人正在火车上观看沿途的风景。途经一片荒无人烟的山野时，包括年轻人在内的多数旅客都百无聊赖地望着窗外。

行至一个拐弯处时，火车开始减速，一座孤零零的房子缓缓地进入年轻人的视野。与此同时，几乎所有乘客都睁大眼睛来“欣赏”这寂寞旅途中的独特景色，甚至有不少乘客还纷纷议论起这座房子。年轻人没有参与议论，但是听了别人的议论后，他的心为之一动。几天后，这位年轻人办完事返回时，在这附近的车站下了车，他不辞辛劳地找到房子的主人，询问房子的情况。房子的主人说，这里每天都有许多火车驶过，“隆隆”的声音震耳欲聋，他实在受不了这噪音了，一直都想将这房子低价卖掉，但是却始终无人问津。

年轻人告诉房主说他愿意将房子买下来。于是，年轻人用3万美元买下了那座房子，他认为这座房子其实是块宝。因为这座平房正好处在转弯处，火车每次行驶至此必然要减速，百无聊赖的乘客们一看到这座房子精神就会为之一振，所有的目光都聚焦在这座平房上，所有的谈资也都围绕着这座平房展开。因此，在这里做广告是再好不过的了。于是，一买下这座房子，年轻人就赶忙去联系一些大公司，向他们推荐，利用这座房屋的正面；开辟一面极好的“广告墙”。功夫不负有心人，年轻人的推荐终于被可口可乐公司采纳了，与他签了租赁合同，在三年租期内，可口可乐公司支付给年轻人18万美元的租金……

正是由于突破了思维定势、看到了那座房子的价值，年轻人赢得了不菲的收入。

所以，当我们思考问题时，如果多转换转换思路，就会发现很多种可能，也就会找到多种解决问题的办法。那么，怎样才能让孩子打破定势思维的束缚呢？

一、培养孩子善于思维的兴趣

好奇心是孩子语言和思维的突破口。孩子的好奇心可以凝聚成为一个又一个“为什么”，也可以说，好奇心是孩子思维最直接的反映。他们对事物越是好奇，他的思维活动就越强烈。从这个意义上说，激活孩子的好奇心，有利于培养孩子独立思维的能力。

正因为如此，父母要通过正确的引导来保护孩子的好奇心，培养孩子打破砂锅问到底的习惯；对于孩子提出的问题一定要耐心解答，或者和孩子一起寻找答案，以开发孩子独立思维的能力。

二、拓展孩子思维的丰富性

讲故事、猜谜语是激发孩子想象力的重要途径。孩子爱听故事，尤其是童话和神话故事，最能激发孩子的想象力。

童话是通过幻想创造的情境和形象、曲折地反映生活的，家长可以在娱乐中对孩子进行启发和教育。比如，经常给孩子讲一些童话故事，常用一些富有童话色彩的语言，如“月亮婆婆”、“太阳公公”等，或者用童话情节将触景生情的一幕给孩子讲述出来，或者将孩子的小房间里摆放一些玩具，在墙壁上张贴一些童话故事图片，家具样式小巧、别致、颜色丰富等，给孩子营造成具有童话特色的小空间，让孩子在“童话世界”中遨游，让孩子的想象力在听童话、看童话、感受童话中得到启发和增强。

实践证明，长期感受“童话氛围”的孩子，其思维能力、想象能力、创造能力等各方面，都明显优于很少接触“童话氛围”的同龄孩子。

三、培养孩子思维的细腻性

观察是一种有目的、有计划、有组织的知觉，是一个主动的知觉过程。观察力就是指一个人对事物的观察能力，在观察中起着重要的作用，所以有人将观察称为“思维着的知觉”。

父母应该从培养孩子的观察兴趣开始，向他提供大量的观察环境与观察的感性题材，在此基础上发展他的思维能力。

比如带着孩子走进大自然，观察花草树木的变化、虫鱼鸟兽的习性。孩子会问：“蚂蚁为什么搬家？”“天为什么是蓝的？”“云为什么是白的？”“鸟为什么会飞？”等等。

大自然里无数的“为什么”会从孩子的思想中迸射出来，荒诞的、奇怪的、值得成人深思的，甚至是现代科学仍无法解答的问题。这些都是孩子思维的结果。如果家长有意识地引导孩子去想象，这些事物就会在孩子头脑中变成无数美好而奇异的童话。在孩子想象的同时，家长可进一步引导孩子把自己的想象用语言描述出来，或用图画将其表达出来。

四、培养孩子思维的灵活性

引导孩子对已经熟悉的事物变换一个角度或多个角度去认识，可以培养孩子灵活的思维能力。这样就会使孩子从多方面去发现事物的多面性、多样性、多变性，能培养全面思考的好习惯。

比如，当孩子在解答出一道数学题后，家长可以对孩子进行表扬和鼓励："如果你能用另一种方法再将其解答出来，那样会比别人掌握得更好。"凭借孩子好胜的心理，他就会努力去找出另一种解题方法。然后家长可以用更动容的表情或语言让孩子明白他很聪明。当孩子的兴趣被激活时，家长还可以再次鼓励孩子分析这道题是否还有更简洁的解题方法。这样，一方面让孩子对数学产生一种"剖析"兴趣，另一方面使他明白事物具有的变通性。

五、让孩子走进自然，接触社会

现在的孩子生活面并不很宽，见识也比较少，再加上受传统的定势思维习惯的影响，思维水平自然就受到了许多限制。家长要利用一切有利时机让孩子走出家门，走入社会，到公园、博物馆、动物园、科技中心等，了解社会生活，接触更多的人，开阔眼界，增加知识积累，扩大思维范围。孩子一旦具备了一定的见识，他思考问题的方向就会灵活得多，就不会被旧思维限制。如果要写河流，就到河岸上走一走，看看鱼虾飞鸟、山花野草，收集关于河流的传说、神话、历史等，激发写作灵感，增加知识，扩大思维的范围。

六、营造宽松、自由的创新氛围

克服定势思维，其实就是打破传统，创新求变。创新思维只有在自由、宽松的环境中才能孕育、诞生。家长不要给孩子过多的限制和压力，应留给他足够的自由思考的空间和放松的心情，以便能深刻、全面地掌握知识，提高学习成绩。

七、从不同角度看待问题，同中求异

我们可以经常发现，对于同一个问题，不同的孩子的回答却是千篇一律，缺乏新意。父母在这一点上应该给孩子适当的帮助，引导他们从不同的角度、不同的方向去思考问题，鼓励孩子发表个人意见，提倡一题多解，并且能够同中求异。

怎样培养孩子的注意力

注意力是孩子学习和生活的基本能力。注意力直接影响孩子的认知、社会性情感等身心各方面的发展以及学习成绩。因此，从孩子出生起父母就应该有意识地培养孩子的注意力。

注意力就是人们在一个时期内集中地反应某些事物的心理活动的能力。人类的每一种心理过程都是不同程度地指向和集中于一定的对象的。当人们专注于某个事物时，总是同时在感知、记忆、想象、思考着或者说体验着一定情感情绪，所以说，注意本身并不是一种独立的心理过程，它是各种心理过程的一种特性。

当感知的大门开启后，外界的信息纷至沓来。注意以其对一定对象的指向和集中，使人清晰集中地获得感知对象的信息，从而保证智力活动的顺利进行。所以说，注意力是智力活动的开端。发展注

意力与发展智力有密切的关系。

俄国教育家乌申斯基说过:“注意是心灵的天窗,只有打开这扇天窗,才能让智慧的阳光撒满心田。”注意力在人的智力活动中起着相当重要的作用。注意力是观察力的先导,没有注意就无所谓观察。人的一切心理活动都离不开注意力的参与,父母必须重视孩子注意力的培养。

对孩子来说,注意力不集中是一个普遍的问题。它至少给孩子带来三种危害。

一是学习花费时间长。不能集中注意力的孩子,完成作业的时间与一般速度的同学比,要多花 40%～60%,因此感到学习负担重。这样就会失去玩耍、运动、课外阅读的时间,孩子的学习很难进入良性循环。

二是很难胜任难度大的学习内容。一般来说,解难度大的题需要持续思考较长的时间,而好多孩子因为不能持续地思考一个问题,以致解难题很难成功。

三是思维速度和书写速度也很难达到高水准。注意力不集中会导致思考和书写的速度大大降低。到了中学,学科内容成倍增加,学习速度不快的孩子就更感觉困难,完全掌握不了主动权,学习成绩肯定要落在其他同学后面。

面对孩子的注意力不集中的问题,许多家长都感到困惑,甚至不知所措。其实,孩子的注意力有一个发展过程,孩子 3 岁以后,注意范围扩大,注意能力逐渐提高,能较自觉地注意一些事物,但是注意力不稳定,不能长时间地把注意力集中在某一事物上,仍然是无意注意占主导地位,有意注意处于逐步形成阶段。再者,不同年龄段的孩子,注意力是不同的。而孩子注意力集中的时间长短,取决于孩子的年龄、性格以及其他个性特征。因此,培养孩子的注意力应该从小开始。

培养孩子的注意力,需要从以下几个方面做起。

一、要创造安静的环境

幼儿时期，注意稳定性差，容易受环境影响而转移。良好的学习、生活环境，对孩子教育起着很大作用。因此，在家里，要注意创造良好的学习、生活环境，避免分散孩子的注意力。幼儿学习的环境应安静、简朴，避免无关刺激的干扰。当孩子认真看图书、绘画、做事的时候，家长要为孩子创造安静的环境。不要开电视和收音机，也不要把玩具、糖果之类的东西放在孩子旁边。

二、近距离接触

较小的孩子的认知能力较弱，太远的刺激物很难产生效果。从视觉注意来说，近距离能够让孩子的视野更多地被刺激物填充，视觉干扰会大大减少，注意的稳定性就能增强。因此，新生儿醒来时，家长可以拿一个醒目的东西放到他眼前20厘米处让他看。

三、培养并形成好的学习习惯

经常在相对固定的时间里安排孩子学习，逐步培养孩子形成良好的学习习惯。有了学习的习惯，到了学习的时间，大脑就会自动启动并高速运转起来，孩子便可以专注于学习。

四、建立良好的生活规律

家长要善于在日常生活小事中培养孩子的注意能力，孩子生活的规律性，对于孩子注意的稳定性极为重要。

五、动态更能吸引注意

动态的物体更能吸引孩子的注意，比如，飞着的蝴蝶比静止的蝴蝶更容易引起孩子的注意；运动的小汽车比画上的更容易引起孩子的兴趣。

六、互动更能积累注意

和注意关系最紧密的是互动。正常人具有将“自我”扩大的本能和趋势，更容易接受受自己活动影响的事物。无论哪个年龄层次的人，对自己行为产生回应的事物都能够处于注意的焦点，孩子也是如此。

注意可以在互动中加强，如果没有互动，孩子的注意力就会很快转移，他会寻求一些更特殊的事物；而一旦互动存在，情况就完全不同了，孩子的兴趣会倍增，注意力也会持久。

七、选择适当的刺激物

在培养孩子视觉、触觉和听觉时，要选择好的刺激物。比如视觉培养，最好选择颜色鲜艳、色块大、易于区分的刺激物，不要让其他细节吸引宝宝的注意力。

八、合理安排孩子的学习时间

有些父母因为孩子的注意力不集中就在孩子身边“站岗”，其实这并不是有效的办法。应给孩子设置一个合理的时间范围，让孩子在规定的时间内完成作业。同时，父母应该了解，注意力持续时间的长短与孩子年龄有关：5～10 岁孩子是 20 分钟，10～12 岁孩子是 25 分钟，12 岁以上孩子是 30 分钟。因此，如果想让 8 岁的孩子持续 60 分钟做作业是不科学的。父母应该据此合理安排孩子学习和活动的时间。

九、让孩子目标明确

父母要引导孩子提出明确目标，让孩子明白，只有每个小目标都一个个地做好了，才能最终实现大目标。

比如，在家里安排孩子整理房间，这个大目标中包含了很多小目标、小事情，让孩子把这些事情列出来，分好先后顺序和轻重缓急，然后一个一个地做好。如果孩子不这样做，而是一会儿扫地，一会儿又整理书籍，就会把刚扫的地弄脏，以致影响做事的效率。

在学习中，父母要引导孩子制订学习计划，并按照计划去做，孩子就不至于注意力分散，也利于孩子养成专心致志的习惯。

十、给孩子尽情玩耍的时间

培养孩子的注意力，父母不能压制孩子，也不能剥夺孩子玩耍的时间。

生活中，有些家长生怕孩子玩心太重、影响了学习。于是总是在孩子旁边催促孩子抓紧学习。但是没能开心玩耍的孩子，即使被逼无奈坐下来学习，他的心思也难以集中起来。这样，孩子既没有机会尽情地玩，也不能把学习搞好，而且还会使孩子对学习产生厌烦心理，对培养孩子的注意力没有一点儿好处。

十一、和孩子一起做游戏

游戏是孩子最喜爱的活动，它能激发孩子的兴趣，使孩子心情舒畅。孩子在游戏活动中，其注意力集中程度和稳定性都较强。因此，父母应该让孩子多参加游戏活动，并在游戏中培养孩子的注意力。

在游戏时间里，父母可以以一个参加者的身份参与到孩子的游戏中，千万不要以一个局外人的姿态去观察孩子的游戏情节，随意提醒并打断孩子正在进行的游戏。父母不要以为玩游戏既无聊，又浪费时间，其实，孩子的注意力培养最初就是从游戏开始的。

十二、培养兴趣与培养注意力相结合

兴趣是最好的老师。不管是谁，在做自己感兴趣的事情时，都会很投入、很专心，孩子也是如此。对孩子来说，他的注意力在一定程度上直接受其兴趣和情绪的控制。因此，应该把培养孩子广泛的兴趣与培养注意力有机结合起来。

做自己感兴趣的事情时，孩子会全身心地投入，这对培养孩子的专注力很有好处。而当孩子的兴趣被父母“逼”走，做一些他不喜欢做的事情时，孩子自然不会用心，也就很难获得成就。

培养孩子注意力的方法很多，家长可根据孩子注意力发展的特点，有计划、有目的地训练和培养孩子的注意力。只要采取科学的方法并努力去做，一定能收到良好的效果。

怎样培养孩子的观察力

观察是一种有目的、有计划、有步骤的知觉，是通过眼睛看、耳朵听、鼻子闻、嘴巴尝、手摸等，有目的地认识周围事物的过程。

观察是孩子积累知识、发展智力的重要途径。虽说有眼就能看，有耳就能听，但同是接触同样的事物，有的孩子能在脑子里留下准确、完整、丰富、深刻的印象；有的孩子却只留下支离破碎甚至错误的印象。可见，观察力不是生来就有的，而是需要有意识地加以培养。观察也不是一种消极的知觉活动，而是知觉与思维结合的积极的活动。因而，孩子观察能力的培养也是智力开发的重要内容。

观察是一个人认识事物的重要途径，观察是智慧的眼睛。没有良好的观察习惯，没有敏锐的观察力，就谈不上聪明，更谈不上成才。这也是很多孩子的学习始终不理想的一个重要原因。

观察能让人更透彻地了解自然、社会。养成了观察的习惯，就如同登山者获得了一把开山大斧，前进道路上的一切荆棘、迷雾都能被清除干净，隐藏在丛林深处的真理就会清晰地展现于眼前。

观察力既是人通过眼、耳、鼻、舌、身感知客观事物的能力，也是孩子完成学习任务的必备能力。

观察力在孩子的学习中有着重要的地位和作用。孩子学习知识需要从观察开始,即使是间接地从书本上获得知识,也离不开眼睛、耳朵等感官的观察活动。许多孩子学习成绩不好的原因就是观察力极差,从而导致思考能力和判断能力低下。因此,父母应从小就培养孩子的观察力。

一般来说,孩子将来无论做什么都需要较强的观察力。因此,父母要从小就培养孩子的观察力。那么,父母怎样培养孩子的观察力呢?

一、培养观察力要从小开始

孩子的视觉发达起来以后,就要培养孩子的观察能力。父母可以通过用丰富多彩的色彩来培养孩子的观察能力。生活中,孩子经常会兴奋地向父母报告他的新发现。对于孩子来说,这些发现都是珍贵的,不仅表明了孩子的好奇心,而且表示他在观察和思考。这时,父母要及时给予鼓励,这样孩子就会越来越喜欢去发现新的事物。

对于幼小的孩子,可以通过看图说话来训练观察力。看图时不要仅仅让孩子自己去看,父母也要参与进来,与孩子一起观察,并指点讲解,让孩子随着父母的讲解有目的地观察。比如,图中画的是什么地方,有什么事物,图中的人物在做什么,当时是什么时间,天气怎样,人物的神态怎样,为什么要做这些事等。通过指导,孩子就能够得到观察目的性的训练,并更快地掌握观察的要素。

对于年龄大一些的孩子,可以让他观察公园里的树木、花草等,观察居住地的环境,观察自己的校园等。

二、指导孩子明确观察目的

孩子在观察时,往往目的性不明确,喜欢凭自己的兴趣观察那些自己感到好奇的事物。事实上,孩子的观察目的,直接影响观察的效果。观察目的越明确,孩子的注意力就越集中,观察也就越细致、深入，观察的效果也就越好。

指导孩子明确观察目的，不仅要教育孩子树立观察的意识，认清观察对于发展自身智力的好处，而且要教育孩子在观察任何事物时，都要有明确的目的，也就是说要明确观察什么，为什么观察。

三、让孩子有计划地观察

父母要帮助孩子拟订观察的计划，让孩子明确观察的对象、任务、步骤和方法，有计划、有系统地进行观察。

让孩子观察的事物应该从简单到复杂、观察的范围从小到大、观察的时间从短到长，这样有计划地指导孩子观察事物，有利于逐渐提高孩子的观察能力。例如，父母可以鼓励孩子自己种一盆花或其他植物，每天观察其变化，并写观察日记，父母则不断给以指导。这样，孩子在观察过程中充满了兴趣，往往可以观察到丰富的内容，效果也会很好。再比如，父母可以让孩子观察父母怎样做菜，然后让孩子一边观察，一边学着做。这样，孩子不仅提高了观察力，而且还锻炼了动手能力。

四、教给孩子观察的方法

观察要讲方法，有了科学合理的方法，观察效果就会事半功倍。在一些范围大、事物多的场所观察，可以采用重点观察法。家长可根据孩子的实际情况引导孩子有选择地观察一部分重点景物，如在野生动物园里，着重看几种珍稀动物。培养观察的最好方法是教给孩子在万物中寻求事物的“异中同，同中异”。观察松树叶子的形状，可用比较观察法，比较松叶与一般树叶形状的差别；参观一种工艺品的制作过程，适宜采用顺序观察法，以便清楚地了解工艺品的制作步骤。总之，家长要逐步把适合观察特定对象的科学观察方法教给孩子。

五、引导孩子多角度观察

观察一个事物，常常需要多角度、全方位进行。只有多角度观察，才有可能全面地观察到事物的各个特征，掌握事物的本质。多角度观察不仅能够提高观察的效果，而且能够促使孩子养成多角度思考的好习惯。

父母在日常生活中应该主动引导孩子多角度观察事物。例如，当孩子在看一幅画的时候，父母可以说：“站远点再看看，有什么不一样的感觉？”经过父母不断地训练，孩子就会养成多角度观察事物的习惯。

六、在大自然中培养观察力

所谓自然智能，是指在自然环境中对多种植物和动物的认识和分类的能力。大多数孩子都是天生的自然观察者，几乎没有孩子不喜欢自然界的景物和海底世界的奇观，这是受强烈的好奇心和求知欲驱使的。具有这种自然智能的孩子，在生活中会呈现出敏锐的观察力。

家长要充分利用周围环境和自然界千变万化的特点，扩大孩子生活的范围，开阔他的眼界，随时随地激发他的观察兴趣，引导他观察各种事物的特征以及变化过程，如大树、小草、小动物、日出、刮风、下雨、霜冻等自然事物和现象。晚上看星星，就给他讲一讲与星星有关的故事；白天看云，就讲一讲云的形成原因。要利用有限的空间，种植树木花草，饲养小动物，为孩子提供一个观察的场所和氛围。到商场，就观察商品的摆放、商场的布置等等。将日常生活细节融入到观察学习中去。

七、在观察后对孩子进行提问

许多孩子观察后就把观察的过程放在一边，这时，如果父母能够在孩子观察后进行提问，不但可以检查孩子观察的结果，而且可以促进孩子确定观察的内容和重点。

生活中，父母应该鼓励孩子多提问，可以让孩子问父母、问老师，甚至是问陌生人，然后通过不断的观察去找答案，并抓住事物的本质。父母要鼓励孩子在观察之后进行整理，把获得的材料做必要的分析和综合，从而得出科学的结论。

八、把观察和表达结合起来

观察是从外界获取信息的手段。将所获信息表达出来，才能真正达到观察的目的，才能提高孩子整体的智力水平。当父母带孩子去公园玩儿，回来以后，父母可以让孩子把游览公园的过程，所见到的花草形态，所听见的鸟鸣声音一一叙述出来，也可以让孩子写成日记，这样不但增加了观察的力度和深度，同时也训练了孩子的逻辑思维能力以及表达能力。

九、观察加想象

引导孩子一边观察，一边想象、联想，孩子看到月亮，就问他：月亮像什么？孩子也许会说，像镜子、像盘子……这样将观察同联想、想象结合起来，孩子对事物的认识就会更全面、深入，而且能由此及彼，举一反三，这对孩子各方面能力的发展大有好处。

十、纠正粗心、马虎的毛病

很多孩子作文写不好，口头表达也简单、粗略，这与观察时粗心大意有很大关系。家长要及时纠正孩子观察不仔细、粗心马虎的毛病。如观察事物尽量落实到事物的每一个部分、每一个环节以及更细微的地方，使孩子逐步养成仔细、严谨的观察习惯。

怎样培养孩子的思维能力

一个人智力水平的高低，主要通过思维能力反映出来。有一位教育家这样说:“教育就是教人去思维。”

思维是创造力的源泉，学习知识离开了思维就无法领悟到知识的内涵和外延，发明创造离开了思维就无法取得卓有成效的进展。在思维中，孩子可以不断提炼所学知识的精华，可以不断总结自己的经验，可以为下一次的成功做好准备。因此，家长要努力培养孩子的思维能力。孩子养成了独立思维的习惯，就奠定了孩子未来成功的基石。

通俗地说，思维就是思考。学习知识要思考，发明创造要思考，完善人生也需要思考。学会思考，对孩子的成长极为重要。爱因斯坦说过:“学习知识要善于思考，思考，再思考。”

对孩子的智力开发越早越好，为了养成孩子思考问题的习惯，父母首先要让孩子认识到思考的重要意义。

无论是老师教书育人，还是父母教育孩子，虽然都会教给孩子知识，但是知识并不能取代思考。在实际生活中，知识从来就是不完整的，因此，孩子需要思考。

思维能力强的孩子，求知欲望越强，学习能力就越强，创造力和终生学习的能力也就越强。

孩子的思考往往有意想不到的价值。因为他虽然没有经验，但也没有刻板、固定的思维模式，他的思维远比一个成年人活跃，善于思考的孩子也常常给人以智慧的惊喜。

在孩子成长的过程中，孩子学习的目的有两个，一个是掌握知识，另一个是发展思维能力。然而，大多数父母往往只重视前者而忽视后者，因此许多孩子学习成绩虽好，但思考能力却较差。其实，锻炼孩子的思维能力比孩子掌握那些“死”的知识更为重要；培养孩子广阔、灵活、敏捷的思维能力，才能开拓孩子的潜能。

如果没有勤于提问、善于思考的习惯，蔡伦或许发明不了造纸术；牛顿或许不能发现万有引力定律；爱迪生或许不能发明电灯。这些科学史上的天才人物是如何从一个平凡者变成人类巨匠的呢？答案是善于思考。

爱迪生是伟大的发明家，他一生共有约两千项创造发明，为人类的文明和进步做出了巨大的贡献。爱迪生小时候好奇心特别强，喜欢对一个问题寻根究底。

爱迪生的文化程度虽然不高，但丝毫不影响他进行发明创造，这是因为他有一颗好奇的心，有一个善于思考的大脑，有超乎常人的坚韧毅力和果敢精神。

好奇心与思维能力是一对孪生兄弟，好奇心引发思考，经常思考可以锻炼思维能力；思考源于好奇心，也是好奇心的深化。13岁前的孩子好奇心特别强，他们喜欢问东问西，他们想知道得更多，家长一定要注意保护好孩子的好奇心，并引导孩子去思考，从而使孩子养成思考的习惯。

歌德说：“缺少知识就无法思考，缺少思考就不会有知识。”这与孔子所说的“学而不思则罔，思而不学则殆”是相同的道理。这都强调了学习与思考的关系，强调了思考的重要性。

当孩子头脑中有疑问时，他便会冒出一连串的“为什么”。父母如果正确引导，不压抑孩子的好奇心，孩子的求知欲必定会越来越旺，孩子的思维能力必然越来越强，这也为孩子获得新知识提供了保障。而懒于思考的孩子学习能力会较差，就像高尔基所言：“懒于思索，不愿意钻研和深入理解，自满或满足于微不足道的知识，都是智力贫乏的原因。”

思维能力的强弱不仅体现在获取知识上，还表现在运用知识上。

只有从小培养孩子的思维能力，孩子才能将所学的知识应用于实践之中，这是一个孩子能力的最好体现。

思维是创造力的源泉，没有思维就谈不上创新。培养孩子的思维能力，孩子才不会满足于固有的知识和思想，才不会受到传统思想的禁锢，才会勇于打破常规、争取更多的突破。

生活中，我们要解决很多问题。对于简单的问题，我们总是用自己习惯的办法去解决；而当遇到用自己习惯的思维方式解决不了的难题时，就必须打破原有思维的局限，寻找新的思路。这就是对一个人思维能力的考验。

思维能力则是智能活动的核心。人与动物的本质区别，就在于人类具有其他动物所没有的思维能力。思维参与其他的智力因素之中，使其他智力因素更加具有理解性、概括性和深刻性。例如，孩子的观察活动，在幼儿期由于没有思维参与，观察得很肤浅，只能把看到的表面特征堆积起来，缺乏理解和概括。年龄大的孩子的观察，有思维参与，就能将观察到的表面特征概括起来，进行理解，找出内部联系，使观察深刻化。

思维是人类的高级认识活动。人们通过思维可以认识、感知所不能直接反映的事物，能透过现象看本质，掌握事物之间的规律性联系，并借助于一种事物了解其他事物，间接地预见和推知事物的发展和未来。

可见，发展和增强孩子的思维能力非常重要。

培养孩子的思维能力，必须掌握孩子的思维特点。

那么，如何培养孩子的思维能力呢？

一、从观察的兴趣培养思维能力

观察力就是指一个人对事物的观察能力。思维在观察中起着重要的作用，所以有人将观察称为“思维着的知觉”。

观察兴趣必须在观察的实践中培养。父母可以有计划、有选择地引导孩子去观察他所熟悉、所喜爱的事物，如经常带领孩子观察大自然，参加旅行、参观等实践活动，不断丰富孩子的观察内容。在孩子进行观察时，要围绕所观察的事物或现象，讲一些有关方面的科学道理或传说故事，以激发他的兴趣。例如，孩子发现树叶有稠密的一面，也有稀疏的一面，原因在哪儿呢？家长可引导孩子进行有关的思维活动。在引导孩子观察时，还要注意启发孩子对观察到的现象多问几个"为什么"，这就使孩子养成有目的、有计划、有选择的观察习惯。

二、保护好奇心、促进思维发展

苏联教育家霍姆林斯基曾说："在儿童的心灵深处，都有一种根深蒂固的需要，就是希望自己是一个发现者、探究者和成功者。"强烈的好奇心能使孩子产生浓厚的学习兴趣。只有当孩子对学习产生了兴趣时，他才能从学习中体验到快乐，才会热爱学习，并主动学习。

好奇是孩子的天性，孩子的好奇心中往往蕴藏着不可预测的潜能，也是他敢于探索新知，敢于创新的动力，是获得智慧的关键。保护孩子的好奇心，就是保护孩子未来的幸福。

当孩子问你"为什么只有晚上才能看到月亮"，"为什么地球是圆形而不是方的"这类问题时，请不要头痛，更不要厌烦，耐心一点儿，认真一些，尽量为孩子解答，同时鼓励孩子多问问题，多看书，多思考，说不定你也能培养出一个发明家或科学家。

三、民主的家庭氛围有利于思维能力的培养

给孩子自由发表言论的机会，让孩子在宽松的环境中自由畅想，可以激发孩子的思考欲望和创造力。如果孩子从小生活在民主的家庭氛围中，其思维能力就可以得到很好的培养。

民主的家庭意味着家长允许孩子提出与自己不同的意见，意味着家长和孩子可以开诚布公地辩论。争辩可引发孩子进行认真、细

致地思考，且能培养其思维的敏捷性。例如，父母可以和孩子展开辩论——看电视、打游戏机时间长了好不好；看完某个节目，可以与孩子讨论一下对节目里人物的看法。这样，不仅能锻炼孩子的思维能力，而且还能提高孩子对许多问题的认识水平。

四、鼓励孩子提出问题

提问题的水平与思维能力是紧密相关的。问题提得好，不仅表明思维能力处于一个较高的层次，而且还有助于问题的解决。所以，父母要鼓励孩子多提问，让孩子敢于提出“标新立异”的问题。对于生活中一些司空见惯的事情，要鼓励孩子敢于质疑。当孩子向父母提出一些幼稚的问题时，千万不能取笑孩子。因为孩子是站在他的角度看问题的，是用他的思维方式思考的。只要孩子动脑筋思考了，父母就应该赞扬孩子。

当陪孩子参观一个科技展时，可以鼓励孩子向展台的工作人员提问，例如，产品是什么材料的，这个设施是什么功能，等等。如果孩子提出一些让你难以回答的问题，而当时你的心情又不好时，千万不要厌烦或简单化处理，最好告诉孩子：“这个问题还真难，爸爸（妈妈）也不太清楚，等爸爸（妈妈）查查书再告诉你，你也可以问问老师或朋友。”而且要说话算数，绝不能食言。

五、发展思维的各种形式

我们知道，概念、判断、推理，是思维的三种基本形式。儿童的这些思维形式仍处于初步发展阶段。例如，低龄儿童的推理较多的是直接推理，间接推理还比较困难。虽然“A 大于 B，B 大于 C，所以 A 大于 C”这类的推理他们基本上能够掌握；但是，掌握“所有的少先队员都是学生，他是少先队员，所以他是学生”这类推理却难度很大。

家长要注意到孩子的这些特点，让孩子积极而有效地进行判断、推理的训练。孩子形成概念、组成判断、进行推理的能力强了，他的思维水平也将往前大大地推进一步。

六、教给孩子正确的思维方法

思维方法多种多样。例如，归类、排序和对比的方法，从不同的事物中找出相似之处，从同样的事物中找出不同之处。再如，举一反三的方法，由一种事物说出与之相关的多种事物，由一类知识想到与之相关的多类知识。像由"打击"联想到"袭击、突击、追击"，及至"击败、击中、击落、击溃"等等，便是举一反三、积极思维的例证。

掌握这些思维方法，能够使思维活跃、思路开阔。这些思维方法不是孩子头脑里固有的，它需要从教师、家长及其他成人的点拨、传授中获取，需要从同学、伙伴的交往中获取，也需要从自己的反复实践、反复思考中获取。因此，要发展孩子的思维，在教给孩子知识的同时，也要教给孩子思维的方式方法，训练他们的思维技巧，这对提高他们的综合能力非常重要。

七、通过各种活动训练思维能力

人的思维能力的发展和增强离不开各种活动的开展。计算活动，有利于发展学生的逻辑思维能力；参观游览活动，有利于发展学生形象思维能力；小发明、小模拟活动，有利于发展学生的创造思维能力；参与家务、游戏活动，有利于发展学生的发散性思维能力。

怎样培养孩子的记忆力

记忆是人对过去感知过的事物和语言的再认和再现。人的一切知识都可以认为是由记忆过程保持着的。人能记忆的内容包括这些方面：一是能记忆形象材料，也就是对客观事物的直观的形象的再认与再现;二是能记忆语言与文字;三是能记忆自己的身体的操作或运动;四是能记忆自己及他人的喜、怒、哀、乐等各种情感。因此,要挖掘孩子的记忆潜能,父母就必须全面发展孩子的各种内容的记忆。不但要有强的形象记忆,还要有强的语言、文字和情感记忆。

一个人记忆能力的强弱,反映在四个方面:一是记忆的速度快慢;二是记忆保持的时间长短;三是记忆内容在重现时正确与否;四是在记忆内容中提取所需要信息的速度。其中,记忆内容的正确性是记忆力强弱的最重要标志;而能迅速从记忆中提取信息的能力是个人才智的展现。因此,要培养聪慧的孩子,父母不可忽视其记忆力的锻炼。

在整个幼儿期,幼儿的记忆以无意识记忆占优势,有意识记忆正在逐步发展。因此,应充分利用幼儿的无意识记忆,来培养幼儿的有意识有目的的记忆。这一点,家庭教育占有很大的优势。因为父母是孩子的第一任老师,而在孩子的整个童年时期,孩子和父母接触的时间最多,这就为家长实施早期教育提供了良好的条件。

那么,怎样培养和提高孩子的记忆力呢?

一、了解孩子记忆的规律

幼儿的理解力不强,他们的记忆规律呈现三大特点。

一是孩子对形象事物的记忆效果较好,不善于记忆抽象事物。孩子观察、感受过的事物在头脑中储存下来的形象叫表象,比如“天安门”、“飞机”、“警车”等都是具体的形象而不是抽象的概念。表象储存越多,越有利于孩子掌握更多的知识、发展思维和想象力;特别是当他认识某件事物时,即告诉他事物的名称,这样,具体的形象和抽象的语词相联系,就可以提高他的概括能力,促进其记忆准确性与提取信息能力的发展。

二是幼儿比较多地以机械的方式记忆,不善于理解记忆。比如,虽然不理解,但在成人的反复教导下,仍能背诵很多唐诗、英语单词等。

三是幼儿的记忆活动很容易受情境或情绪影响。通常，幼儿对伴随动作或较强情绪体验的内容记忆效果更好，对周围环境中形象鲜明、生动的事物记忆较深。

二、引导孩子从无意识记忆向有意识记忆发展

有时候，我们有意无意地听到一些歌曲，反复多次以后，不知不觉也就会哼唱了。这种记忆就是无意记忆。无意记忆不花时间，不费多少脑力，它记得比较轻松，却不会轻易忘记。无意记忆的潜力是很大的，人的大脑记忆库中的大量信息不是有意记忆的结果，而是无意记忆的积累。

孩子年龄越小，记忆就越以无意记忆为主。凡是直观、形象、有趣味、能引起孩子强烈情绪体验的事物大都能自然而然地记住，特别是与其情感相联系的事物。

充分利用无意记忆是提高孩子记忆力的一个好方法。比如，想让孩子多记一些英语单词，可以把单词抄写在墙壁上，或录在磁带上，让孩子每天有意无意地看、有意无意地听，过一段时间，孩子就能自然而然地记住这些词汇了。

随着孩子年龄的增长、特别是当孩子掌握了语言这一工具后，他的有意识记忆就逐步发展了。若想增强孩子的记忆力，就得重视发展孩子的有意记忆。

有意识记忆的发生和发展是儿童记忆发展过程中最重要的质变。为了培养孩子有意记忆的能力，在日常生活和孩子各种有组织的活动中，父母要经常有意识地向孩子提出具体明确的记忆任务，促进孩子有意记忆的发展。例如，在听故事、外出参观、饭后散步时，家长应该给孩子提出记忆任务，如果没有具体要求，孩子是不会主动进行记忆的。

三、从兴趣入手培养记忆力

兴趣是最好的老师。

记忆是大脑皮层暂时神经联系的建立，而这种暂时的神经联系由于没有得到强化，随着时间的流逝，暂时联系也就随之消失了。比如，学习的知识或技能，如果长期不运用、不复习，就会被遗忘；由于外界的强烈刺激或人本身的紧张情绪，也会产生遗忘。

学习就是一场记忆和遗忘的比赛。对感兴趣的东西就会记得牢、不容易遗忘；而对不感兴趣的内容往往很快就会忘记。培养孩子的记忆力也应该从兴趣入手，孩子对所学内容有了兴趣，必然是学得快、记得牢。

由于连续学习，大脑神经细胞会因疲劳而导致活动能力降低甚至丧失，这是大脑神经细胞的一种自我保护。因此，家长在激发孩子兴趣和热情的同时，切不可不切实际地强迫孩子做事，一定要合理地安排孩子的作息时间，特别是不能在孩子已经疲劳的情况下迫使他学习，否则只能是欲速而不达，甚至可能引起孩子的厌学心理。

四、帮助孩子掌握增强记忆力的技巧

记忆技巧是指在记忆过程中，人们用以提高记忆能力的一些必要的心理准备和技巧。人脑的记忆潜能是巨大的，那么如何充分发挥这种潜能呢？关键就在于掌握一套科学的记忆方法。

记忆技巧有许多方面，下面是孩子需要尽早掌握、同时又是能够很快掌握的记忆技巧。

1．重复记忆法

适宜于年幼的孩子，父母不必担心孩子会产生厌恶情绪，因为小学低年级的孩子具有喜欢重复的心理特点。如果能在重复的过程中加入一些新鲜的东西，效果将更好。

2. 联想记忆法

联想是促进记忆的有效方法之一，就是引导孩子把已知的知识经验与眼下学习的新知识联系起来，这有利于巩固旧有知识，并把新知识有序地纳入记忆的网络且易于巩固。

3. 直观形象记忆法

根据幼儿记忆的直观形象性特点，可充分利用直观教具，帮助孩子记忆。如，给孩子选一些知识性的玩具，让孩子在玩的同时掌握简单的科学知识，为日后学习打下基础。

4. 归类记忆法

当记忆材料较多时，可引导孩子把材料进行分类和概括，帮助孩子在理解记忆内容的过程中进行逻辑记忆，这样可以使记忆深刻、思维有条理，也可巩固学到的知识并使之初步系统化。例如，给孩子几张图片，让他看几分钟，然后拿走图片，让孩子说出看到的图片内容。如果图片较多，可对它们进行比较、分类，比如把图片划分为“衣服类”、“文具类”等等，以便孩子记忆不同类别中的具体事物。

5. 儿歌记忆法

一般来说，有节奏、能押韵的儿歌更易于记忆。如果能充分利用孩子机械记忆能力强的特点，让他们背诵儿歌和一些容易理解的诗歌，对于开发孩子的智力、扩大知识面则大有好处。

6. 图表记忆法

图表记忆法与其他的记忆法相比有独特的优势，图形、表格整齐形象，易于理解，是在学习过程中经常用到的方法。但它也有不足之处，就是信息含量有限，表达简略，不适合抽象概念的表达。

7. 游戏记忆法

以游戏的方式记忆某些事物，是发展孩子记忆力的重要方法。在家庭中，家长可以自编一些亲子游戏，在轻松快乐的亲子同乐中锻炼孩子的记忆力。比如，可以和孩子轮流讲一个故事的不同段落，背诗歌“接龙”中间不停顿，等等。

8. 概括记忆法

又称压缩记忆法，是将记忆材料压缩概括，找出关键词句，减少记忆内容，以提高记忆效率。

9. 系统记忆法

有些零散的材料，杂乱无章，难背难记。对此，可寻找一条主线，串连成系统，使之具有逻辑性，以便于背诵。如背诵历代作家作品，体裁不同，名字陌生，可以时间先后或朝代推延为主线，然后串连成系统，记起来就容易多了。

10. 提纲记忆法

有些材料内容较多，了无头绪，给记忆带来很大麻烦。可将材料整理分类，以精炼的语言拟出各部分提纲，提纲挈领，进行背诵。

11. 规律记忆法

任何事物都有内部规律，找到材料的规律性，可简化记忆。如数学公式大都由简单到复杂、由初级到高级，具有严密的逻辑性，应依照其发生、发展规律记忆，不要打乱其逻辑联系。

12. 应用巩固法

孩子获得知识、技能后，如果没有练习的机会，就会被逐渐忘掉。让孩子记忆知识、经验，一定要给他机会，鼓励他将所学知识应用到生活中去，以求"熟能生巧"。这样，孩子就能加深对有关知识、经验的印象和理解，提高记忆的准确度，延长记忆时间。

怎样培养孩子的想象力

爱因斯坦说过，想象力比知识更重要，因为知识是有限的，而想象力概括着世界上的一切，推动着进步，并且是知识进化的源泉。

想象力是创造的起点，任何发明创造都离不开想象。

想象力是孩子智力的重要组成部分，是孩子掌握知识不可缺少的能力。有人形象地把想象比作思维的翅膀，具有想象力的孩子才能插上思维的翅膀，在辽阔的天空中自由飞翔。

想象力是在人类头脑中创造一个念头或思想画面的能力。在创造性想象中，人们运用他们的想象力去创造自己希望去实现的一件事物的清晰形象，接着，连续不断地把注意力集中在这个思想或画面上，给予它以肯定性的能量，直到它成为客观的现实。

具有想象力是人类比其他物种优秀的根本原因。因为有了想象力，我们才能创造发明，发现新的事物、新的自然规律。

想象力是创新能力的源泉。从小培养孩子的想象力，孩子才会成为一个敢于创新的人，这也是发明创造的必备素质。

那么，父母应该怎样培养孩子的想象力呢？

一、引导孩子观察，鼓励孩子想象

所有的想象都必须建立在现实的观察之上，没有一个人的想象力能离开他对现实世界的观察和联想。父母要培养孩子的想象力，就必须培养孩子的观察能力。要尽可能地引导孩子多观察周围的事物，孩子的想象力才有现实的基础，才会更精确，更有创造性。

对于孩子自发的富有创造性的想象力行为，作为父母一定要小心呵护和鼓励。

二、利用童话培养孩子的想象力

童话是儿童文学的一种。它浅显生动，富于幻想和夸张，多作拟人化描写，以适合儿童心理的方式反映自然和人生，达到教育的目的。显然，童话本身就是一种想象力的作品，所以童话可以培养和启发孩子的想象力。

孩子喜好新奇，向往不平凡的事物，充满神奇和幻想的童话故事符合他们的需要。童话能给孩子带来巨大欢乐，帮助孩子明白事理，增长知识。最关键的是，童话可以开发孩子的想象力。

孩子还小的时候，可以给他讲童话故事；上学后可以叫他看童话书。利用童话，鼓励孩子大胆想象，让孩子异想天开。比如，孩子可能会常梦想自己在月亮上荡秋千，在月球散步，树上长满了雪糕。无论孩子的想象有多离奇，父母一定要保护孩子想象的欲望，鼓励孩子大胆想象。

三、利用编故事、续故事、猜谜语培养孩子的想象力

孩子都喜欢听故事、编故事、猜谜语，从科学的角度来说，编故事、听故事、猜谜语不仅有利于发展孩子的形象思维和逻辑思维能力，而且还能让孩子体验到一种积极的情感。鼓励孩子编故事不仅是一种语言训练，更重要的是，它能帮助孩子运用自己的想象力与推理能力，得出出乎意料的结论。

父母可以鼓励孩子给别人讲故事。比如，给孩子一本故事书，让孩子看后把里面的故事讲给别人听。这是孩子积累想象素材的重要过程，没有看故事、讲故事时的素材积累，孩子就很难想象出好故事。

为发展儿童的想象力，讲故事时，可让儿童续编故事结尾，引导孩子展开想象、多角度续编。

鼓励孩子编故事，对孩子而言，比讲故事和续故事更难一点。父母可以在空闲的时候和孩子聚在一起，给孩子定一个题目，让孩子大胆编故事，并适时地给孩子以赞扬，并指出不足之处。编得好、讲得好的故事，要让孩子用笔记录下来，不断修改，精益求精。天长日久，孩子的想象能力就会越来越强。

不论是让孩子讲故事、续故事，还是编故事，对孩子的想象力的培养都有很好的作用。一些伟大的作家，他们之所以能写出震撼人心的著作，与他们丰富的想象力是分不开的。从某种意义上说，对孩子想象力的训练，就是锻炼孩子的思维能力。

四、在生活中锻炼孩子的想象力

想象力不是凭空就有的，需要孩子在平时的生活中不断积累知识和经验。扩大孩子的视野、丰富孩子的感性知识和生活经验，是发展儿童想象力的基础。

表象是想象的基础材料，谁头脑中的表象积累得多，谁就有更多的进行想象的资源。家长平时要指导孩子多观察、多记忆形象具体的东西。可以带孩子去博物馆、去动植物园、参加郊游、参与各种公益活动、走亲访友等，都可以记住许许多多的表象。为了记得多、记得准、记得牢，可以让孩子用语言描述所见所闻的事物，或者家长与孩子相互描述。还可以让孩子写日记，把头脑中的表象再现出来。

在日常生活中，家长要从点滴的小事上引导孩子去想象，并有意识、有目的地经常跟孩子交换思想，以对孩子智力的开发和知识的积累起到积极的作用。

五、用绘画启发孩子的想象力

图像能够激发孩子的想象力，父母应有意识地让孩子多接触各种图画，并以此为基础鼓励孩子试着将感兴趣的事物画出来。

绘画最易诱发儿童的想象力，也是儿童最喜欢的一种形象表现形式。孩子虽然画技不高，但却能表达其思维活动过程。对儿童的画，不要只追求画得多么“像”，而应鼓励他“想”得越多越好。如在纸上画出许多圆，让孩子按自己的想象添加内容，看圆能“变”成什么？孩子可能会从单一的一个太阳、一块饼干、一个头像、一朵花、一个皮球……想到用圆组合出熊猫、一束气球、一群小鸡、一堆鹅卵石、天上的星星等等情节画。对孩子的画，家长不要先做鉴赏家，而要先做想象力的评论家，不要着眼于孩子能否成为一个画家，而要先看孩子的想象力是否得到了充分的发挥。

六、在游戏中培养孩子的想象力

爱做游戏是儿童的天性，游戏是发展孩子想象力最好的活动之一。孩子在游戏中模仿成人的多种活动，凭借想象扮演多种角色、表现多种生活情境，自己动手解决游戏中遇到的困难和问题。例如，用积木搭娃娃床，用杯子当锅给娃娃做饭，用圆环做方向盘开汽车，把纸撕成条做面条等；孩子还会与小伙伴共同商议分配角色、安排活动。当孩子在认真思考这些问题的过程中，游戏的情节也具体化了，孩子的创造力也随之得到了发展。

犹太人家庭中最常玩的游戏就是让孩子拣圆豆。方法是把绿豆、黄豆或其他圆形的、体积小的、颜色不同的物体混合起来放在一个盘子里，再准备四五个不同颜色的小碗，让孩子从盘子里取出豆子或其他物体，并把它们分门别类地放入不同颜色的小碗里，这个游戏可以让孩子通过辨别颜色、形状和大小来激发想象力。

七、在积累中促进孩子的想象力

想象以形象形式为主，但离不开语言材料，特别是需要用口头语言或书面语言将想象的内容表述出来时，语言材料起重要作用。词汇量大的孩子往往能够很顺利地把一件事情表述出来，而词汇量贫乏的孩子则常常由于找不到合适的词汇来表述而中断想象。因此，要让孩子扩大语言文字积累。

为此，父母可以多给孩子提供一些富有幻想色彩的书籍，如童话、科幻、神话、寓言故事等。父母也可以让孩子准备一个摘抄本，用来记录文学名句、名段；阅读时随时把遇到的美文佳句摘抄下来，供空余时间翻阅，以巩固这些词汇。这样，孩子的词汇量在不知不觉中就增多了，进而也可以促进想象力的发展。

怎样培养孩子的创造力

培养和开发孩子的创造力，是教育的目的之一。因为，人类有了创造力，才能不断开拓前进。

有时孩子所表现出来的创造力常常让人惊奇赞叹。但有些人却认为创造力只是个别孩子的天赋，并非普通孩子也能拥有的。可是，只要细心观察一下身边的孩子，就会发现，富有创造力的事例无时无刻不在孩子的活动中产生。

成人的创造力具有高度的自觉性和针对性。孩子的创造力自发性较强、针对性较差，但所表现的活动和领域相当广泛。这在幼儿身上表现更为明显——创造力几乎表现在孩子所有活动中。

父母要意识到，培养孩子的创造力，不一定就是要让他达到科学或艺术的最高峰。即使是在普通的生活中，创造力也能让孩子在未来获益颇多。还要意识到，对孩子来讲，创造不应该具有“职业”的味道，而应该就是他们“生活”的本身。

孩子的创造力不是凭空而来的，而是通过平时观察周围事物，先在脑海里对事物留下深刻的印象，再经过自己的思维活动和实践而获得的。

当孩子画出一幅标新立异的图画时，那是他创造力发挥的表现。当孩子把手电筒、遥控器、玩具弄得乱七八糟时，那也是孩子好奇心和创造欲望的表现。当孩子说出一句新颖的话语、唱出一首自编自创的歌曲时，那都是孩子创造力的表现。

创造力是孩子智慧的源泉，也是促进孩子潜能发展的原动力，是孩子将来发展的基础。所以，在面对孩子的奇思异想时，父母要耐心地倾听、热情地鼓励孩子，并适时给予指点和帮助，以利于孩子创造力的培养。

创造力的发挥，除要求有正常的智力水平外，还必须具有良好的非智力因素，即兴趣、意志、性格、动作、情感等。

创造力在人类生活、学习和工作过程中起着重要作用，离开了创造力，人既不可能有什么预见，也不可能有什么发明和新的发现。要使孩子摆脱平庸、成为英才，就必须培养和提高孩子的创造力。

那么，如何培养和提高孩子的创造力呢？

一、保护孩子的好奇心

一个好奇心强烈的孩子，对于新奇事物总是主动去寻根问底，提出各种各样的问题，以发现事物的内在联系。

家长应该保护孩子的好奇心，给孩子提供一个丰富多彩的认知环境。让孩子经常能从中获得新颖而神奇的感觉，使他对这个世界充满向往。例如，将孩子的好奇心引向大自然，让神奇的大自然容纳孩子无穷而强烈的好奇；把孩子的好奇心变成对知识的渴求和探索。

二、创设宽松、和谐、民主的家庭氛围

在与孩子的朝夕相处中，细心的家长就不难发现，孩子随时都有创造的潜在能力，关键是家长如何发现、引导和培养孩子的创造力。

父母要培养孩子的创造力，就应该给孩子提供有利于创新素质发展的环境，让孩子在安全、自由、民主、活跃的环境氛围中，养成敢说、敢问、敢想、敢做的习惯。充分给予孩子任意发展的自由；尊重孩子的同时，鼓励孩子不迷信“权威”，鼓励孩子树立敢于创造的勇气和信心，使孩子在积极探索事物奥秘的同时，不断提升自身的创造能力。

三、丰富孩子的知识，开阔孩子的视野

丰富的知识、经验和一定水平的智力，是创造力发展的基本条

件。父母可通过各种活动，丰富孩子的生活，开阔孩子的视野。另外，父母还应为孩子提供适合他年龄特点的读物和视听材料，扩大和丰富孩子的知识面，内容尽可能广博，上至天文，下至地理，但宜广不宜深，要以深入浅出为原则。总之，要充实孩子的日常生活，使其积累知识、经验，为孩子创造力的萌发奠定良好的物质基础。

四、鼓励孩子动手动脑

孩子自己动手动脑，对培养创新意识大有益处。父母要鼓励孩子多提问题。对孩子提出的问题，父母不必每问必答，有些问题应启发孩子动脑思考，让他自己寻求答案。

五、培养孩子的兴趣

兴趣是激发孩子创造力的发动机，当孩子对某件事物有了浓厚的兴趣时，就会主动运用各种感官去看、去听、动口说、动脑想、动手操作；孩子的兴趣越浓，就越能促进其创造性思维的发展。

六、为孩子创造更多接触社会的机会

孩子在与同伴交往中会表现出更多的、更明显的积极情感模式，如更多的微笑、愉快地说话、关切地注意等。父母可以经常带孩子去探亲访友，鼓励左右邻舍的孩子互相串门，还可以利用节假日几个家庭一起带孩子外出游玩。让孩子经常有积极的语言、表情、动作，情绪处于积极、活泼、愉悦的状态，会更有利于孩子创造力的发展。

七、激发孩子的创造力

孩子天生具有强烈的好奇心，对于任何新奇的事物，都会主动地刨根问底，提出各种各样的问题。家长不仅要保护孩子的好奇心，还应该为孩子提供一个丰富多彩的认知环境，激发他的创造力。

如果父母面对孩子稀奇古怪的问题和创意，表现得不耐烦，心不

在焉，甚至斥责孩子，就会扼杀孩子的那些新奇想法，阻碍创造力的发展。

有时孩子会有这样那样的奇怪想法和念头，这些想法不论多么荒唐，多么不着边际，都是孩子创造性的一种体现。

当孩子有一些新奇的想法时，父母应该赞扬和鼓励孩子。让孩子按照自己的想法去实践。这样孩子才会敢于幻想，敢于创新。世界上很多发明创造，都是从幻想演变为事实的。而孩子的异想天开，正是创新能力的体现。

孩子的创新能力是需要大人耐心引导和挖掘的。父母不要一味地等着孩子自己做出什么创举，然后再去表扬，而是应当善于发现，在孩子遇到困难或阻力的时候，及时给孩子指点和帮助，激发孩子的创造性，让孩子用更巧妙的方法化解困难和阻力。

怎样给大脑提供充足的营养

父母都希望自己的孩子身体健康、聪明伶俐。所以，在知识爆炸的时代，越来越多的孩子在很小的时候就被父母送到早教机构，接受各种形式的培训和学习，父母就是想通过这些途径提高孩子的智力，让孩子更聪明。

怎样让孩子在智力上占据优势，成为当今父母最关心的问题。所以，健脑食品受到众多父母的关注。简单地说，健脑食品就是有益于大脑的食品。儿童食用健脑食品应做到科学、合理，尽量给孩子食用天然食品，它们富含自然状态的矿物质、维生素、蛋白质等成分。少吃在非自然条件下栽培与饲养的动植物加工食品，因为加工食品破坏了食物所含的有效成分，降低了营养价值。

一、儿童大脑需要的营养成分

6岁以前是孩子脑发育最为重要的黄金时期，也是孩子智商发育的不可逆期。在这个时期，全面、足量、安全地为孩子提供脑营养元素，是孩子聪明的重要因素所在。

合理的营养对儿童智力提高的效果较为显著。科学研究表明，大脑功能的优劣在很大程度上取决于大脑的物质基础，而大脑的物质基础在很大程度上又取决于饮食中的营养成分。那么大脑的“最爱”有哪些呢？

1. 脂肪是健脑的首要物质

脂肪在发挥脑的复杂、精巧功能方面具有重要作用。给大脑提供优质丰富的脂肪，可促进脑细胞发育和神经纤维髓鞘的形成，并保证它们的良好功能。油类、肉类都含有丰富的脂肪，是孩子食物不可缺少的物质。此外，还有芝麻、核桃仁及其坚果类等都含有优质脂肪。

2. 维生素是健脑的必要物质

大脑是离不开维生素和某些微量元素的帮助的，因为维生素是大脑营养物质分解酶的主要来源。新鲜的水果和蔬菜中含有大量的多种维生素，是很好的健脑食品。在进行脑力劳动时，酸性物质代谢所产生的物质会在体内聚积而引起大脑疲劳。消除这种疲劳的最好食品是水果，如柚子、柑橘、橙子、柠檬、菠萝、葡萄等。水果属碱性食品，可以有效地中和大脑中的酸性物质。

3. 蛋白质是智力活动的物质基础

蛋白质是控制脑细胞的兴奋与抑制过程的主要物质，在记忆、语言、思考、运动、神经传导等方面都有重要作用。最佳食物有瘦肉、鸡蛋、豆制品和鱼类、贝类等。

4. 糖(淀粉)是大脑最喜欢的营养物质

在传统的蛋白质、脂肪和糖类三种营养素中，葡萄糖是大脑唯一可以直接利用的能源。大脑的"偏食"并不是它格外"挑剔",而是因为只有糖才能顺利透过脑屏障进入脑组织被脑细胞利用。大脑的工作效率是很惊人的,而它消耗的能量也大得令人吃惊,只有体重 2%的大脑,却要消耗人体 20%的能量,而这些能量主要来源是葡萄糖。但是大脑本身含糖量却很少,因此血液中葡萄糖含量的高低对大脑能量的供给有很大的影响。应该注意的是,如果空腹时大量吃糖,就会使血液中的糖分很快升高,反而不利于大脑的健康。

淀粉在体内分解为葡萄糖后,即成为脑的重要能源,是身体活动的主要能源。

二、能满足孩子大脑营养需要的食物

1. 鸡蛋

鸡蛋营养丰富,所含的蛋白质是天然食物中最优良的蛋白质之一。蛋黄除了富含卵磷脂外,还含有丰富的钙、磷、铁以及维生素 A、B、D 等,宜于大脑的成长和发育。因此,孩子每天可吃 1 到 2 个鸡蛋来补充营养。

2. 豆制品

大豆的营养非常丰富,富含植物性蛋白质、脂肪、B 族维生素和钙、磷、铁等多种微量元素。因此有人把豆制品称为植物肉。

除此之外,黄豆制成的豆腐含有丰富的卵磷脂。大豆卵磷脂是大豆中的精华物质,是人体需要的脂类成分之一。卵磷脂能使大脑兴奋、清醒,并且能够改善人们的记忆力,提高思维、反应、联想力。卵磷脂能使血管畅通,让血液顺利地携带丰富的营养源源不断地供给大脑,这是其他植物性食物所不能比拟的。因此,科学家们称大豆卵磷脂为"智慧之花"。

3. 动物脑(脊)髓

从营养学的角度讲,吃动物的脑(脊)髓对人脑的确有好处:动物脑和脊髓中含有丰富的卵磷脂,鱼脑中含量更高。鱼脑中含有一种不饱和脂肪酸，就是所谓的“脑黄金”。这些物质都是大脑必不可少的营养成分，对大脑细胞，尤其是脑神经传导和触突的生长发育具有极其重要的作用。经常吃鱼，尤其是鱼脑，大脑的功能就会得到改善。

4. 核桃和芝麻

在日本，曾经大力倡导学龄儿童每天吃2～3个核桃。研究发现，每天吃2～3个核桃，可以帮助那些焦躁不安、少气无力、厌恶学习或反应迟钝的孩子恢复正常的神经功能。

核桃和芝麻营养非常丰富，特别是不饱和脂肪酸含量很高。因此，常吃它们，可为大脑提供充足的亚油酸、亚麻酸等分子较小的不饱和脂肪酸，以排除血管中的杂质，提高脑的功能。另外，核桃中含有大量的维生素，利于消除大脑疲劳。

5. 水果

水果都含有丰富的维生素和矿物质，是儿童发育不可或缺的营养物质。如，菠萝中富含维生素C和重要的微量元素锰，对提高人的记忆力很有帮助；柠檬可提高人的接受能力；香蕉可以使人精力充沛、注意力集中，并能提高人的创造能力，等等。

三、均衡营养，要吃好一日三餐

“充足、均衡的营养，是儿童饮食最基本的原则。”儿童营养专家指出，人体需要的营养素主要依靠米、面、牛奶、肉类、鸡蛋和蔬菜、水果等来供应，这就决定了儿童摄取营养的主要渠道是一日三餐，而不是那些名目繁多的“儿童食品”。

有些儿童平时零食吃得多，正常三餐常常成为点缀。也有些家长忽视早餐，只让孩子随便吃点东西就去上学或幼儿园。这样做满足不了儿童正常活动、身体发育所需的能量和营养。孩子的脑细胞营养供应不足，会出现注意力不集中、记忆力减退，甚至导致神经细胞早衰。长期不吃或少吃早餐，还会导致胆结石等病症的发生，因为上午空腹或饥饿过久，胆汁中的胆固醇就会出现过饱和情况，使胆固醇在胆囊中沉积，从而产生结石。

四、家长必须了解的常识

1. 食品添加剂成儿童健康大敌

目前，果味饮料的主要消费群体是儿童。这些果味饮料，外包装上往往醒目地标着“草莓”、“苹果”等字样，可细看它的配料，却找不到任何水果的成分。那么它的果味从何而来呢？答案就是：添加剂。

儿乎所有孩子爱吃的小食品中，都有添加剂。尽管食品添加剂不等于毒药，但长期超量食用食品添加剂存在潜在危害。尤其是孩子的肝脏解毒能力和肾脏对添加剂中化学成分的排泄功能比较弱，食品添加剂的超量使用，对儿童健康危害较大。

2. 进补让身体不堪重负

一项调查显示，在北京、杭州、广州等十大城市中，十岁左右儿童服用各类营养口服液的比例高达83%。营养保健药不适合儿童服用。服用补品，只能使孩子的身体不堪重负。健康儿童不宜食用人参和含参食品，否则会削弱免疫力和抗病能力，儿童补钙过量会造成低血压……一日三餐合理的膳食和良好的生活方式比什么都重要。

3. 果奶不是奶

果奶、酸酸乳最受孩子的欢迎。其实果奶、酸酸乳，并不是真正意义上的“奶”，充其量只是含奶的饮料。它们的营养价值大大低于真正的牛奶。

4. 饮料不能代替水

调查显示，城市中约70%的学龄前儿童是以甜饮料代替水饮用的。这种倾向可能危及儿童的正常发育。

有资料显示，市场上的甜味饮料含糖达10%以上。经常喝甜饮料的孩子由于摄入糖分大大超标，正常进餐时往往食欲不振。长此以往，势必造成孩子体内糖分过多，而蛋白质、脂肪等营养摄取不足。

对孩子来说，最好的饮料是白开水，它不仅容易吸收，而且可以帮助身体排除废物，不增加肾脏的负担。

五、不能忽视早餐

对于儿童来说，早餐的质量非常重要。许多儿童往往有这样的经验：如果早餐吃得好，在课堂上就会思维敏捷，注意力高度集中；而早餐吃得不好的时候，往往会精力下降，情绪低落。美国科学家发现，在其他条件相同的情况下，吃高蛋白早餐的学生成绩优于吃素食早餐者，而不吃早餐的学生学习成绩更差。但是由于早上到校早，时间紧张，许多孩子来不及吃早餐。上午的功课多，早餐吃不好，大脑需要的能量供应不足，长期下去，不但影响功课，还影响大脑的发育，而且还可能引起多种疾病。研究表明，早餐的质量与智力发展的关系是非常密切的，如果不吃早餐，身体内的血糖就满足不了正常的能量供给，大脑的营养就会不足，时间久了，大脑就会受到伤害。

因此，父母千万不能忽视孩子的早餐。

科学的早餐应以低脂、低糖、高蛋白质为主，选择猪瘦肉、禽肉、蔬菜、水果或果汁、牛奶等含有丰富蛋白质、维生素及微量元素的食物，再补充谷物、面食为妥。早餐既要能提供足够的热量，又要能活跃大脑功能。早餐应占全天总能量的25%～30%，能量来源比例是：蛋白质提供的能量占总能量的11%～15%，脂肪占20%～30%，碳水化合物占55%～65%。但是孩子早餐不宜吃煎炸类食物，因为这类食物中脂肪和胆固醇过多，消化时间长，可使血液过久地积于腹部，造成脑部供血量减少，从而导致脑细胞缺氧、思维迟钝。

六、警惕餐桌上的智力“杀手”

1. 含铅食物

铅是脑细胞的一大杀手，食物含铅量过高会损伤大脑，导致智力低下。爆米花和松花蛋是含铅量较高的食品。多吃会影响智力发育。

2. 含铝食物

世界卫生组织提出，人体每天摄铝量不应超过60毫克，要是一天吃50～100克油条便会超过这个允许摄入量，导致记忆力下降，思维能力迟钝，所以，早餐不能以油条为主。经常使用铝锅炒菜、铝壶烧开水的家庭也应注意儿童摄铝量增大的问题。

3. 含过氧脂质的食物

过氧脂质对人体有害，如果长期从饮食中摄入过氧脂质并导致其在体内积聚，可使人体内某些代谢酶系统遭受损伤，进而造成大脑早衰或痴呆。哪些食品中含有较多的过氧脂质呢？主要有油温在200℃以上的煎炸类食品及长时间曝晒于阳光下的食物，如熏鱼、烧鸭、烧鹅等，还有炸过鱼、虾的油会很快氧化并产生过氧脂质。其他如鱼干、腌肉及含油脂较多的食品，在空气中久置都会产生过氧脂质。这些食物，孩子不吃或少吃为好。

4. 过咸食物

人体对食盐的生理需要极低，成人每天摄入6克以下，儿童每天3克以下即可。习惯吃过咸食物的人，不仅会引起高血压、动脉硬化等症，还会损伤动脉血管，影响脑组织的血液供应，使脑细胞长期处于缺血、缺氧状态，从而导致智力迟钝、记忆力下降。

5. 奶油

我们常给孩子吃的生日蛋糕中就有大量的奶油。其实奶油就是一种脂肪块(现在的蛋糕大多是用的植物奶油，所谓植物奶油就是用植物油氢化而成的，也叫氢化油。有的食品中叫植脂末。里面含有大量的反式脂肪酸。国际上已经在儿童食品中禁用反式脂肪酸)。这种脂肪很容易滞留在人类的血管壁上，从而妨碍血液流动。在人的大脑中有为数众多的毛细血管，大脑就是通过这些毛细血管向大脑细胞输送营养成分的。如果奶油里面的脂肪块引起大脑毛细血管不畅通，大脑就会缺乏营养物质，其正常发育就会受到影响。

七、贪吃对孩子智力的影响

美国儿科专家在研究中发现，儿童期吃得太多会引起肚腹胀满、消化和吸收不良。若长期如此，还会使性格变得急躁易怒，对外界事物反应迟钝，注意力分散。人们经常说的“越吃越馋，越馋越憨”就是这个道理。

今天不少的家庭中，各类食品琳琅满目，而在街道以及学校附近的商店里，各种小吃一应俱全，这让有些孩子养成了贪吃的习惯。殊不知，孩子一味贪吃特别是贪吃甜食对大脑会产生严重的伤害。不但吃坏了身体，而且损害了智力，学习成绩一天不如一天。

为了探讨贪吃这种饮食习惯是否真正地影响儿童的智力，美国科学家曾经对纽约州的一万名普通小学生进行过调查研究，结论令他们大吃一惊：每当学校不准学生上学携带高糖食物、并禁止食堂出售这类食物的时候，学生的学习成绩竟然在几个月之内有了明显提高。

为了让孩子更加聪明健康，千万不能让他养成贪吃的习惯。那么，贪吃为什么会影响大脑的发育呢？

1. 贪吃会降低大脑的血流量

人们在吃过食物以后，身体的血液就会向消化器官流动，以便促进胃肠道的蠕动和胃液的分泌来消化吸收食物。所以如果人们一刻不停地贪吃，消化器官就需要血液源源不断地流向它们，以保证食物消化。于是身体只有“调动”其他部分的血液，包括大脑部分的血液，使之流到胃肠道来参加消化。这样，大脑就不能得到充分的血液供给。如经常处于缺血状态，大脑的发育就受到了严重影响。

2. 贪吃会造成“肥胖脑”

吃得过饱，尤其是进食过量高营养食品时，摄入的热量就会大大超过消耗的热量，使热能转变成脂肪在体内蓄积起来。若脑组织的脂肪过多，就会引起“肥胖脑”。研究证实，人的智力与大脑沟回皱褶多少有关，大脑的沟回越明显，皱褶越多，智力水平就越高。而肥胖脑使沟回紧紧靠在一起，皱褶消失，大脑皮层呈平滑样，所以，智力水平就会降低。

3. 贪吃促使大脑早衰

研究大脑的科学家发现，贪吃会使身体大量产生一种被称为纤维芽细胞生长因子的物质。这种物质不但能使大脑动脉硬化，而且能使大脑提前衰老。人们吃得过饱，身体内部的这种有害物质会在饭后增加几万倍，时间长了，人的大脑就会受它的影响而过早衰老。因此医学专家建议，儿童在保证充足营养的前提下，千万不可贪吃，特别是不要吃过量的高营养食品。所以，家长应教育孩子从小养成良好的饮食习惯，不暴食暴饮，为大脑发育创造有利条件。

4. 贪吃抑制大脑智力区域的生理功能

常言道，饭饱则神虚。这是很有道理的，因为大脑的活动是此消彼长地进行的。也就是说，大脑某些部位兴奋了，其相邻部位的一些区域就会处于抑制状态。兴奋的部分越加强，周围部位的抑制程度就越深，反之亦然。如果孩子进食过多，就会加重大脑控制消化和吸收等消化系统神经的负担，并使这部分神经长期处于兴奋状态，而使控制语言、记忆、思维等智力活动的神经处于抑制状态，儿童就很难对新事物、新知识产生兴趣。久而久之，不但会使儿童健忘，而且影响儿童的智力发育。

5. 贪吃会因便秘而伤害大脑

孩子的零食大多以高营养的精细食品为主，吃了容易发生便秘。便秘时，代谢产物久积于消化道，有害物质容易被肠道吸收，进入血液循环，进而刺激大脑，使脑神经细胞慢性中毒，影响脑的正常发育。

八、避免“多食症”，父母是关键

经常听到许多家长抱怨自己的孩子吃得太少，总想多塞给他一些好吃的。家长也许没有想到，儿童对食物的天生偏爱本来就难以满足，有了家长的诱导，久而久之就会患“儿童多食症”。

儿童多食症的诱因主要是心理因素，而这些心理因素大多是引导不当造成的。首先，由于过分爱孩子，父母经常过多地为孩子提供食物。而孩子在被动地吃的过程中，获得被疼爱的心理满足，由此可产生对食物的更大需求。其次，家长常以食物作为奖励品，时间一长，儿童每有进步，便会主动提出吃的要求。再次，许多父母对孩子吃东西有片面认识，认为只有多吃，才能身体好，因而软硬兼施，迫使孩子多吃东西，这样，就会使孩子形成“多吃——强壮”、“多吃——好汉”、“多吃——有奖”的错误认识，从而陷入恶性循环。所以说，避免“多食症”，父母是关键。

如发现孩子有多食行为，应制定一个明确的定时、定餐、定量表，并认真执行，尤其要严格控制零食。

九、食物需要酸碱搭配

医学研究发现，人体体液的酸碱度与智商水平有密切关系。在体液酸碱度允许的范围内，偏酸性者智商较低，偏碱性者则智商较高。

人体体液的酸碱度主要与平时的饮食习惯有关。当长期食用碱性食物时，人就会呈现碱性体质；当长期食用酸性食物时，人就会呈现酸性体质。酸性体质会影响到人的智商的高低，儿童尤甚。这种体质是人体大量摄入高脂肪、高蛋白、高热量食物的结果。因为这些食品经体内代谢后，会产生大量酸性物质。当酸性物质超过机体调节能力，或者机体调节酸碱平衡的能力受到影响时，就可能使体液呈现“酸性化”而形成酸性体质。“酸性体质者”经常会感到身体疲乏、记忆力衰退、注意力不集中、腰酸腿痛等，但到医院检查又查不出什么毛病。如不注意改善体质状态，任其继续发展会出现不同系统的疾病，而当人的体液 pH 值低于 7 时，就可能发生重大疾病。

如果人体倾向酸性，体内细胞的作用就会变弱，废物就不易排出，肾脏、肝脏的负担就会加大，新陈代谢缓慢，各器官的功能减弱，所以也就容易得病。然而对于孩子来说，最重要的问题是，酸性体质会影响儿童智力的发育，故应当引起家长们的重视。

健康人体的体液（主要为血液）呈微碱性（pH 值为 7.3～7.5），这样有利于机体对蛋白质等营养物质的吸收和利用，并使体内的血液循环和免疫系统保持良好状态，并保持人的精力充沛。

科学家以数十名儿童为研究对象，经测试发现，大脑皮层中的体液 pH 值大于 7.0 的孩子，比小于 7.0 的孩子的智商高出一倍。这是科学家第一次发现人的智力水平的“化学标记”。确实，体液偏酸性的孩子脾气暴躁，多动，学习精力不集中并易疲劳，且也容易患感冒、龋齿、牙周病。

人的体液的酸碱度主要由体内酸性无机盐和碱性无机盐的水平来决定，而无机盐水平的高低则取决于两方面的因素。

一是日常饮食中的食物构成。食物按其所含元素成分的多少可分为碱性食物、中性食物和酸性食物三大类。凡含钾、钙、镁、钠等元素较多的食物一般为碱性，多吃碱性食物，人的体液可呈碱性；凡含磷、氯、硫等元素较多的食物一般为酸性，多吃酸性食物，体液则呈酸性；有些食物如提炼得很纯的油脂、糖、淀粉等，基本不含有上述两大类元素，属中性食物，不影响体液酸碱度。

二是机体内部的自我调节机能。人体对食物有很强的适应性，如果碱性食物食用过多，机体会在新陈代谢过程中增加碱的排泄，以此保持体液酸碱度的相对稳定，反之亦然。然而，生活中，儿童所食用酸碱性食物不是均衡的，其机体调节酸碱度的机能又是因人而异的。因此，有的孩子的体液往往总是处于酸性状态，有的则处于碱性状态。

随着人们生活水平的提高，食物的选择越来越多样化，而大多数人又都是凭口感来选取食品，从而出现偏向精米、精白面、鱼、肉等情况。殊不知，当我们摄食了大量含氯、硫、氮、磷等的酸性食品后，体液便极难维持弱碱性的状态，而容易产生体液的“酸化”。长期如此饮食，就会严重影响智力和大脑功能的发育。

当人成为“酸性体质”时，大脑当然也是“酸性脑”。它能直接影响儿童的脑和神经功能，表现为爱哭闹、易烦躁、记忆力和思维能力减弱，严重时还可导致孤独症。所以，应该注意让孩子多食用碱性食品，以有助于提高他的智商水平和学习成绩。科学家认为，改善孩子的饮食结构，多吃碱性食品，是提高其学习成绩的一大措施。因此，父母有必要弄清楚，什么是碱性和酸性食品，各有哪些食物可供选择。

1. 碱性食品

碱性的要素成分是钙、钠、钾、镁，它们是人体运动和脑活动所必需的四种元素。凡食物中含钙、钠、钾、镁等金属元素总量较高，在体内经过代谢后，最终产生的灰质呈碱性时，这类食物就称为“碱性食物”。我们常食用的碱性食物主要有蔬菜类(冬瓜、番茄、南瓜、黄瓜、萝卜、菠菜、白菜、卷心菜、油菜、芹菜、莲藕、洋葱、茄子、马铃薯)、水果类(苹果、梨、香蕉、桃、草莓、梅子、李子、柿子、葡萄、柑橘、柚子、柠檬)、豆及豆制品(豆腐、豌豆、大豆、绿豆)、蘑菇、竹笋、栗子、茶叶、咖啡、葡萄酒等。特别是海藻类如海带、紫菜等，所含矿物质远远高于蔬菜水果。红薯是强碱性食物。

2. 酸性食物

凡食物中含有氯、硫、磷等非金属元素，且含量较高，在体内代谢后最终产生的灰质呈酸性，这类食物就称为“酸性食物”。常见的酸性食物有肉、鱼、禽、蛋类，谷类以及坚果中的花生、榛子、核桃等。具体而言，如猪肉、牛肉、鸡肉、蛋黄、鲤鱼、鳗鱼、干鱿鱼、虾、大米、面粉、面包、大麦、啤酒、芦笋等。许多人喜欢辣椒等刺激性强的食物，其中大多数也属于酸性食品，它会使血清等体液酸性化，所以让人极易感冒、皮肤脆弱、容易感染等。

为了不使人体发生“酸性化”，是否就不吃酸性食物呢？答案并非如此，只要在平时饮食中，重视主、副食合理搭配，注意酸性与碱性食品的平衡，适当控制酸性食品的比例就可以了。日常饮食应多吃蔬菜、水果，增加其比例。另外，蛋白质还具有“酸碱两性”的特点，只要合理配比，是可以防止人体“酸性化”发生的。

从现在人们的饮食结构和习惯来看，碱性食物的摄入量相对减少，而肉、鱼、禽、蛋等动物性食物的摄入量趋于增多，这是导致有些孩子形成酸性体质的一个重要原因。因此，可以让孩子多吃些碱性食物。但孩子的身体尚处于生长发育期，需要均衡营养，而一些必需营养素却较多地存在于酸性食物中，故二者不可偏废，关键是要做到酸碱性食物的均衡摄入，以免从一个极端走向另一个极端。

第三章 比知识更重要的是能力

◎ 怎样培养孩子的独立思考能力

◎ 怎样提高孩子的判断能力

◎ 怎样培养孩子明辨是非的能力

◎ 怎样培养孩子的语言表达能力

◎ 怎样培养孩子的动手能力

◎ 怎样培养孩子的自我管理能力

◎ 怎样培养孩子的自制能力

◎ 怎样培养孩子独立自主的能力

◎ 怎样培养孩子独立生活的能力

◎ 怎样培养孩子自立自强的能力

◎ 怎样培养孩子的自我保护能力

◎ 怎样培养孩子的理财能力

◎ 怎样培养孩子的交往能力

怎样培养孩子的独立思考能力

要把孩子培养成为具有独立人格的人，必须让他学会独立思考。家长在培养孩子多方面能力的同时，更要注意培养他的独立思考能力。一个成功人士，也许有多方面的建树，但最引人注目的应该是他那极具个性的思想，以及独立思考与判断的能力。爱因斯坦说：“发展独立思考和独立判断的能力，应当始终放在首位，而不应当把获得专业知识放在首位。”

鼓励孩子独立思考，最简单的就是倾听孩子叙述自己的想法。尽管孩子的想法常常是天真、幼稚甚至是可笑的，但父母一定要抓住他谈话中有趣的、有道理的论点，鼓励他深入“阐述”，使他尝到思考的乐趣，增强自我探索的信心。

在我国家庭教育中，父母培养孩子独立性的意识严重不足，表现在对孩子的事包办太多，以致孩子没有独立性，这对孩子的发展极为不利。不能独立思考，总是人云亦云，缺乏主见的人，是不可能做出正确决策的。

父母要从小培养孩子独立思考的能力，教育孩子自己的事情自己做，遇到困难要自己想办法去解决，思考问题要有独创性和积极主动性。这样，不仅可以为他今后的成功打好基础，也有利于当前的学习。

思考是在生活中自然而然产生的一种行为，父母只需做一些简单的引导，即可培养孩子独立思考的能力。

一、尊重孩子的创造力

创造力是智力最高级、最有价值的表现，是能力和品质的总和。

它是一个人提出新问题、解决新问题的能力。如果只是一味地追求高学分，孩子只会死读书、读死书，而没有自己的见解，就不会有创造能力。父母可以为孩子购买、订阅一些科普方面的书籍、报刊，培养孩子对新知识、新问题的兴趣。在平时，还可以引导孩子思考问题时开阔思路、独辟蹊径。

二、不要代替孩子思考

当孩子提出问题时，不要直接给出答案，可以引导他自己想答案。当孩子犯了错误时，不要一味地指责训斥，而是让他自己想一想究竟为什么犯错，如何加以弥补，从中吸取怎样的教训。

三、多问孩子为什么

孩子看到某一现象时，父母可以针对提出的问题，引导孩子透过表象思考本质，孩子得出结论时，可以反问一些问题，引导孩子把结论扩大，养成全面思考的习惯。总之，能提出问题引发思考的时候都要不失时机地提问。如果孩子不能立刻回答出来，可以引导、启发他，或鼓励他去探索。

四、给孩子独处的空间

父母不能因为孩子小、需要大人照顾就把他看成是成人的附属品。孩子也是一个完整、独立的个体，应该允许他有自己的世界，有自己的空间。如果有条件，就应该让孩子有一个属于自己的房间，这既方便他生活、学习，又能培养独立生活的能力，还能培养独立思考能力。如果没有条件，也应该给孩子留出独处的空间和时间，比如在孩子读书学习的时候，房间中只留他一个人，以便孩子安静学习，独立思考。

五、给孩子创造独立思考的机会

父母应该有意识地创造机会，从小培养孩子独立生活和独立思考的能力。例如，孩子喜欢画画，父母就要为孩子创造绘画的条件，可以买些铅笔、蜡笔等，用废纸订成小本，让他们尽情地画。当然，如果能在画的过程中进行指导，那是最理想的。

六、创造民主的家庭环境

要鼓励孩子独立思考，勇于表达自己的看法，哪怕是错误的也要让孩子说完，然后父母再适时而又恰当地给予指导。在父母专制气氛下成长的孩子，往往思维呆板，不敢畅所欲言，习惯于看父母的眼色行事，容易受父母的暗示而改变主意，或者动摇于各种见解之间，抑或盲从附和，随大流，最终影响独立思维能力的发展。

只有一个充满爱与温暖的家庭才能让孩子心灵自由，展开丰富想象；只有一个民主、宽松的环境才能让孩子大胆提问，自由思考。父母不能压抑孩子，应该为孩子提供宽松的环境，激发孩子的创造性和思考欲望。不要让孩子感到压抑。如果过于压抑孩子，只会造成孩子懦弱、服从、唯命是从的性格。

七、鼓励孩子独自做事

孩子独自做事时，才会独立思考、解决问题。孩子只要不是做危险或错误的事，家长都不应过多地限制。如果孩子失败了，家长应该帮助他找出失败的原因，鼓励孩子克服困难、继续努力。这更培养了孩子独立思考的能力。

八、保护孩子的好奇心

独立思考能力强的孩子，往往具有较强的好奇心。家长应该保护孩子的好奇心。千万不要因为孩子提的问题过于荒诞而加以嘲笑或批评，以免伤害孩子的自尊心。孩子出于好奇拆坏了玩具、钟表，家长不应惩罚和打骂，而应该引导孩子弄清楚这些器具的机械原理，想方设法创造条件满足孩子的好奇心。父母可以为孩子买一些小工具、小零件，让孩子搞一些小发明、小制作，这样孩子不仅学到了新知识，也学到了如何获得知识的方法。

九、引导孩子学会质疑

父母要引导孩子学会质疑别人的观点，引领孩子从不同的角度出发思考问题。告诉孩子，不要认为那些“真理”是不证自明的，只有当自己确信在逻辑的后面还有事实来支持它们之后，再做出判断。如果别人要让你相信什么和你的实际经验相抵触的东西，不要被他们吓倒。

怎样提高孩子的判断能力

判断，对任何人来说都非常重要。准确的判断，有利于掌握事物的发展趋势，并做出正确决策。当对自己的生活、工作、学习等各方面的事情都有了准确的判断后，就能透过一切扑朔迷离的现象，清晰地看到事物的本质，并能做到明察秋毫、决胜千里。因此，在培养孩子能力的过程中，应注重对孩子判断能力的培养。

虽然判断能力很少作为孩子早期智力开发的专项被提出来，但事实上，判断力与记忆力、想象力一样，都是需要早期培养的。有人甚至认为，判断能力是孩子后天智力培养中可操作性最强的一种。

拥有正确判断能力的孩子，能够比较容易洞察事物的本质，不论是在人际交往中还是在日常生活中，孩子都能避免犯一些低级错误。否则，他们在实现目标和与人交往的过程中，就容易出现挫折和失误。

由于判断能力与一个人的知识等因素有密切关系，因此在家长培养孩子正确判断能力的过程中，孩子的知识会不断丰富，孩子的为人处世的经验会丰富起来，孩子的胆量能得到很好的锻炼，孩子的思维敏捷性能得到更好的培养。这些素质的提升对孩子将来立足于竞争激烈的社会，有着无可替代的作用。相反，没有正确判断力的孩子，他们的知识量、胆量等素质可能相对较差。

因此，从长远来看，培养孩子的判断能力可以使孩子更有可能成功。

一、引导孩子作出判断

生活中，有的孩子比较内向或者自卑，他们不敢轻易发表意见，不敢说出自己的判断，即使他的判断是正确的。

因此，家长有必要通过正确的引导，让孩子积极去判断。如果孩子不喜欢向父母表达他的想法，父母就应该有意识地加以引导。很多事情可以让孩子参与进来，和家人一起讨论。孩子在与人交流和探讨中，能更好地提高自己的认识和判断能力。

二、尊重孩子的意愿和决定

要培养孩子的判断能力，首先要给孩子锻炼判断能力的机会，而当孩子说出意愿和决定的时候，父母要尊重孩子。

很多时候，孩子会因为父母的专制而打消积极选择的念头，因此，他的判断能力也得不到锻炼。有的家长出于实用或经济的目的给孩子买东西，但是孩子可能根本不喜欢。这就是为什么很多孩子明明有这种东西，他还要央求父母再买新的。因为父母给他买的东西没有融入自己的判断和选择，他并不喜欢。

很多时候，不是家长不给孩子选择和决定的权力，而是当孩子做出的选择和决定不符合家长的意思时，被家长强硬地否定了。这样的事情会让孩子明白，自己最好别进行什么判断、做什么决定，因为一切最终还是家长说了算。

尊重孩子的意愿和决定，既能体现父母对孩子的尊重，也能让孩子通过做决定来锻炼自己的判断力，即使孩子的判断有失偏颇，父母也不应该强硬制止，而应该让孩子去体验因为错误判断而做出的决定的后果。

三、让孩子体验自己选择的后果

当家长把一些决定权给了孩子，不论孩子做出怎样的决定，父母都应该让孩子去体验后果。即使家长明知孩子做出的决定是愚蠢的，也应该让孩子去体验，这就意味着家长允许孩子犯错误。也正是因为不断犯错，孩子才会不断成熟，这对培养孩子的判断能力很有帮助。

只有当家长允许孩子犯错误、体验自己决定的不良后果时，家长才能帮助孩子发展判断能力。

家长经常担心孩子的不正确决定会让孩子对自己失去信心，变得自卑。其实，事实正好相反，当孩子认识到自己的决定会对自己的生活产生影响时(无论影响好坏)，他体验到了自己的能量和自己的重要性，从而变得更为自信，因为他自己改变着自己的生活。随着不断的练习，他会变得越来越有能力，也越来越自信。

四、鼓励孩子思考“是什么、为什么、怎么样”

判断包括分析过程和决定过程，分析是决定的前提，正确分析问题是成功做出决定的基础。在分析一件事情时，“是什么”、“为什么”、“怎么样”三个问题构成了分析的基本框架。孩子在进行判断的时候，缺乏分析的能力，不清楚应该从哪些方向考虑。这时，家长应该用这三个问题去鼓励孩子思考，以便做出正确的决定。

告诉孩子是什么，为什么以及怎么样，让孩子把问题理解得更透，这有利于孩子进一步做出思考。这在培养孩子的判断力上明显更深入了一步，它不但让孩子懂得作决定，而且在他的预想遇到困难时，还能促使孩子找出解决问题的办法。相信这才是孩子的判断力在实践中最好的运用。

培养孩子正确的判断能力需要一个漫长的过程。孩子的判断能力提高，将来才能更好地掌控自己的人生方向。

怎样培养孩子明辨是非的能力

所谓明辨是非的能力，是指以自己掌握的道德知识，对自己或他人的道德行为进行判断评价的能力。辨别是非的过程也就是进行道德判断的过程。

小孩子没有能力分辨是非，父母要对孩子灌输是非观念，孩子才会慢慢具备判断是非的能力。

作为父母，在教育孩子时，不要只注重理论的、宏观的指导，更应该注重具体的、微观的指导，告诉孩子具体的方法，让孩子在做的过程中去领会其中的道理。

在外国家庭中，孩子无论犯了大错小错，都要受到惩罚（惩罚不是体罚），比如不让看电视，或几天不许到外面和小朋友做游戏等，让孩子在他的行为所产生的后果中来体验对与错。孩子就从这各式各样的体验中，明白了该做什么、不该做什么；做什么是对的，做什么是错的，从而一步步明白做人的道理。

因此，从小教育引导孩子树立正确的美丑观念、培养孩子明辨是非的能力，对孩子的一生是十分重要的。

那么，父母应该怎样培养孩子明辨是非的能力呢？

一、教育孩子正确把握是非界限

父母应引导孩子确立正确的道德标准，使他们能正确分辨是和非。父母应积极丰富孩子的道德知识，提高孩子的道德水平。可多给孩子讲解中华民族的传统美德，讲述古今中外名人从小养成良好道德的故事，让孩子在潜移默化中树立美丑观念、掌握正确的是非标准。

二、以身作则，言传身教

家庭是培养孩子崇高道德行为的摇篮。孩子常常以父母的行为为依据来衡量自己的行为或进行机械地模仿。所以，父母应严格要求自己，给孩子树立良好的道德榜样。

三、正面教育，因势利导

当孩子的道德知识还不丰富时，会犯这样那样的错误。对此，父母不应急躁，而应坚持正面教育，因势利导，发挥孩子的主观能动性，使他逐步增强明辨是非的能力。

四、让孩子自己承担犯错的责任

对于已经能够分辨是非的孩子，如果做了错事，应该由孩子自己负责。这样，长大了在社会上才会勇于为自己的行为负责。

例如，一位女士带她四岁的女孩到朋友家做客。那女孩在喝茶的时候，不小心把杯子打破了。这时，她母亲很快地用手帕擦去泼在茶几上的茶水，然后对女儿说："你去向阿姨（女主人）借一个盘子，把杯子碎片捡起来，然后向阿姨道歉！"

如果这位女士代孩子收拾，代孩子向主人道歉，孩子就没有机会接受教训。

怎样培养孩子的语言表达能力

"语言是思维的工具"，语言的水平往往标志着思维的水平。孩子的语言发展水平往往是鉴别孩子智力水平的一个重要标志。学龄前是发展口语的最佳时期，这时期要让孩子养成良好的语言习惯。良好的语言习惯是发展智力、表达能力、理解能力的前提。

孩子的语言表达能力，不仅是智力发展水平的一个重要指标，同时也是促进孩子智力发展的一个重要因素。要促进孩子的思维能力，必要条件是能够与孩子进行充分的语言沟通，其他如孩子的想象、记忆、观察等能力的提高都与语言表达能力有密切的关系。孩子言语表达得流畅、敏捷、精确，会对孩子大脑发育以及思维能力的发展起到很好的促进作用。因此，孩子语言表达能力的培养应该引起家长的重视。

性格内向的孩子往往存在说话害羞的现象：有的平时不爱说话，一说话就脸红、害羞；有的虽然爱说话，但当众不敢讲，怕羞。因此，有针对性地锻炼性格内向的孩子大胆说话，鼓励孩子敢于表达自己的思想、情感，对提高其语言表达能力，是至关重要的。

一、为孩子创造一个良好的学习语言的环境

家长应为孩子创造一个宽松、活泼、欢快的学习语言的环境。

婴幼儿时期，孩子与父母主要通过肢体语言来交流，孩子通过观察父母的表情、动作等来获取需要的信息，父母则通过抚摸、表情等非语言方式来表达对孩子的爱和关心。这种非语言形式的交流大大激发了孩子学习语言的欲望，加快了孩子语言发展的速度。

随着孩子年龄的增长，交往的增多，语言表达能力得以逐步发展起来。这一时期孩子的模仿能力随之增强，这就要求家长要做好孩子的楷模。父母力求做到发音正确，吐字清晰，生动有趣，浅显易懂，并且说话时面带笑容，柔和亲切，这样才能激发孩子学习语言的积极性，才能让孩子体会到语言表达的快乐。

二、在现实生活中培养孩子的语言表达能力

丰富多彩的生活是幼儿学习语言的源泉。实践表明，很少接触

外界事物以及很少与人交往的幼儿，往往性格压抑、表达能力差，见到生人就害羞。因此，家长应多带孩子走出家门，逛商店，游公园，参加一些有益的社交活动，让孩子在多种场合中学会观察，尝试体验，丰富和充实其经验，增强幼儿学习和表达的欲望。

家庭生活是培养孩子语言表达能力的重要元素。父母在做事时，尽量在孩子面前多说话，用语言来诠释自己的动作、表情，调动孩子参与对话的积极性，通过对话使孩子语言表达能力在无意识中得到培养。比如，可以问孩子："妈妈今天穿的衣服是什么颜色?"、"苹果是什么形状?"、"爸爸干什么去了?"等等。通过语言交流，久而久之，孩子的语言表达能力就能得到提高。

三、父母要经常与孩子对话

所谓对话，主要是培养孩子的说话能力。父母若要与孩子对话，首先要学会倾听。倾听孩子说话是一种认同孩子的表现，会让孩子感受到自我表现的感觉而信心倍增。

一般来说，爱说话的孩子因为好问而在思想上比较深刻，也比较自信、有个性。孩子说话的原因主要有以下3个：有问题发生，需要大人的帮忙；想把自己"所见，所闻"的感受用语言表达出来；希望与父母(亲人)交流联系。

在与孩子对话时，父母的倾听能够达到的效果有：

① 贴近孩子，近距离地听孩子说话，对孩子来说会提高学习能力。

② 孩子乐意把自己的想法表达出来。

③ 孩子的自信心增强。

④ 孩子的表达变得清晰明朗。

⑤ 因为自己的感受、说话获得重视，孩子变得更有耐性，而且更有安全感。

⑥ 烦恼能尽快消除。

⑦ 很早就能说出比较长的句子，并能灵活运用不同的生词，对孩子将来的写作和语言表达能力的提高都有帮助。

四、引导孩子和父母说话是一种艺术

和孩子说话是一种艺术，需要独特的方法和技巧。请看下面两个例子：

例一，孩子从幼儿园回来了。妈妈："你回来了？"儿子："我回来了。"妈妈："今天在幼儿园都做了些什么？"儿子："没做什么。"妈妈："吃什么点心？"儿子："忘记了。"

例二，孩子从幼儿园回来了。妈妈："嗯！宝贝，让妈妈看看！（专注地看了孩子一会儿）今天一定玩得很快乐。"儿子："对呀！我和李杰两个人一起玩搭积木，我们搭了一座动物园，然后，把许多玩具关进去当动物，很好玩哦……"妈妈："哇！听起来真的很好玩，可惜我没有玩到。"儿子："没关系！下次我教你玩。"

上述两个例子，妈妈的动机是相同的：想了解孩子今天过得好不好、做了些什么事，但是结果却相去甚远。造成这种差异的原因，不全是因为问话技巧的不同，其中也包括长久累积下来的沟通模式、亲子（即双亲与孩子）关系的亲密度、孩子说话的意愿以及在幼儿园的感受等因素。然而，不可否认，问话的技巧也起到了重要的作用。

通常来说，与孩子对话应注意以下几点：

1. 拥有童心

家长把自己也变成孩子，走进他的世界，和他打成一片。因此，与孩子对话，父母要拥有一颗童趣之心。

2. 关心孩子，了解孩子

要了解孩子，就要多与孩子接触，从孩子的语言及行为中了解他的想法、喜好和需要。

3. 体会孩子的感受

当孩子在外面受了委屈或遇到不顺心的事情时，他可能会难过好半天。假如此时孩子向家长哭诉，家长却只是一味地告诉他“没关系，坚强一点”、“这没什么好难过的”、“你真没用，还敢哭”……就会让孩子觉得父母一点都不体贴他、关心他；若家长能以同情和理解的态度对待孩子，适时安抚他，一定会有截然不同的效果。

4. 注意说话语气

与孩子对话，应避免用“我命令你……”“我警告你……”“你最好赶快……”等带有指挥、命令、警告、威胁、责备、谩骂、拒绝等负面含义的语气说话。

5. 经常变换新鲜的话题

变换新鲜的话题可以引起孩子的兴趣。例如：“你猜猜看今天我碰到谁?”“你知不知道为什么小孩子最喜欢恐龙?”“如果有一天，太空人真的来到地球……”等话题，相信会比“今天过得好不好?”“快乐不快乐?”更能吸引孩子。

五、把握住孩子语言发展的关键期

学龄前，随着年龄增大，生活范围的逐步扩大，孩子好奇、好问、好模仿，样样都想尝试，对周围事物的兴致特别高，学说话最快，是获得词汇的高潮时期。如果在这个年龄阶段，孩子口语发展遇到障碍，以后再进行弥补就会出现困难。贻误了孩子口语发展的关键时期，即使以后再教育、再学习也是非常困难的，甚至完全不可逆转。因此，父母应当特别重视这一点，在孩子口语发展的关键期，创造有利条件，促进孩子语言能力的发展。

孩子是首先通过模仿学习口头语而逐渐掌握词汇的，因此，父母应该提供更多可供他仿效的榜样。父母平时说话时应该做到发音正确，用词恰当，语句符合语法规则，声调自然而适中，态度大方。这样对孩子的口语会有潜移默化的影响。

父母平时还应常做口语表达的示范，有意引导孩子进行模仿。由浅入深地教孩子一些简单用语。孩子不会说，父母可先说几遍给他听，再让他跟着模仿。以后逐渐教孩子一些比较复杂的用语。并多给孩子讲故事，孩子听得多了，词汇不断丰富，口语水平就会提高。

进幼儿园以后，可以教孩子朗诵一些语言简练、生动、优美的儿童文学作品，如诗歌、儿歌，使其多吸收规范化的语言。

为丰富儿童生活，扩大眼界，还应走出家门，引导孩子多接触大自然、社会，多进行观察，以丰富语言的内容，使其说起话来“言之有物”。在观察中，父母要用语言进行指导，如告诉事物的名称、外形特点、用途等，有意识教孩子一些词汇，并提一些启发性问题，如果孩子说对了，就予以鼓励，孩子说得不完全时，可补齐缺漏，使之完整。这样不仅可以提高孩子的观察力，还可以培养其表达的能力。

学习语言不能全是枯燥的模仿，单纯用“父母说、孩子学”的单调模式不容易奏效，会遭到孩子的抵触。有一些语言，特别是较难理解或较难发音的词语，孩子一时半会儿是讲不出来的，如果硬逼着“鹦鹉学舌”，只会使孩子感到紧张和痛苦，失去对学语言的兴趣。因此，先要发现孩子对什么最感兴趣，包括食物，如冰淇淋、糖果或饮料等。孩子按照要求做了某件事或完成了某项任务，就可以用这些东西奖励，但更多的是要用语言、用父母开心的表情、用拥抱或亲吻的动作来对孩子表示鼓励。还要注意的是，父母要根据孩子早期教育的年龄特点，安排游戏时间的长短，不断变换游戏内容，以此来吸引孩子的注意。

如果要教孩子学习新的词语，要学会控制孩子学习的情境，使孩子能够配合，注意力集中并感兴趣。孩子在学习时分心的情况很常见，关键是如何把握，切忌硬逼或训斥。比如，当孩子在学习中不合作或表现不好时，父母可以不予理睬，最好的办法是什么也不说，自己只管继续游戏；如果孩子乱扔玩具，父母可以取走孩子手中的玩具，离开房间几分钟后再继续；如果孩子仍然调皮任性，父母就收拾好全部玩具，结束游戏。这样，孩子会很快懂得自己做错了，不等玩具收拾好，就能回到父母身边再安静下来。

应当安排孩子在最佳的学习时机进行语言教学。所谓最佳的学习时机，是孩子精力最充沛、注意力较集中的时候，效果会好一些，孩子学的东西会多一些。如果在孩子疲乏困倦的时候教语言，往往会事倍功半。

最后，父母还应该了解孩子身上的一些语言障碍，并及时实施有效的纠正手段。

孩子开始学习说话时，多数会有轻微的口吃现象，或者拉长第一个音，或一句话喜欢反复地说。这是正常的现象，父母不要过分紧张，不要迫不及待地进行纠正。这样可能令孩子对说话产生恐惧感，也会使其自信心受到打击。

怎样培养孩子的动手能力

要开发孩子的智力，最简单高效的方法就是培养孩子的动手能力。特别是幼儿时期，孩子的大脑发育很快，双手动作灵活，这时多动手更能促进脑部机能的发展，使大脑变得更加聪明。培养孩子从小动手操作的好习惯是非常重要的。实践也证明，许多成功人士所取得的成果，也都是通过无数次动手操作才取得成功的。

手是人重要的感觉器官，让孩子多动手是促进其智力发展的重要途径。通过手的活动，可以获取更多的外部信息，这些信息能促使大脑积极活动，促进孩子的大脑发育。

然而，很多父母担心孩子小而不会做事，怕他出事，或怕孩子损坏东西，许多事不让孩子自己动手去做，而是包办代替，让孩子失去了一次次动手的机会。

其实，孩子自幼起就有自己动手的愿望。因此，父母要从小就培养孩子的动手能力。那么，具体应该怎么做呢？

一、大胆放手让孩子锻炼

培养孩子的动手能力,父母的态度很重要。父母不要对孩子百般呵护、束缚太多,而要放手让孩子主动活动、锻炼成长。孩子在动手制作东西或玩操作性游戏时,常常会摆出"小大人"的样子,说"我自己来,我会!"、"妈妈放手,我能!"等。在这种情况下,父母应该放手,让孩子自己做。

正确的做法是不要限制孩子,而是要对他提出要求。如孩子玩剪纸时,要求他玩过以后,把纸屑清扫干净;玩拼插玩具时,要求他玩过后将玩具材料装好,放回原处并放整齐……这样,不仅满足了孩子动手的需要,还培养了孩子热爱整洁的良好习惯。

二、用兴趣引导孩子勤动手

孩子对身边的一切新鲜事物都有很强的好奇心,这是由人的本性所决定的。孩子会认为帮助父母做事是一件很光荣的事,所以很乐于动手干事。父母应趁此机会让孩子勤动手,并引导其养成一种习惯。

在生活中,父母可以用一些废弃物品与孩子共同动手制作工艺品,比如用蛋壳制作人头像或用泡沫雕刻一些形状简单的东西。这样,一方面能让孩子从小认识到双手的魅力,并让其懂得有很多废弃物是可以变废为宝的;另一方面,更重要的是,"成就感"可以进一步增强孩子动手的兴趣。

平时,父母可以多买一些有关手工制作的图片或书籍,让孩子通过学习展开制作的想象力,并逐步培养自己动手制作的兴趣。

三、为孩子创造动手的条件

孩子是在一定的环境中成长的,要培养孩子的动手能力,就要为孩子创设能促使他动手的环境和条件。例如,让孩子自己扣纽扣,培养孩子动手的能力。父母还可以给玩具娃娃做两件衣服，钉上扣子，让孩子在游戏时给娃娃穿、脱衣服，供他玩操作性游戏。

让孩子参加一些力所能及的家务劳动，对培养孩子的动手能力也很有好处。比如，妈妈在择菜时，可以让孩子参与，并比一比看谁择得又快、又多、又好。当孩子发现大人能做的事自己也能做、并从中发现了自身能力和潜力时，就会对自己充满信心。

生活中，不要让孩子失去动手的机会。有时，父母可能会因为孩子动作太慢、太笨而代替孩子做事。这样容易使孩子养成依赖心理，产生很大的惰性；也不要强迫孩子做其不愿意做的事或其力所不能及的事，否则会挫伤孩子的信心与勇气。

四、鼓励和支持孩子动手

父母要支持孩子做力所能及的事，鼓励他做有一定难度的事。孩子常常要干那些他不会干或干不了的事，例如，看妈妈拖地板，他也要拖。其实，这也是孩子的一种心理特点。因为，不会干和干不了的事对他说来，是很新奇并有较大吸引力的。遇到孩子执意要干他干不了的事时，父母不要训斥，而应帮助孩子，和他一道去做，干完事后最好称赞一下孩子。

称赞是鼓励孩子、增强孩子信心再合适不过的一种激励方式。

五、手脑结合开发孩子的智力

孩子动手干事能对大脑发育产生良好的刺激。3 岁前父母应该教孩子握笔、写字、做手工、拿筷子等；孩子动手的同时就将新的刺激源源不断地输入大脑，脑的使用度愈频繁，其成熟度就会愈高。

脑越用越灵，手越用越巧。父母可以安排孩子做一些必要的家务活，如起床后自己叠被、扫地、擦桌子；饭后洗碗、刷锅、购买小件物品等，使孩子养成手脑并用的好习惯。

怎样培养孩子的自我管理能力

自我管理能力是个人对自身的心理和行为的主动掌控，是一个人自觉地选择目标，在没有外界监视的情况下，适当地控制自己、调节自己的行为方式；是抑制冲动，抵制诱惑，延迟满足，坚持不懈地实现目标的一种综合能力。它不但表现在认知方面、情感方面，还表现在行为方面。例如，管理自己的不良情绪、抵制错误思想的误导、驾驭自己的情感等。

自我管理能力是一种可贵的素质、品质。一个懂得自我管理的人，在遇到挫折时不会垂头丧气，在取得成功时不会趾高气扬，在情绪冲动时不会横冲直撞。

良好的自我管理能力是形成良好习惯的前提。让孩子学会自我管理，孩子才能持之以恒地保持好的行为、剔除坏的行为，从而形成好的习惯。如果孩子学会管理自己的学习，他就能做到专心对待学习、学会休息，继而养成良好的学习习惯。如果孩子学会管理自己的生活，他就能学会整理自己的房间、学会做饭，继而养成良好的生活习惯。

对于孩子来说，自我管理能力来自于目标和意志力。很多孩子之所以自我管理能力差，就是因为没有明确的目标。例如，如果孩子心里没有“把房间整理干净”这一目标，他就很可能不注意生活的细节、把房间搞得乱七八糟，最后养成不良的生活习惯。因此，家长应该用目标引导孩子，并结合孩子的兴趣，促进孩子提高自我管理能力。这是一个循序渐进的过程，父母应该在生活中多给孩子引导和教育，让孩子学会管理自己。

一、学会管理自己的生活

如今，多数家庭只有一个孩子，父母对其关怀备至、呵护有加，根本不让孩子动手做事情，以致孩子缺乏管理自己生活的意识，导致孩子长大后，自理能力很差。培养孩子的自我管理能力，首先要从培养孩子管理自己生活的能力入手。

在孩子4～6岁的时候，父母可以让孩子帮忙分发碗筷，叠衣服，叠被子，收拾自己的玩具和图书；在孩子7～8岁的时候，父母可以让孩子洗自己的衣服，帮助妈妈做菜做饭，整理自己的房间，打扫家里的卫生；作业做完后让孩子收拾书包等。久而久之，孩子就能学会自我约束，养成良好的自我管理的习惯。

二、学会管理自己的学习

同样是学习，为什么有的孩子能学得很好，有的孩子学得很累、效果还不好呢？这就是由于孩子管理学习的能力不同所导致的结果。

许多父母都抱怨：孩子的注意力不集中，兴趣经常改变；孩子学习不专心，做作业马虎，不爱检查作业等。其实这与家长缺乏对孩子的教育和引导有关。有的家长喜欢帮孩子检查作业，帮孩子削铅笔，陪孩子学习，这些都不利于培养孩子管理学习的能力。家长应该做的是，帮助孩子找出其精力充沛、学习效率高的时间段，并用好这段时间。这样，孩子的学习才能取得事半功倍的效果。

三、学会管理与控制自己的行为

如果一个孩子没有自我管理和自我控制能力，在诱惑面前就会失去抵抗力。例如，一个孩子的成绩本来很好，但是抵制不了网络游戏的诱惑，无法理智地控制自己的行为，结果整天泡在网吧里，学习成绩明显下降。

如果一个孩子不能控制自己的行为，父母就应该帮助孩子建立“可”与“否”的观念，让孩子明白什么可以做、什么不可以做。生活中，父母可以给孩子制定一些行为规范，以此规范孩子的行为。例如，在外边玩晚上不能太晚回家；未经父母同意不能在外留宿；下棋、玩游戏要按规则决定胜负；说错话或做错事时要道歉；看电视时不要打扰别人；心情不好时不能对他人发脾气等。

当然，在制定规则的时候，父母要跟孩子讲明为什么要这样。比如，要给孩子讲明白未经父母同意而在外留宿会让家人担心的道理，使孩子明白父母的要求是基于对他的关心，以利孩子自我约束意识的形成和自我管理能力的提高。

四、教孩子学会保护自己

如今的社会有太多不健康的风气，一些网站、报刊、影视、录像、图书中都有不健康的内容，这些对年幼无知的孩子来说是一种诱惑和污染，会腐蚀孩子纯洁的心灵。因此，父母有必要告诉孩子什么内容是健康的，什么内容是有毒的，以提高孩子的鉴别能力，防止孩子被不健康的东西伤害。

社会上还有一些不法分子，喜欢骗小孩的钱，甚至诱惑孩子走歪门邪道，这些现象都需要父母帮助孩子分析，告诉孩子如何保护自己。生活中，难免会遇到突发事件或灾难，对此，父母也要从小教育孩子增强安全、防范意识。比如，发生火灾怎么办，迷路了怎么办等。这些都是培养孩子自我管理能力不可缺少的，父母应该予以重视。

怎样培养孩子的自制能力

自制能力指能够控制自己、支配自己的行动，并自觉地调节自己行为的能力。它表现为既善于促使自己去完成应当完成的任务，又善于控制自己的不良行为。自制能力能够保证人的活动经常处于良性运行的轨道上，从而可以积极、持久、稳定、有序地实现一个又一个目标。孩子的自制能力主要是靠后天的教育培养起来的。

无自制能力的人不知道如何控制自己的情绪和行为，就像无舵之船，难以掌握自己的人生方向。有自制能力的人有很强的独立性，有自己的主见，不容易受到环境和他人的左右。

一个人要想有所成就，就需要具备较强的自制能力。自制能力的形成并不是孩子自己的事，需要父母从小对孩子进行正确地教育和引导。

许多父母常为孩子没有自制能力而烦恼。确实，孩子的自制能力差不但会影响到他的生活、学习，而且还会影响到其今后的发展。

现在的独生子女缺乏自制能力是一种普遍的现象。父母总以为自制能力可以由孩子的主观意识来控制，孩子之所以在关键时刻没能管住自己，完全是他不想继续做下去的原因造成的。其实，这冤枉了很多孩子。孩子自制能力差有许多原因，如外部世界诱惑太多，或早年未形成有始有终的良好习惯，缺乏人生理想和奋斗精神等。

其实，孩子自制能力差，父母有不可推卸的责任。有的父母看到孩子辛苦一点儿就受不了，总是嘘寒问暖，导致孩子不能专心地做一件事；有的父母忙于工作，无暇顾及孩子，难得和孩子在一起玩耍和说话；长期的紧张气氛，使孩子不能心平气和地去做事，总是追赶着应付新变化。

孩子自制能力差是多种因素长时间累积的结果，最初的表现是无理取闹。孩子无理取闹的原因主要是父母不当的教育方式造成的。孩子几乎生下来就会察言观色，父母最初的无条件妥协是造成孩子无理取闹的起始原因；加上长辈的溺爱和袒护，更助长了孩子无理取闹的气焰。

无理取闹的坏习惯一旦养成，孩子就很难控制自己的行为和愿望,往往想做什么就做什么,出现种种“越轨”行为。这会严重影响孩子今后的成长和发展。培养孩子的自制能力,首先要纠正无理取闹的坏习惯,要从小开始。

一、适当地拒绝孩子

父母必须让孩子知道,父母既是友善随和的,同时又有权制止他的无理取闹行为。父母如果一贯纵容孩子,孩子将不会有满足感;适当地拒绝孩子,会使孩子学会与人相处时,要讲道理,不能为所欲为。被宠坏了的孩子,即使在自己家里也不会感到幸福,一旦他进入社会,更会与社会格格不入,他会发现没有人愿意与自己相处,因为没人会喜欢一个无理取闹、自私自利的人。父母若坚持一贯要求,孩子就能逐渐学会控制自己、约束自己。

二、帮助孩子正确评价自己

父母在纠正孩子无理取闹的坏习惯时,一定要坚持说理,既要告诉孩子“不能这样做”、“要那样做”,又要让他知道“为什么不能这样做,而要那样做”,为孩子建立一套行之有效、持之以恒的行为准则,孩子将其作为评价、判断自己行为的依据,以此来约束自己的行为。只有让孩子了解了行为准则的意义,他才会心悦诚服地遵守和执行,并自觉地去控制自己不符合规范的行为。而父母简单的训斥与体罚往往是不能起到真正教育孩子的作用的。

三、小事也要坚持原则

丰富的物质生活条件容易使孩子挑三拣四。我们经常会看到家庭条件好的孩子往往不听话,而家庭条件不好的孩子却很懂事。因此,对孩子的物质条件适当剥夺,可能会有利于改正孩子无理取闹的坏习惯。比如,吃东西的时候给什么就吃什么,如果不愿意吃就挨饿;不该买的玩具一定不给买,孩子怎么闹也不答应。父母应意识到，孩子的习惯是从小培养起来的，在小事上也要坚持原则，不能妥协。

四、对孩子的无理取闹置之不理

孩子的无理取闹一般发生在父母不满足他的某种需要的情况下，尽管父母讲了一大堆原因、道理，但孩子根本听不进去，这时父母可以对孩子采取置之不理的方法，让孩子尽情哭闹，一定不要妥协。过一会儿，孩子就会感到自己这样做根本解决不了什么问题，也就会停止哭闹。如果父母始终坚持这样做，孩子就会逐渐改掉无理取闹的坏习惯。

五、培养孩子的自制能力要有计划地进行

培养孩子的自制能力可以在日常生活中有计划地进行。应从帮助孩子控制外部行为做起，要求孩子在一段时间内专心做一件事，不要一会儿干这一会儿干那（如不要边吃饭边玩）；看书、绘画时要保持正确姿势，不乱动、不乱摸。还可以让孩子通过某项专门训练，如练琴、书法、绘画来培养自制能力。训练时最好固定时间、固定地点进行，因为这样可以形成心理活动定向，即每当孩子在习惯了的时间和地点坐下时，精神便条件反射似地集中起来。

还可以用奖励的办法鼓励孩子提高自制能力。例如，一个平时写字总是拖拖拉拉、漫不经心的孩子，如果你许诺他认真写字，按时完成任务之后就送一件他一直想得到的礼物，他一定会安下心来，集中注意力认真地写字。

六、帮助孩子把目标具体化

心理学研究表明，人很容易受短期的、比较具体和明确的强化物所左右，而不容易受遥远的、比较抽象和模糊的东西所影响。学习虽然意义重大，涉及孩子未来的生存和发展，可对孩子而言，毕竟是比

较遥远和抽象的;而看电视、吃零食之类的事情是一种十分明确的诱惑,可使孩子获得即时的满足,因此孩子常常不能抗拒后者的吸引。为此,就特别需要父母想办法,把一些长远的目标具体化,增强它们的激励性。

七、帮助孩子控制情绪

近年来的心理学研究发现,个别孩子的无理取闹是因为情绪发育不健全造成的。儿童大脑中枢神经系统的神经纤维髓鞘化尚未完善,表现为兴奋比较容易泛化,兴奋强于抑制,反应不精确,所以外界较小的刺激都极易引起儿童的兴奋而难以自制。对于这样的孩子,父母可以通过心理训练的方式来改善他的感觉系统,使他的情绪发展与心理素质发展相协调。

八、注意孩子的个性特点

父母必须了解孩子的个性特点,从孩子的实际出发,千万不能自己高高在上,与孩子硬对硬。人的个性是千差万别的,无论是同胞兄弟姐妹,还是亲生子女,都各有各的特点。即使在同一个人身上,他的情绪和所思所忆,也会因时间、地点、环境、年龄而不同。

注意孩子的个性特点,从孩子的实际出发,就是要全面地了解和把握孩子的各个方面,从而慎重地选择有利的教育时机,运用恰当的教育方式,实现自己的教育意图。另外,父母在教育的过程中,还要不断地细心观察,根据实际情况的发展变化,不断总结、调整自己的教育手段,力求取得较好的效果。

九、注重孩子的年龄特点

自制能力的培养是个渐进的过程,是随着认识和实践的发展而发展的,它具有鲜明的年龄特点,学前儿童与小学生不同,小学生与中学生不同,小学生低、中、高年级的学生也都各有特点。

培养自制能力，父母不能以成人的标准去要求孩子，必须根据孩子不同年龄阶段的不同认识能力、不同认识水平和不同实践经验循序渐进。对学龄前儿童的培养，要着力于行为习惯的培养，主要是在行为上让孩子养成能够自制的习惯；对小学阶段的孩子则要注意在观念上打基础，并引导他们化知识为内在的信念和意志，懂得以观念统率自己的行为。

十、将被动的教育逐步转化为自我教育

无论是家庭教育还是学校教育，对于孩子来讲，这些都是外在的条件。孩子迟早要脱离父母而独立，迟早要离开学校而自立。家庭教育和学校教育在一定程度上对于孩子来讲都是被动的。

因此，高明的父母不仅会教孩子学习，更重要的是教孩子会学习，尤其是培养自制能力，只有把被动的教育转化为自我教育才能达到预期效果。

一个孩子如果能够进行自我教育，就是教育过程中的质的飞跃，但这个飞跃并非是一次性的，它是一个从低到高的不断发展的过程。自我教育可谓是素质培养不可或缺的自动化机制。因此，激发自我教育的情志，是孩子培养自制能力的一个主要内容。对此，父母需要有明确的认识和实施方法。

怎样培养孩子独立自主的能力

独立自主是孩子成长过程中最有力的精神支撑，让孩子学会独立生活、自主思考，孩子才会稳稳地走向未来。

独立自主是健康人格的表现之一，它不单指独立的生活能力，还表示有独立的思想，有主见。培养孩子独立自主的品质，对孩子的生

活、学习以及成年后的发展都会产生重要的影响。父母必须明确一点:孩子的人生之路最终还是由他自己走,父母帮得了一时帮不了一世,只有尽早让孩子离开父母的怀抱,离开温暖的庭院,才能锻炼出苍鹰般的矫健翅膀,翱翔于蓝天。

培养孩子独立自主能力,就是让孩子不依赖别人,学会自己生活、学习,遇到问题有自己的看法,抉择面前有自己的主意,面对不同的观点,敢于坚持己见。孩子将来要独自面对一个需要自己走路的社会,他会遇到各种各样的绊脚石,如果父母不注重培养孩子的独立自主能力,孩子将来有脚不会走路,有脑子不会思考问题,茫然不知所措,那么孩子还有未来吗?

如果孩子失去了独立自主的能力,孩子就会养成依赖的心理,遇事没有主见,不知道想办法解决,而是消极等待。因此,家长不能忽视对孩子独立自主能力的培养。要引导孩子独立思考、勇于实践,帮助他不断成长起来。比如:让孩子自己选择穿什么衣服;当孩子与小朋友发生矛盾时,鼓励孩子自己去处理;与孩子有关的事情,父母要征求孩子的意见。在这些过程中,即使孩子做得不好也没有关系,慢慢地他就会成熟起来。

在国外,许多家长在假期中,会让孩子出去打工,体验生活的艰辛。到了一定的年龄,家长就会让孩子独立生活。在这样的家庭教育中,孩子经受了实践的锻炼,逐渐具备了独立的意识和自主的能力。

做父母的都会疼爱孩子,孩子对父母也有特有的依赖。但是爱孩子的方式有很多,让孩子学会独立自主才是真正的爱。当孩子遇到困难时,家长应做的是给孩子方法;当孩子遇到了选择,家长应做的是给孩子指导,而不是完全代替孩子,为孩子包办一切。只有让孩子早日独立自主,孩子才会具备独立解决问题的能力,孩子才会成长起来。

人生本身就是一个艰难的旅程,有时会遭遇困难,有时会面对挑战，而真正靠得住的只有自己。因此，在孩子的早期教育中，家长应该培养孩子独立自主的性格。独立自主的孩子摔倒后，他能够坚强地爬起来；独立自主的孩子遇到了麻烦，他会想办法去解决；独立自主的孩子遇到挑战时，会奋起反击反抗。学会独立自主，孩子才会走向希望。

孩子的独立自主表现在生活上，就是能够独立生活，有一定的自我管理能力。当孩子遇到困难时，他需要的是父母的指导和建议，而不需要父母帮自己去克服困难。独立自主的孩子会把自己力所能及的事情做好，整理自己的书包，叠好自己的被子，收拾自己的房间，而不是总是依赖父母。

独立自主的孩子很有主见，他不会只看表象，轻信传言而人云亦云。他会有独立的思考和缜密的分析，然后拿出自己的决定，再坚定地走下去。独立自主的孩子面对不统一的意见时，不会盲目跟随多数人的意见，而是冷静地思考，特别是当他相信自己的意见是正确的时候，更会一往无前地坚持。

独立自主的孩子，在做出自己的决定时，会结合自身的特点、兴趣和条件，而不会受别人左右。例如，在报兴趣班的时候，独立自主的孩子会根据自己的兴趣来决定报何种兴趣班；相反，有些孩子会听父母的，父母说什么就是什么，或是看多数伙伴怎么做的，然后随同大众。

怎样培养孩子独立自主的能力呢？

一、让孩子去做自己的事情

孩子需要父母的照顾和保护，但是父母对孩子的保护应该有一个限度。过分宠爱、过度保护、过多照顾、过高期望反而会束缚孩子的手脚，影响孩子的独立成长。

其实，每个孩子都有独立的意愿，只是有时候，父母的过度照顾和保护使孩子产生了依赖。孩子虽小，他也是一个独立的人。父母应该一步步地引导，让孩子去做自己的事情。

生活中，一些力所能及的事情，要让孩子自己去做。如果父母担心孩子完成得不好，就可以站在孩子身边，在孩子出现困难的时候指导他，但是万不可替孩子完成所有的事情，只要孩子能够做的事，就不要插手。这样一步一步地引导孩子走向自主独立。

二、把决定权交给孩子

关于孩子的很多事情，父母都应该把决定权交还给孩子。不要认为孩子小，就为孩子代劳，那样对培养孩子的自主性是不利的。当孩子没有主见，一味听从父母的安排和命令时，孩子的独立性也得不到锻炼。

要想培养孩子有主见的个性，父母就应该给孩子提供更多自己做主的机会。例如，在不影响孩子饮食均衡的情况下，妈妈可以让孩子自己选择吃什么。不必强迫孩子今天吃苹果，明天吃香蕉，而让孩子自己挑选。爸爸可以经常问孩子，"周末有什么打算啊？准备怎么玩啊？"在玩游戏的时候，父母不要给孩子制定规则，而要让孩子自己决定游戏的方式，并体验其中的乐趣。当孩子有了主见，遇事有自己的想法，那么孩子就会逐渐形成独立的思想，孩子也就慢慢有了独立性了。

三、给孩子参与的机会

除了与孩子密切相关的日常事务，父母需要给孩子做主的权力。在家里，一些事情父母可以主动征求孩子的意见。不管孩子的"点子"如何，至少给孩子提供了一个表达想法的机会，这也是培养孩子独立自主的重要环节。

给孩子参与的机会，是尊重孩子的表现。这让孩子觉得自己得到了认可，会增强孩子的自信。当然，让孩子参与一些家庭事物的讨论时，父母千万不要露出不屑的表情，否则会打击孩子的积极性。

四、让孩子充分感受到爱

独立自主能力的培养，需要以孩子的信任感和安全感为基础。父母要与孩子建立亲密的亲子关系，只有这样，孩子才会相信在他遇到困难时一定会得到帮助，他才会放心大胆地去探索外界和尝试活动。因此，在孩子活动时，父母应该陪伴在孩子身边，给予鼓励。

五、珍惜孩子的自我独立意向

当孩子独立活动的要求得到某种满足或受到父母支持时，孩子就表现出得意、高兴，出现“自尊”、“自豪”等最初的自我肯定的情感和态度，否则就出现否定的情感和态度。因此，父母必须十分珍惜孩子的独立性意向，给予热情鼓励和支持，使其独立性不断发展。

六、建立和谐的家庭氛围

在孩子成长过程中，家庭既是孩子生活的基地，也是其活动的场所，和谐的家庭气氛对于孩子的精神、情操、性格、求知欲等都会产生影响。父母应与孩子相互尊重、相互平等，平等、和谐的家庭氛围是培养孩子自主意识的基础。

父母应该把孩子看作是平等对话的一方，充分给予孩子自由发表意见的机会，不要经常以类似“你要不听我的话，我再也不管你了”之类的话语来喝令孩子。这种对孩子缺乏真正信任、理解，不能同孩子进行协商和沟通的居高临下的说教，会给孩子造成极大的心理压力，渐渐使得父母难以成为孩子的知心朋友，孩子也很难与父母有共同语言。

七、教会孩子说“不”

父母要告诉孩子：“不要盲目地相信别人，而要有自己的想法。当你觉得你的想法是对的时候，一定要敢于坚持，敢于排除与你不同的意见的影响。人们不会因为你的拒绝而不喜欢你，相反，会觉得你是一个独立自主的孩子。”

如果一个孩子不懂得拒绝别人，那么他在别人眼里永远都是一个唯唯诺诺、没有想法的人。因为不懂得对父母说“不”，很多孩子“接纳”了父母给自己的而不是自己希望得到的东西。例如，有的孩子原本想要玩具手枪，但是爸爸却给他买了玩具熊，虽然孩子接受了，但是他并不快乐。所以，在日常生活中，鼓励孩子说出自己的想法，敢于对别人说“不”，对培养孩子独立自主的品质有特殊的意义。

八、肯定孩子独立思考精神

让孩子学会独立自主是一个漫长的过程，家长应该对孩子充满信心和耐心，多鼓励孩子的点滴进步，哪怕孩子说出了一个不太完美的方法，父母也可以肯定孩子。例如，孩子把自己的脏衣服洗了，即使洗得不干净，父母也可以肯定孩子的独立行为；孩子在参与讨论中提出了一个很有新意的观点，即使不太正确，父母也可以肯定孩子的思考精神。这样就会在无形中激发孩子独立自主的愿望，孩子也会习惯动手做事，动脑筋思考。

九、防止孩子固执己见

当然，正如徐特立所言：“自尊不是轻人，自信不是自满，独立不是孤立。”培养孩子的独立自主时，应该防止孩子变得固执己见、不愿与人合作。当孩子出现错误的想法或行为时，父母应该及时矫正孩子的错误想法，教给孩子正确的做法。

十、父母要尊重孩子

父母要注意对孩子说话的口气和方式，要认真倾听孩子讲话，使孩子感到你在尊重他。另外，不要硬逼孩子吃饭，尽量不用命令的口吻和孩子说话，不要当众斥责孩子“不争气”、“笨蛋”、“没出息”等，以免伤害孩子的自尊心。事实证明：受到父母充分尊重的孩子，大多待人友善、懂礼貌、举止大方、自我独立意识强。心理学家认为这是孩子受到应有尊重的良好反应。

怎样培养孩子独立生活的能力

孩子总有一天是要自立于社会，自立于人生的，进行独立生活。如果能从小培养孩子自己的事情自己做，自己的东西自己管，自己的生活自己安排的自我管理习惯，就能增强孩子行为的独立性、目的性和计划性，学会独立生活的能力。这对于孩子今后生活的幸福和成功无疑是有巨大帮助的。

独立生活能力的养成，其实就是孩子成长能力的养成。事实上，这是非智力因素的核心部分，孩子懂得自控，懂得忍耐，做事有条不紊、毫无疏漏；有很强的独立生活能力，能够管理好自己的情绪，并能推己及人、换位思考，体谅他人的喜怒哀乐……最终，孩子将成为一个有责任心的人，也会使他对自己的能力充满自信与自豪。

现在，很多孩子是“衣来伸手，饭来张口”，什么事情都是父母包办代替。这是一种很不好的现象，父母应该努力改正。

刚生下来的孩子就像一粒种子，需要一定的生长环境。大人不可过于控制孩子，要给孩子留下自由发展的空间。比如一只手抱孩子，他的小手小腿可以自由活动，眼睛可以观察更多的外界事物，全身可以充分地与阳光、空气接触，这样有利于孩子适应环境和健康成长。

在父母心目中，孩子永远是孩子，任何时候都需要疼爱和保护。害怕他被风吹到、被雨淋到，舍不得他吃苦受累、委屈伤心，凡事都要设法代为筹谋，预作安排，甚至亲手代做。

我们时常可以看到一些家长抢着替孩子做事的情形：妈妈怀里抱着三四岁的孩子走路，不顾孩子挣扎着要自己走；爷爷送孙子上学时执意要替孩子背书包；妈妈争着代孩子做动手制作；爸爸甚至替孩子完成家庭作业。这些家长不是怕孩子不会做就是嫌孩子做的不好，总是不停地在一旁唠叨，嫌孩子笨，说他动作慢；要么就叮嘱这个危险，那个不能碰……

其实，父母过分的干预与太多的指责，反而让孩子缩手缩脚，遇事不敢自己做主，既不想动脑思考，也没有动手欲望。

对于培养孩子的独立生活能力，家长必须要有正确的认识，不要因孩子小能力弱，心疼他，而实行包办代替；也不要怕孩子做事花费时间，惹麻烦，图省事而包办代替；更不要怕让幼小的孩子做事被人误解不疼孩子，而包办代替。

事实上，现在的孩子很聪明，可塑性极强，而且视野开阔，都接受了良好的教育。做父母的不妨站在从旁协助的立场上，作为一个欣赏者、喝彩者，将孩子当做一个独立的人来看待。了解孩子，观察他的愿望、兴趣，尊重他潜在的主观能动性。给孩子充分发挥的机会和时间，看他去动手，让他去慢慢思考、揣摩、尝试，寻求最后的答案。

三四岁的孩子常常表现出特别强烈的独立活动的倾向和独立做事的欲望。家长要有效地利用这一时机，培养孩子的自立习惯。让孩子做一些力所能及的事情，并督促他去完成。让孩子学习从事简单的家务，并鼓励他为别人服务，在劳动中培养孩子的独立生活能力。

伟大导师马克思从不干涉女儿们的活动，也不使用父亲的权威。如果他想让女儿们做某件事，也只是诚恳地提出希望；而不想让女儿做某件事，也总是耐心地规劝，从不发号施令。马克思在和朋友们讨论问题时，有时还允许女儿发表一些幼稚可笑的见解。

德国家长从不包办代替孩子的事情。法律中甚至还规定，孩子到 14 岁就要在家里承担一些义务，比如要替全家人擦皮鞋等。这样做，不仅是为了培养孩子的劳动能力，也有利于培养孩子的社会义务感。

日本教育孩子有句名言：除了阳光和空气是大自然的赐予，其他一切都要通过劳动获得。孩子很小的时候，父母就给他们灌输一种思想："不给别人添麻烦"，全家人外出旅行，不论多么小的孩子都要无一例外地背上一个小背包。别人问为什么，父母说："他自己的东西，应该自己来背。"

将来孩子面临的世界是多元化的、开放的信息时代，这就要求人人具备独立的思维和创新的意识、开拓和抉择的能力。让孩子做力所能及的事本身并不是目的，重要的是在孩子幼小的心灵中，树立起"自己做自己能做的事，是应该的"这种责任感，树立起"自己会做自己能做的事是光荣的"那种自豪感，并培养和锻炼自己独立生活的能力。

一个失去自我的孩子，长大以后，很难成为一个出类拔萃的人，他十有八九将平庸无能地度过一生。

也许在许多父母看来，孩子缺乏能力，让他们自己主动做事是不可思议而且十分可笑的。下面的情形大家已经习以为常：当一个幼儿正在做自己的事儿，比如他自己用勺子吃饭时，父母就会自觉或不自觉地去喂他；当他正努力扣外衣的扣子时，父母便急不可耐地帮他扣上。总之，孩子的每一行为都有人去替他做。其实这样的"好心"，无意间阻碍了孩子自我的锻炼和成长。

就像幼蝶在蛹中一天天破茧而出一样，孩子也在靠自己的力量一步步成长。在孩子的成长阶段，由于他的身体或者肌体组织还没发育成熟，动作看上去往往会比较缓慢，就像他们因为腿还很短，所以行走的速度很慢一样。但是我们不能否定，他们的生命正是从这些细微改变开始逐渐得到发展与完善的。

中国现在大多是独生子女，孩子在家里，衣食住行几乎都有父母细心照顾，在父母照料下生活，孩子能独立支配的活动和事情很少，自理能力、独立学习的能力和独立处理问题的能力都较差。为此，家长要提前从以下方面做好孩子独立生活能力的准备，及早培养他们独立生活的能力。

一、善于从小事培养孩子

父母不要总是一味代劳，要让孩子自己动手做力所能及的事情，要鼓励或间接指导孩子做简单的事，如学洗衣服时，可以让他洗污渍较少的。最初要保证孩子能够比较容易地完成任务，再逐渐增加难度，这样才会增加学习自我服务技能的兴趣，而不至于一下子被难倒或再也不听从指挥。

二、培养孩子的生活自理能力

父母要培养孩子衣食住行、吃喝拉撒等方面的自理能力和习惯，逐渐减少照顾，让孩子学会生存。让孩子学会自己起床、睡觉，脱穿衣服鞋袜、铺床叠被；学会洗脸、漱口、刷牙、洗手、洗脚；学会摆放、洗涮碗筷，端菜盛饭，收拾饭桌；学会洗简单的衣物，如小手绢、袜子等。

三、通过游戏来调动孩子的积极性

在日常生活中，父母要善用游戏的方式教导孩子，如教孩子自己洗脸，可以采用游戏的口吻："今天妈妈和小明比赛，看看谁脸洗得又快又干净。"然后，给孩子一块毛巾，边示范边讲解洗脸、洗手的顺序，孩子会很有兴趣地学习洗脸的动作。

四、父母要有耐心

培养孩子的独立生活能力是一项长期、繁琐、细致的工作，所以进行这项工作，父母应有耐心。如教孩子自己穿鞋、系扣子，父母要先教给孩子正确的方法，耐心观察，还要及时地鼓励，耐心地帮助。这比父母亲自替孩子穿鞋、系扣子要麻烦些，又费时间，但是孩子的独立生活能力就是从一件件生活小事中培养起来的。

五、帮助孩子发现自己的能力

父母首先要相信自己的孩子是能够独立的，同时又要在生活中创造各种条件让孩子们去发现自己的能力。父母可以先制订一些小的、容易实现的目标，让孩子在成功的体验中感受到独立的快乐。

六、不能随便批评孩子

独立生活能力的培养是一个长期的过程，需要循序渐进地进行。切不可急于求成，对孩子的发展提出过高的、不合理的要求，也不能因为孩子一时没有达到要求，就横加斥责。

七、父母要尽量放手

天冷的时候，父母不要先对孩子说“该穿大衣了”，而要让孩子自己在感受中学会加衣服。为了孩子的独立，有时候父母应避免对孩子事无巨细地关照。

八、教孩子学会知难而进

独立生活的能力不是一朝一夕培养起来的，会有一个痛苦的过程，就像学走路会摔跟头一样。要教育孩子知难而进。

日本的孩子走路摔倒了，多数不哭，因为从小受到严格的教育，孩子刚要哭，家长就说，站起来，往前走，以后走路要小心。孩子就是在这一次又一次摔倒，一次又一次自己爬起来的过程中，学会了拼搏，学会了知难而进，为他们日后的发展奠定了良好的基础。而中国孩子摔倒了，孩子并没有哭，可家长跑过去又是问疼不疼，又是用手揉，反倒把孩子的眼泪给揉出来了。

在培养孩子独立生活能力时，父母要“狠”下心来，只要不发生危险，尽量不要去帮孩子做他能做的事。

九、教孩子走向社会

社会在变革，知识在更新，新的时代要求我们把孩子培养成为思维最灵敏，判断最准确，主意最巧妙的智人，只有这样我们的孩子长大后才能成为灵活自如地驾驭时代的人，未来的社会最需要的是既有知识又有智能的人。我们教育孩子一定要有超前意识，从儿童期就应有意识培养孩子的生活经验和安全意识，告诉孩子"善"与"恶"。在生活中应有意识锻炼孩子的应变能力，独立处理危机情况的能力，保护自己的能力，使他们能够独立生活。

怎样培养孩子自立自强的能力

培养孩子自立自强的能力，就要从小让孩子体验生活，投入到生活的劳动中去，让他很早就明白：生活是靠劳动创造的，幸福是靠奋斗争取的。同时，让孩子早日投入到生活中去，有利于他尽快掌握生活知识，锻炼生活本领，在生活中磨砺高尚的品质，树立健康的人生观。

从小让孩子学会劳动、学会生活，在劳动和生活中成长，从中培养自立自强的意识，为将来的成功打下良好基础。如果孩子长到十几岁了，还四体不勤、五谷不分，过着饭来张口、衣来伸手的生活，那么，即使他学到了满肚子知识，也无法应用于实践。

现在，许多家长都在抱怨孩子懒得很，其原因大多在于家长教育不得法。让孩子主动参与家庭劳动，孩子会从中找到归属感，并从中获得成就感。而且，随着儿童逐渐长大成熟，各种能力的发展，会日益找到安全感。

可以让孩子从 2 岁开始做家务，4 至 5 岁的孩子就能帮家里干许多活了。当然，大多数工作对小孩来说还太艰巨了，因此，要想让孩子积极地参与生活，可以从教他清扫地板上的灰尘这类简单的事开始。

劳动是孩子的天性，孩子在家务劳动中充分体现其活动的天性，而且，他非常乐意去帮助父母打扫卫生，擦拭桌面上的灰尘。所以，家长应早日花心思去教孩子动手做家务。

当孩子做完一件事后，不管这件事本身的大小，家长都应该对此表示高兴，让孩子知道他的工作得到了肯定，但忌用物质刺激，尽可能地采用鼓励性的语言。

从培养孩子学做家务起，随着孩子年龄的增长，就要逐渐扩大劳动的范围。当孩子真正掌握了生活知识和本领，并能够付之行动后，孩子的自理能力随之增强，对他人的依赖也就会减少。这时，孩子才能算在生活上“自立”了。

几年前，中日两国的教育家联合举办了一次夏令营活动，其中有一个项目是步行5千米。孩子的后面跟着一辆大客车，如果谁走不下来，可以无条件上车。走到中途，突然下起了大雨。有的孩子就坚持不住了，陆陆续续上了后面的大客车。好不容易到了终点，当家长们打开大客车的车门，从车上下来的全部是中国的孩子，没有一个日本孩子。

这是为什么？难道中国孩子有问题吗？恐怕不是，是中国的父母没有尽到应尽的责任！事后，日本的教育家评论：“中国人，你们这一代不是我们的对手。”中国的教育家也不无忧虑地说：“日本式的教育，是在培养狼；而中国的家庭教育，是在培养性格温和的羊。”

这个故事给中国的家长以怎样的启示呢？

著名教育家陈鹤琴曾经说过：“凡儿童自己能够做到的，应该让他自己做；凡儿童能够自己想到的，应该让他自己去想。一句话，给孩子创造自立的机会。”

其实，婴儿1岁半至2岁时，自立的倾向表现得很明显。例如，在喂饭时，他常把饭勺抢在手中，自己试着使用；走路时反对别人拉着走，下楼梯时也会拒绝大人的帮助；以后逐渐会自己试着穿衣、穿鞋；有时他做不好这些动作，当大人要帮他时，他立即会推开大人的手。这就是孩子最初的自立性的体现，说明孩子有自己去完成某些事情的愿望。孩子长到4至5岁，不但行动灵活了，自立性也明显增强，大多都按自己的主张行动。

家长对孩子的自立性表现，应当给予保护和支持，使其得到早期开发，这有利于将来儿童的智力、适应社会能力的发展。但是，有许多家长对孩子自主性的最初表现缺乏正确的认识，认为孩子的这种表现是“淘气”、“任性”，有意耽误大人的时间。这样自然挫伤和压抑了孩子自主性的发展，是非常错误的。

如果家长对孩子一味包办代替，其结果会使孩子什么都不会干，进而形成依赖性。从智力方面讲，自主性差的人遇事依赖别人，拿不定主意，犹豫不决，缺乏独立思考能力及创造能力。由于懒惰，他们不愿自己动手做事，思维能力发展受到了限制。在性格上，他们又表现为意志软弱，胆小怕事，缺乏独立克服困难和吃苦耐劳的能力。上学后，他们也会缺少竞争意识和刻苦钻研、努力进取的精神。

身为父母，在孩子需要父母的帮助时，父母不给予帮助，这是父母不尽职。然而，当孩子有独立完成这件事的能力时，父母就应要求孩子独立完成这件事。作为一个人，他没有摔倒了能重新站起来的勇气和毅力，他怎样去生存？如果一个人离开了父母的呵护就会活得很糟，那他以后怎样去竞争？

所以，对于家长来说，必须重视培养孩子的自立意识。

如何培养孩子自强自立的精神，外国的一些做法值得中国家长好好借鉴和学习。

美国的家庭教育是以培养孩子富有开拓精神、能够成为一个自食其力的人为出发点的。父母从孩子小时候就采取种种方法，让他们认识到劳动的价值，比如，让孩子自己动手装配自行车、修理小家电、做简易木工、粉刷房间、到外边参加义务劳动等等。即使是富有的父母，也十分注重对孩子进行自谋生路的能力教育。

日本父母在教育孩子学好功课的同时，要求他们利用课余时间做些力所能及的家务，或到外面打工挣钱。培养孩子的自立自强精神，是日本父母的根本出发点。

怎样培养孩子的自我保护能力

孩子缺乏生活阅历和经验，对于什么地方有危险、什么事情不该做、什么人需要提防等知道得很少，遇到一些危险或危急的情况往往不知所措。

孩子受到伤害，大都是自我保护能力不强所致。而孩子缺乏这种能力，多与父母过分保护或疏于安全教育有关。所以，从小培养孩子学会自我保护是非常必要的。

一、不要跟陌生人走

孩子是天真而纯洁的，他们不了解社会上除了美好的人与事之外，还有丑恶的一面。为了孩子的安全，父母要教给他们最基本的生活常识和自我保护的方法。

教育孩子不跟陌生人走，首先要向孩子说明这样做的原因。要告诉孩子，社会上存在丑恶的拐卖儿童现象，一旦被这些人骗走，孩子不仅回不了家，还会挨打、挨骂；父母还可以给孩子介绍一些拐卖儿童的事例，给孩子读报纸上的报道，让孩子看电视里的有关报道，使孩子了解被拐骗的后果。同时，教育孩子不要和陌生人接近，不要吃陌生人给的东西，并且养成这种习惯。

二、让孩子知道怎样回家

父母带孩子外出，如逛商场、去公园等，有时会出现孩子走失现象。为避免这种事情发生，父母要照顾好孩子，不要让孩子离开身边，即使在人少的开阔地方，也不可让孩子远离自己的视线范围。为预防万一，父母有必要教孩子知道走失后怎么办。

父母可以给孩子讲一些有关儿童走失后如何寻求帮助、最后找到亲人或回到家的故事，还可以和孩子讨论怎样做更好。

教孩子记住回家的路，也是比较重要的。父母带孩子出门的时候，要有意识地让孩子记住自己家附近的路名、路上的主要标志等。还要教孩子记住父母的姓名、家庭地址。三岁左右的孩子，已经可以不吃力地熟记儿歌、小故事等，所以记父母姓名和家庭地址是不会太困难的。

三、不给陌生人开门

孩子都很好动，更喜欢帮助父母做事。无论是电话铃响还是有敲门声，孩子常常都会抢在父母的前面去处理。这虽是好事，但其中也含有隐患，即盗贼常常骗小孩开门，然后入室行窃。

为了提高孩子的自我保护意识和能力，父母要告诉孩子不能给陌生人开门，并教孩子听到敲门声该怎么办。例如，先问："你找谁?"再问："你是谁?"最后说："请你等一等，我去喊爸爸妈妈开门。"除自家人外，都不要让孩子去开门；如果家中没有大人时，则要求孩子绝对不能给陌生人开门。

四、让孩子学会大声呼救

孩子身单力薄是很难对付罪犯的。一旦遇到这种情况，孩子可以大声呼喊："救命！他不是我的爷爷！"骑自行车的孩子可以把自行车作为掩护物，使罪犯难以将其劫持走，同时要大声呼救。这样做可以引起周围的注意，从而得到他们的救助。

五、让孩子明白自己的身体不可触摸的地方

孩子到了四五岁，父母就应向孩子说明泳衣遮盖的部位是个人

隐私区，任何人都无权触摸。即使医生做检查，也应该有监护人在场监督，这是儿童的正当权利。

六、教育孩子严格遵守交通规则

严格遵守交通规则，既是文明出行的要求，也是交通安全的保证。因此，家长要教育孩子从小就学会遵守交通规则。例如，不闯红灯，不逆行，不抢行；不骑快车，不骑车带人，经常检查车闸，保证刹车功能正常。与此同时，还可以实例说明不遵守交通规则的危害，使孩子引以为戒。

七、教育孩子在体育活动中注意安全

上体育课时，家长要教育孩子按老师要求，做好准备活动；进行单杠、双杠、高低杠、木马、吊环等运动时，一定要有人保护，不单独做有危险的动作；掷铅球、手榴弹要避开危险区域；游泳时要量力而行、不要逞强，学会游泳后再进深水区；跳水要有人指导，不能盲目乱来。

八、教育孩子在劳动中注意安全

有些劳动使用各种工具，容易出事故。要教育孩子听从指导者的安排，按操作要领干活，不可蛮干；有些化学制品有毒性，不能乱动；许多劳动现场，安全要求十分严格，必须听从指挥，按要求去做。

九、培养孩子灵活机智的应变能力

平时，父母要有意识地培养孩子应对突发事件的能力，可以给孩子讲一些案件，让孩子进行思考，告诉孩子当危险的事情出现在自己身边时，应该如何处理。也可以让孩子进行一些演练，比如，当父母突然大喊“地震”时，孩子“表演”采取的措施，然后父母再指出孩子演练的不当之处，告诉他正确的办法。通过引导，可以有效提高孩子的自救能力和灵活应对突发事件的能力。

十、父母要绷紧安全这根弦

为了确保孩子的安全，父母平常应多下点工夫，沿孩子常走的道路，向他指出什么地方可以去求救，什么地方必须躲开，如小巷和无人的空地等；要孩子练习割伤、轻微烧伤与其他损伤的急救法，鼓励他学习急救课程；告诉孩子，如果没有大人的监护，不要在水边玩耍；教孩子使用电话，在家里电话上贴上卡片，把家庭住址、警察局、消防队、医院和一个邻居或亲友的电话号码写在上面以便孩子在急用时能够有效寻找帮助。

十一、遇到麻烦找警察

能帮孩子的人很多。遇到麻烦找警察，是最基本的常识，但仅此还不够。假如警察不在附近，孩子就不会求助任何人。还应让孩子知道，公园、商场、电影院等地方的工作人员都可以求助，多一个机遇就多了一份生存的希望。

在日常生活中，人们不免会遇到一些紧急情况，当遇到危险时，及时正确地报警是首要环节，因此作为父母不但应该熟练掌握常用的报警、急救方法，还应该教会孩子正确使用这些方法和注意事项。这样才能保证孩子在遇到危险情况时实施自我保护，及时脱险。

怎样培养孩子的理财能力

理财是一种生存技能，让孩子学习理财是非常现实的选择。理财教育是早教的有机组成部分，是与孩子健康成长息息相关的。对于成长中的孩子来说，理财教育包含多方面的教育内容和多种能力的培养。

在美国，父母把理财教育看做是“从3岁开始实现的幸福人生计划”，将学会赚钱、花钱、存钱、与人分享钱财、借钱和还钱为主要内容的理财教育融入孩子整个教育的全过程，使孩子生活在具有强烈理财意识的环境里，逐步形成善于理财的品质和能力。孩子从3岁起父母就帮助他开始积攒硬币的游戏。6岁前父母会以孩子的名义在银行里为他开个户头，让孩子明白“银行”不仅是取钱的场所也是存钱生息的地方。

有的父母怕孩子乱花钱，就不准许孩子摸钱。孩子要什么东西，都由家长买。还有的家长随孩子的意愿给钱。孩子大手大脚，不知道节约。父母的这些行为，造成孩子乱消费、高消费、理财能力差等。

金钱是人生必须面对的一个工具，理财能力是一种基本的生存能力。负责任的父母应该传授给孩子正确的金钱观和财富观，科学的理财方法，以及通过理财教育培养起来的爱心和责任感。父母应告诉孩子：金钱不是天上掉下来的，是通过父母的辛勤劳动得来的；金钱可以带来一定的物质满足，但金钱不代表一切，幸福、成就、爱、友谊、快乐并不是金钱可以买到的。让孩子学会选择，也学会放弃，从而让孩子成为金钱和财富的主人。

从小培养孩子的理财能力，指导孩子熟悉、掌握基本的金融知识与工具，从短期效果看是养成孩子不乱花钱的习惯；从长远来看，将有利于孩子及早形成独立的生活能力，使其在高度发达、快速发展的时代中，具有立身之本。

对孩子进行理财教育，是培育孩子的“财商”。对孩子进行“财商”教育应注意以下几个方面：

一、树立正确的金钱意识

从小给孩子灌输金钱意识是很重要的，因为这关系到孩子将来的理财能力。父母要让孩子通过了解金钱与工作的关系，让孩子懂得父母工作的艰辛，进而珍惜父母的劳动成果；还应该告诉孩子，钱不是从天上掉下来的，需要付出辛勤的劳动和艰辛的努力。

为了让孩子对钱有个概念，父母可以先从花钱开始对孩子进行教育。例如，家长带孩子去市场买东西时，可以让他帮忙付钱。这样，一方面可以增加孩子与他人接触的机会；另一方面也能让孩子对钱的价值有初步的认识。

当孩子知道用钱可以买回自己需要的东西后，就会产生对钱的渴望情绪。此时要教育孩子，不是所有的东西都能用金钱来衡量的，人与人之间的感情以及快乐的心情等比钱更重要。当孩子正确认识了金钱以后，才不会功利性地去追求金钱。

二、教孩子勤俭节约

勤俭节约是中华民族的传统美德。家长要教育孩子从小事做起，养成勤俭节约的习惯。首先，要在生活细节上养成节约的习惯，比如爱惜粮食，爱护衣物，节约用水，节约用电等；其次，使用学习用品也要讲节约，比如不要因为写错一两个字就撕掉一张纸、不要老是碰断铅笔芯等。

三、让孩子学会量入为出

父母要经常给孩子讲勤俭持家的道理，使孩子懂得一粒米、一滴水、一度电都是辛勤劳动换来的，并让他们了解家庭的经济能力，以配合家长保持适度的消费。

四、巧用零花钱培养理财能力

父母给孩子零用钱时，可以指导孩子制订个花钱计划。比如，多少钱用于买学习用品，多少钱用于买零食……以防止孩子乱花钱，进而养成把钱用在刀刃上的良好习惯。

五、让孩子学会储蓄

让孩子从小就拥有一个储蓄罐是很有好处的。要鼓励孩子把属于他的零钱存进“储蓄罐”，以培养孩子养成节省用钱的习惯。

为了鼓励孩子存钱，父母可以陪孩子一起到银行存钱，并以孩子的名义开个户头。当孩子在存单或存折上见到自己的名字时，就能感受到家长的信赖、家庭的温暖，从而进一步养成节约用钱的习惯。

孩子稍稍长大一点时，父母可以帮助他设立一个短期存钱目标。比如，孩子要买一件自己喜欢的玩具时，父母就可以利用这个机会教孩子有计划地存钱：每天存多少，存多少天能买到自己想要的东西。这样，孩子就会有目的地把父母给的零花钱适当地积攒起来。孩子用自己攒的钱买到想要的玩具，一定会比轻而易举地从父母处得来的更加珍惜。

怎样培养孩子的交往能力

青少年时期正处在学习知识、了解社会、探索人生和事业的发展时期，与同龄伙伴交往并建立友谊是正常的心理需要。过于封闭自己、不爱与人交往、在同学中的人缘不好，都会影响孩子的交往能力，使孩子无法适应复杂多变的社会，更有甚者，会让孩子形成孤僻、抑郁、偏执等心理障碍。

现在的孩子大多是独生子，因在家庭中缺少同龄伙伴，而产生了诸如自我中心、攻击性强、不合群等许多社会性方面的问题。这样的孩子很难成功。

心理学大师卡耐基认为，一个人的成功，他的专业知识所起的作用是15%，而他的交际能力却占85%。所以，和谐的人际关系以及高超的交往本领，是事业成功的重要前提。

人际交往是人与人之间相互联系的一种最基本的方式，是家庭教育不可忽视的内容。如果孩子没有同龄的伙伴，那么，他就会缺乏集体主义的意识。许多工作都是需要人们通过协作一起去完成的，没有交往能力，与人协作也会困难重重。

交往既是人的基本需要，也是现代社会对人的要求。每位家长都希望孩子能与他人交往，并希望孩子有较强的交往能力，不愿看到孩子没有伙伴，也不愿意孩子孤独。

随着孩子的成长，所接触的人与事物越来越多，他们在与人交往中也出现不同，有的孩子很积极主动，而有的孩子则表现为退缩，看到陌生人时甚至会哭泣，当有小朋友抢了他手中的玩具时，不知所措，只是哭泣。这种情形的出现，往往是由于家长忽略了孩子最初的社会交往能力的培养。因此，在家庭教育中应加强对孩子交往能力的培养，使孩子成为顺应时代发展的人。

如果家长不重视对孩子社会交往能力的培养，那么，孩子就得不到交往的锻炼和模仿的机会。

研究发现：家庭对孩子的社交行为有无要求，对孩子的社交动机有无强化，都对他的交往方式有显著的影响。当然这可能和家长本人的社交意识和社交风格有关。对子女提出交往要求的家庭一般来说都是与外界交往较多的家庭，孩子正是在受到家庭与外界交往的影响、父母对交往的督促和强化这双重作用下"学会"他们自己的交往方式的。

既然父母对孩子的交往方式有着较大的影响，应该如何帮助孩子进行正常的交往呢?

一、父母要多与孩子沟通

父母和孩子之间的沟通是培养孩子理解、关怀、接纳、自信和尊重心理的重要因素。有些父母只是一味地让孩子接纳自己的观点，尊重自己的权利，很少有父母会进行换位思考。他们不会知道他们那样的教育方式，对孩子的内心平衡会产生多么不良的后果。所以，父母平时要多和孩子沟通，多与孩子协商，多与孩子讨论，多了解孩子的想法，这样，才会有利于对孩子的教育。

二、为孩子创造交往的机会

有些家长错误地认为，孩子们在一起玩是毫无意义地浪费时间，所以孩子想出去找小朋友玩时，就会找出一些理由阻拦，这就有意或无意地限制和减少了孩子与同伴的交往。家长应该知道，孩子们在游戏中可以学习合作、互助，学习站在他人的角度理解他人，学习如何与他人共同生活。所以，如有闲暇时间，要多带孩子到公园、小区的绿地或亲戚朋友家去玩，鼓励孩子不断适应新环境，多与他人交往。

三、帮助孩子结交朋友

孩子需要同龄的伙伴，友情能使孩子有一种归属感，孩子和小伙伴之间会有共同的乐趣，共同的感情，共同的语言，所以孩子们都喜欢在一起。即使他们之间从不相识，也会一见如故，亲热地玩儿起来。父母应该为孩子创造交友氛围，让孩子们建立起温馨美好的感情。在这种气氛熏陶下，孩子们就会相处得快乐融洽。在孩子们相处的过程中，给予他们正确的引导和支持，通过接纳他的朋友、招待他的朋友等种种方法帮助并鼓励孩子与人交友。

父母还可以鼓励孩子把同学请回家一起玩儿，并且要帮助孩子热心地招待他的同学朋友，提高孩子在同学朋友中的形象。父母的热心招待往往会让孩子的同学和朋友增加对孩子的好感，从而愿意与孩子保持良好的朋友关系。父母也可以邀请邻居家孩子来家玩儿，让自己的孩子在与他人的交往中增加信心，学习人际交往的方法。

四、让孩子多参加集体活动

父母应该鼓励孩子参加集体活动，让自己融入到集体生活中。在集体活动中做一些自己能做的事情，加强与同学的交往，增加同学对自己的好感和信任。在一个集体中，每个孩子都会有属于自己的智慧和个性，会发现自己和别人的不同，也会从中找到适合自己的位置。在集体中，也会让孩子无形中产生对一种信念的凝聚力，形成一种共同帮助而忘我的集体意识。这种意识的形成，有利于孩子在以后的人际交往中，改变那种以自我为中心的傲慢、优越感，使他与大家形成一种融洽、和谐的相处关系。

五、防止孩子产生“自我中心”

“自我中心”是许多孩子思维的一个显著特征。由于“自我中心”的影响，孩子的行为大多从“利己”的观点出发，这与现代社会要求相互合作、相互交流、具有创新精神的人才观是格格不入的，严重影响了孩子与同伴的交往。因此，必须帮助孩子克服以自我为中心，发展利他行为。

孩子的行为绝大部分是从同伴那里学来的，他们通过同伴之间的交往，可能产生认知上的冲突。应用鼓励、赞许、奖励等外部激励方法，强化孩子的利他行为，克服消极的行为。

总之，作为社会生活最普遍、最基本的单位，家庭应该对子女的交往做出积极的引导。在父母的积极引导下，孩子会成长为乐观、活泼、乐于助人、善于社会交往的人。

六、教给孩子一些交往技巧

随着时代的发展，现在的孩子非常讲究个性，要想与之保持良好的关系也需要一定的技巧。父母可以教给孩子一些交往的技巧，帮助孩子得到同学的友谊。以下这些交往技巧能够帮助孩子在与人交往中获得他人的好感。

① 使用礼貌用语，如“谢谢”、“再见”、“对不起”、“没关系”等，不要对别人说粗话、做不礼貌的动作。

② 主动和同学打招呼问好，能打开友谊大门。

③ 在和同学的交往中，不要为一些小事而斤斤计较。

④ 与人交往要注重的是给予，而不是什么事情都希望得到回报。

⑤ 不要无故地打断他人的讲话，当别人在说话的时候要认真地倾听，不可以心不在焉或是只顾做自己的事情。

⑥ 不要在背后议论别人，也不要打听别人的秘密和隐私，更不可以把别人告诉你的秘密大肆宣扬。

⑦ 对待别人要真心诚意，讲信用，不欺骗。

⑧ 不要用捉弄、嘲笑的方式吸引别人注意，这样反而会引起别人的反感。

⑨ 在和同学的交往中，善于发现别人的优点和长处，多赞美别人，不要因为自己的某些特长而处处炫耀自己。

⑩ 与他人说话，尽量讲一些两人都感兴趣的话题，不要独自说个不停而不考虑他人的感受。

⑪ 同学之间交往尽量不要有过多的物质往来。

⑫ 不对自己的成绩得意忘形，要体谅他人的感受。

⑬ 学会带领其他同学参与到集体交往中来，组织大家围绕一定的主题交流。

七、培养孩子的交往能力

1. 多听多看

人有两个耳朵，就是要多听；有两只眼睛，就是要多看。唯有通过听与看，才能更深入了解朋友。多了解，才能体谅对方的立场，明白对方的想法。朋友有损友、益友之分，睁大眼睛瞧，竖起耳朵听，仔细分辨，才不会交错朋友。

2. 多赞美别人

世界上最经济的礼物就是赞美，它不但能鼓舞别人，使他们产生愉悦感，也带给朋友信心，所以不要吝啬去赞美别人。

3. 多看别人的好

人无法十全十美，所以交朋友时，应该多看其优点，才会更喜欢他；反之，若只会挑剔别人毛病，久而久之，难免会得罪别人，也交不到好朋友。

4. 多关心别人

朋友之中，若有人需要精神鼓励的，千万不要吝惜；朋友之间，互相关心鼓励，感情将会渐渐深厚。

5. 待人诚恳

交朋友重在"诚"字，如果自己一直存有诚恳之心，即使偶有误会，日后也一定会化解，朋友也将会体会到自己的真心。所谓"日久见人心"，诚心诚意地对待人，友情才能持久。

6. 多包容别人

人做事难免出差错，当朋友犯错时，应该包容他，并且鼓励他改过，将他导入正途，这才算是真的朋友。

7. 表现乐观

人人都喜欢快乐的人，不喜欢愁眉苦脸的人。如果平时的言谈举止是快乐的，别人比较愿意接近，因为和这样的人在一起，他们能得到快乐的感受。这样，自己也比较容易交到朋友。

8. 不可骄傲

"满招损，谦受益"，交朋友要有这样的心理素质，才能获得朋友真心的赏识。

9. 充分发挥自己的专长

要知道自己的专长，并且充分发挥它，使朋友也能和自己一起分享。

10. 善于谈判和思考

步入社会最重要的能力之一就是谈判能力，应该学会遇事做出不同的选择。如果为一件玩具而产生矛盾，最好谈判解决，如建议玩具的主人先玩一会儿，然后再借伙伴玩；或为公平起见，让彼此交换玩具玩。还应学会思考，想想矛盾是怎样发生的，双方的感觉如何，问题应该如何解决。

第四章　非智力因素比智力因素更重要

◎ 成功 = 智力因素 + 非智力因素

◎ 非智力因素的重要性

◎ 非智力因素对成功的作用

◎ 兴趣是成功的最大动力

◎ 引导孩子自我培养学习兴趣

◎ 如何培养高情商的孩子

◎ 玩儿游戏可以提高孩子的情商

◎ 教孩子学会调节情绪

◎ 帮助孩子克服学习中的畏难情绪

◎ 让孩子学会用自励激发学习动机

◎ 恒心是事业成功的基础

◎ 毅力是实现理想的桥梁

成功＝智力因素＋非智力因素

幼儿期所接受的教育对人的一生会产生重大的影响。心理学研究成果中，得到证实的人的6个关键年龄段（又称关键转折期）分别是出生前后，1岁左右，3岁左右，6岁左右，11～14岁，17～18岁。六个年龄段都在18岁以前，而且7岁以前就占了4个。所以，父母重视对孩子的早期教育是非常必要的。然而，当一些父母在对孩子进行大量的智力“投资”的同时，却往往忽视了对孩子成长中所必需的一些其他因素的培养。由此导致的后果，可能影响孩子一生的发展。

那么，进行早期教育要注意培养孩子的哪些素质呢？孩子的发展主要包括身体和智慧两方面，智慧又包括智力因素（观察力、记忆力、思维力、理解力、想象力等）和非智力因素（动机、兴趣、习惯、情感、意志、性格等）。因此，早期教育的目标不仅在于发展孩子的智力，而且还需完善孩子的非智力因素。二者相辅相成，不可偏颇。

把非智力因素作为培养的目标，对孩子将来适应社会也是必需的。人格是个人在认知能力、兴趣、爱好、气质、性格等方面所表现出来的比较稳定的特征。健全的人格是人们从事社会生产和生活的必要前提。既然人格被认为是非智力因素和智力因素的结合体，那么，离开了非智力因素而片面强调智力因素，往往会导致孩子出现一些人格上的偏差。

其实，即使为发展孩子的智力，也必须在非智力因素上做文章。非智力因素对学生学习成绩的影响是普遍存在的。由此便可以很容易理解，为什么一些智力条件很好的孩子的学习成绩竟然不如智力一般或稍差的孩子。古语所讲“勤能补拙”就是这个道理。

学生在学习的过程中存在着两个相对独立的系统：一个被称为

智力操作系统，即由智力因素组成的系统，主要承担对各种知识的加工、处理；另一个是动力定向系统，即由各种非智力因素组成的系统，它可以在学生身上形成和表现为学习态度，对整个学习活动起着启动、定向、维持和调节等作用。对学习任务而言，这一系统相当于发起者和推动者。

那么，家长应当关注孩子的哪些非智力因素呢？一般认为，动机、兴趣、意志、习惯、情感和性格是与学习活动相关甚密的非智力因素。

人们一般把动机称为“内驱力”。

动机分为外部动机和内部动机两种。一个孩子为赢得父母的奖励或老师的表扬而去努力学习，我们只说他仅仅具有外部动机；而当他把学习视为乐趣和需要时，他便具备了内部动机。动机的形成一般是先由外部动机再到内部动机。成就动机是一种重要的内部动机，从长远的目光看，使孩子认识到自己的能力和价值，并使之变为现实所需的成就动机，对他的一生都至关重要。有人把动机称为非智力因素的核心（就像把思维力作为智力的核心一样）；有人提出“学业成绩＝动机×潜能×外部刺激”的公式。

兴趣是“开发孩子非智力因素”的原动力。兴趣的确是一个人内部动机形成的催化剂。兴趣分为中心兴趣和广阔兴趣两种。中心兴趣是指对某一特定事物或活动具有的极浓厚的探求意向；广阔兴趣是指对多方面的事物和活动均有强烈的探求意向。在兴趣的培养上要有针对性，并尽量扩大学龄前孩子的活动范围，以便使其接触更多的事物，特别要注意保护和激发孩子的好奇心；对孩子所表现出来的积极意义的兴趣，要进行引导，使其向更深刻、更自觉的方向发展。兴趣的发展一般是由广阔兴趣到中心兴趣，并且其稳定程度不断得到巩固。

意志是指一个人对自己心理的控制与调节。良好的意志具有自觉性、果断性、坚持性和自制性等特征。不良的意志比较简单和软弱，主要表现在：情绪极不稳定，不善于克制自己，容易冲动，很容易受环境和他人的影响；有时还表现出任性等特征。家长在培养孩子的意志品质时，要注意与日常活动结合起来，培养孩子做事的目的性。另外，还要让孩子通过克服困难来磨炼意志。在一定的条件下，意志越坚强，克服的困难就会越大；反之，意志越软弱，克服的困难就会越小。同样，克服的困难越大，意志就会越坚强；反之，克服的困难越小，意志也就会越软弱。

情感是指人的心理的波动状态，反映了人们对周围现实和个体需要之间的关系。当客观现实与人的需要相符时，人们就会对它产生肯定的、积极的情感，如满意、愉快、喜爱等；否则就会产生不定的、消极的情感，如不满、悲哀、厌恶等。积极的情绪和情感有利于孩子的学习活动。情感贯穿在非智力因素的各种成分中，而且对人的理想、信念和个性品质的形成具有一定的作用。培养孩子的情感，必须提高孩子的认识能力，不可让情感战胜理智。要善于满足孩子正当的需要，使他们的情感能健康地发展。

在评价一个孩子的性格对学习成绩的影响时，很难证明哪种类型的性格更有利于学习。活泼型的、具有外向性格的孩子固然有可能通过与外界的大量接触获得丰富的知识；而那些内向型的“沉思者”中也不乏学习方面的佼佼者。从心理学角度看，性格只能说是各有特色，而不宜分孰优孰劣。但是，这不等于说，性格就没有一定的评价标准。一般认为，凡是有助于社会进步、符合多数人利益的性格特征，都是好品质；反之，就是坏品质。而性格中存在的一些中性品质，像顺从、固执、粗犷、细致等则要联系具体情景加以评价。既然性格是一个社会的概念，那么它必然影响个体的社会适应性。孩子的性格与家庭教育和家庭环境有着重要的因果关系：家庭关系融洽、夫妻感情真挚、教育方式民主，都有助于孩子的性格健康、和谐地发展；反之，则对孩子性格的发展产生不良影响。另外，还要及时帮助孩子纠正不良的性格特点。应当鼓励孩子多参加集体活动和一般交往活动，以期在集体活动和交往中，使诸多优良的性格和特征，如诚实、助人、自信、自尊、上进心、荣誉感、责任感、义务感等，都能够得到激发和培养。

非智力因素的重要性

在谈到智力开发时，应当特别指出的是，以前宣传成才之路时，较多地强调了智力因素和知识因素、片面追求升学率，却忽视了非智力因素。

事实上，智力只是成才过程中的一个重要因素，而不是全部。只强调智力因素的作用，不重视非智力因素的影响，显然是有失偏颇的。

非智力因素对一个人的成才是非常重要的。一些心理学家进行的追踪研究表明，在突出人才与平庸者之间，最显著的差别并不限于智力水平的高低，而且还决定于自信心、进取心、坚持性及自制力等非智力因素的优劣。

对于学生来说，非智力因素的状况，直接影响学生的学业成绩。不少事实也表明，有些智力好的学生由于非智力因素不良，学业水平却明显低于智力中等但非智力因素较好的学生；有些智力较差的学生由于非智力因素较好，学业水平反而明显高于智力较好而非智力因素较差的学生。

所以说，智力因素与非智力因素是互相联系、互相促进但又是不能互相替代的。智力因素与非智力因素的有机结合，是一个人成长中必备的条件。

一个人成才的过程，好比一个产品的生产过程。智力因素如同是加工与处理系统，非智力因素则是动力与调节系统。没有加工，处理系统就无法操作，不能进行生产；而没有动力和调节系统，则生产不能维持，运转将会失灵。可以说，非智力因素是智力发展的可靠保证。因此，在对孩子进行智力开发时，既要重视智力发展，又要重视非智力因素的培养，只有这样才能保证多出人才、出好人才，真正达到早期开发孩子智力的目的。

事实上，不论是科学发明，还是文艺创作，都不可能一帆风顺。要经得住失败的考验，还要经得住社会种种不利舆论的考验。在创造性个性的形成中，非智力因素有时起着决定性的作用。

许多事实表明，一个智力正常的人，如果非智力因素高，特别是意志、性格素养水平高，往往能有所作为；反之，一个智力水平较高的人，若缺乏自信、没有毅力、自命不凡，最终很可能一事无成。

非智力因素对成功的作用

智力好的未必一定能成功，隐藏在事实后面的一条真理是：一个人成功与否，除了一定的智力因素和社会条件外，还取决于一些非智力因素。

一、什么是非智力因素

非智力因素是指与认识没有直接关系的情感、意志、兴趣、习惯、性格、需要、动机、目标、抱负、信念、世界观等方面。这些非智力因素，在人的成长过程中，有着不可忽视的作用。

一个智力水平较高的人，如果他的非智力因素没有得到很好的发展，往往不会有太大的成就。相反，一个智力水平一般的人，如果他的非智力因素得到很好的发展，就可能取得事业上的成功，做出较大的贡献。

我国著名的数学家张广厚，在小学、中学读书时智力水平并不出众，他的成功与良好的非智力因素有关。他曾说："搞数学不需太聪明，中等天分就可以，主要是毅力和钻劲。"达尔文也曾说过："我之所以能在科学上成功，最重要的就是我对科学的热爱，对长期探索的坚韧，对观察的搜索，加上对事业的勤奋。"

一个人的非智力因素得到良好的发展不但有助于智力因素的充分发展，还可弥补其他方面的不足。反之，如果一个人缺乏意志，贪图安逸，势必影响其智力的发展。

非智力因素的作用有以下几个方面：

1. 动力作用

非智力因素是儿童学习的动力，是学习的积极心理机制。非智力因素（情感、意志、需要、态度、目标、抱负）能促进儿童的智力健康发展，使其学习积极性高、态度端正、求知欲旺盛、注意力集中、自制能力强，这都有助于他们学习成绩的提高、促使其智力的发展和发挥；反之，非智力因素发展不良的儿童，则学习积极性不高，缺乏自觉性，注意力涣散，情绪不稳定，缺乏毅力。因此，家长在注意培养孩子智力发展的同时，还要注意培养其认真、负责、刻苦学习的态度，不断激发孩子的求知欲和探索精神。

2. 定向作用

非智力因素对儿童的学习活动起着定向作用，它把儿童的认识和行为统一起来，集中于学习活动，用于记忆、想象、思维和所观察的事物及所学习的内容等方面。有些学生学习成绩不好，不是智力不如人，而是由于学习积极性不高、自控力差、精力不集中造成的。

3. 巩固作用

儿童的学习活动，不仅要具有吸引力和趣味性，更重要的是要培养儿童的坚韧性和克服困难的精神，使他们经常保持勤奋向上的情绪和刻苦学习的积极性，这样才能不断进步；反之，一旦娇气、任性、懒散等消极因素起主要作用，情绪忽冷忽热，缺乏克服困难的精神，就不能巩固他们的学习积极性。

4. 弥补作用

智力发展不好的孩子，只要非智力因素得到发展，可以弥补其智力的不足。俗话说的“笨鸟先飞”，“勤能补拙”，就是这个道理。科学家居里、大发明家爱迪生，从小被人斥之为笨蛋、没出息的人，然而他们却为人类做出了杰出的贡献。智力低下的卡尔·威特，在非智力因素的促进下，一跃而成为神童，16 岁便成为柏林大学的教授。他们都是非智力因素发挥主导作用而成就辉煌业绩的典范。

二、兴趣是成功的动力

1. 什么是兴趣

兴趣是一个人对客体的选择性态度，是在需要的基础上形成的。需要有生理方面的和心理方面的，当需要得到满足时，就产生情绪的快感，这种选择性态度，称作为兴趣。兴趣随年龄的增长会有所变化。

兴趣分为消极兴趣和积极兴趣。消极兴趣是学习的障碍，能腐蚀孩子的心灵和意志；积极兴趣才是促进孩子勤奋向上、健康成长的有利因素。

2. 兴趣的作用

要使儿童适应环境、对生活充满热情，就要善于培养儿童的兴趣。广泛的兴趣，使人精神生活充实，并能应付多变的环境。兴趣使人充满欢乐。

积极的兴趣能丰富人的知识、开发智力；广泛而稳定的兴趣，能使人开阔眼界，使人知识丰富；长期稳定的兴趣，能促使人勇于探索、深入思维、爆发出创造性的智慧。

兴趣对幼儿的学习活动更为重要。幼儿的理想、信念尚未形成，因而学习的动力，多靠已形成的兴趣左右。主要是直接兴趣（具体形象事物本身引起的），如看电影后学习英雄的美德，也模仿反面人物的言行。发展积极兴趣，对提高学习效率十分重要。教育学家乌申斯基说："没有兴趣的强制性学习，将会扼杀学生探求真理的欲望。"

兴趣是一个人走向事业成功的开始。有人总结世界上数百名诺贝尔奖获得者的成功因素，其中之一就是他们对所研究的科学事业有浓厚的兴趣。

无论是谁，持久地从事一项无兴趣的活动，不仅难以成功，而且有损身心健康。

3. 兴趣的培养

利用直接兴趣培养间接兴趣，是培养孩子兴趣的有效途径。如孩子喜欢玩"开汽车"游戏，父母可利用他的好奇心理，诱发他学习有关汽车方面的知识，培养他对汽车的兴趣，从而引导他形成多方面的兴趣。

培养广泛的兴趣，让孩子掌握多方面的知识，才能有效地发展其智力。

孩子兴趣的持久性，是掌握知识、开发智力的必要条件；培养孩子的学习兴趣，才能使其不断积累知识、促使其智力发展。

三、良好的情感是成功的催化剂

人对客观事物的态度和体验叫情感，情感是人对客观现实的一种特殊反映形式。

1. 情感的作用

情感总是与认识紧密相连的，在认识的基础上产生情感。消极情感阻碍人的智力发展；积极情感则推动智力发展。特别是理智感，能使人不断地探索新的知识、保持学习的主动性、积极性，并努力克服困难。

情感有调节作用，能引起和维持人的行动，有排除障碍的功能。如对敌人的恨，能促使他勇敢杀敌；惊慌时能有意避开危险。

情感直接影响身体健康，是心理健康的重要方面。早期精神分裂症、糖尿病、脑细胞发育迟缓等都与情感消极因素有关。这些现象的存在，将严重阻碍智力发展。

情感有信号功能，具有丰富的表现力，即表达情感的方式——表情(脸部变化、体态动作、语调、手势等)。表情是人类十分重要的交际工具，有人称为“情感语言”，这种“语言”对幼儿是最有效的教育手段。

2. 良好情感的培养

情感建立在需要的基础上：需要得到满足，会产生愉快情感；情感消极、压抑，会造成精神疾病。

和谐、欢乐、团结的生活环境是健康情感的重要条件。将爱与合理要求相结合，不仅能使儿童充分得到爱，而且也能制止其不合理的要求。

增长知识、提高认识，是培养深厚情感的基础。情感总是伴随认识而产生和发展的，只有对某种事物的了解和认识比较深刻，产生的情感才会深刻。如对祖国的爱，是建立在对祖国的认识之上的；对父母、老师的爱也是如此。没有认识基础的情感，就会失去理智，从而会干出愚蠢的事情来。

孩子知识贫乏、经验少、辨别是非能力差，所以容易感情用事。因而，只有在学习知识的基础上培养相应的爱、憎、好、恶的情感，才能消除其消极情感及其反作用。

成人的情感对儿童影响极大，因而成人要用健康、积极的情感去影响儿童，并消除消极情感对幼儿的腐蚀。

四、意志力是孩子成功的柱石

意志力是为实现某种目的，在行动上自觉克服困难时表现出来的心理过程。意志和行动密不可分，人们总是按事先考虑好的目的、计划去行动；努力克服行动中遇到的困难，叫做意志行动。

1. 意志的作用

如果把成功比作大厦，那么顽强的意志、坚忍不拔的毅力，就是一个人成功的柱石。原子学说的创造者道尔顿说:“如果我有什么成绩的话,那不是我有才能的结果,而是勤奋和毅力的结果。”

一切创造与发明和事业的成功,绝不是一帆风顺的,要经历千辛万苦、克服重重困难才能实现。俗话说:宝剑锋从磨砺出,梅花香自苦寒来。美国心理学家曾对千余名天才儿童进行跟踪研究,三十年后发现,智力与成就之间不完全相关,智商高的不一定就有成就。其中800名男性,成就最大的占20%,没有成就的也占20%。进行比较发现,他们的主要差异在个性意志方面,因为意志是认识的动力。意志使注意力集中、思维敏捷、精力充沛,使人处在良好的学习状态之中,并能提高学习效率。

2. 意志具有自我控制的作用

为达到一定目的,必须克服不利于达到目的的情感和行为。俗话说“不要意气用事”,要用理智战胜情感,就是此理。另外,意志也要求,在一定时候必须克制自己的欲望、爱好,去做自己不喜欢但又必须做的事,即我们常说的,要战胜自己。

古语说得好,幸福的人不是随意支配金钱的人,而是能随意支配自己的人。孩子的精力与蒸气一样,若能控制,就能成为轮船、火车的动力;若任其发展,就会造成危害。

3. 意志的培养

人干任何事情都有一定的目的,也就是起因;为达到目的,去选择方法和手段并积极活动被称为动机,这就是人进行活动的内部动力。目标的长短,对孩子起的作用也不一样,目标长远则动力大;反之则动力小。就像人走路一样,预定走十里,走到七八里时就会感到累;预定走100里,走了几十里才觉得累。当然孩子还小,一下子达不到很高的目标,做家长的眼光要放远些,从近处着手,逐步培养,引导孩子向长远目标奋进。

为了使孩子将学习目标变成自己的志向,家长应做到以下几个方面:

目标要切合孩子的实际，不要定得过高或过低；一旦目标制定了，就要严加督促、严格执行。

在实际生活中要随时随地注意磨炼孩子的意志，鼓励孩子克服困难、实现目标。

父母要引导孩子掌握自我锻炼意志的方法，并为孩子树立榜样。如向孩子讲述居里夫人在极艰辛的条件下学习和研究的事迹、张海迪与疾病作斗争和顽强学习的事迹，以利于增强幼儿的意志。

让孩子参与检查和评价自己的行为和意志。如某家长与5岁的孩子共同制定意志训练十项计划，每完成一项，都让孩子自己打上五角星，促进孩子意志品质的发展。

五、重视孩子性格的培养

性格是十分复杂的心理现象，是个性的重要方面，它是对客观现实稳固的态度和惯化的行为方式（包括对社会、对劳动、对人、对己、对事物的态度和行为）。

性格是社会关系在人脑中的反映，是在社会实践中形成的。它标志着一个人待人接物的原则和方向，占个性的核心地位。性格有好坏之分，故从小形成良好的性格十分重要。

性格是比较稳定的，但也有可变的倾向，它不是偶然的、一时的举止，而是经常一贯的表现。性格一旦形成就不易改变，“江山易改，本性难移”，说的就是性格的稳定性特征。但也不是绝对的，性格还是可以改变的，不过比起其他方面来就缓慢得多了。

坚强的性格能促进能力的发展。爱因斯坦说：“优秀的性格和钢铁的意志，比智慧和博学更重要，智力的成熟，很大程度上是依靠性格的，这点往往超出人们通常的认识。”

因为性格影响、渗透个性的其他部分，所以要改变气质的消极部分、巩固发展积极成分。俗话说“勤能补拙”，就是说勤奋能弥补智力的不足。

性格标志着一个人的思想品质和精神面貌。良好的性格不仅对社会有积极意义,也能使人上进、奋发图强。

那么性格从什么时期开始形成的呢?

有的心理学家把性格形成划分为以下三个阶段:

第一阶段是幼儿时期。这个时期孩子还未形成稳固的态度,因此性格还未定型。

第二阶段是学龄初期和学龄中期。孩子对周围事物的稳定态度和行为方式,已逐步形成,但性格仍未完全定型。

第三阶段是学龄晚期。稳定的态度和行为方式已形成,性格改变较困难。

从以上分析可以看出,培养一个人的良好性格,最有利的时机莫过于幼儿时期,这个时期,形成良好性格比较容易。

那么,孩子应形成哪些良好的性格呢?

① 做事认真、一丝不苟的精神。

② 诚实、勤劳、正直、勇敢、热情、开朗的性格。

③ 善于独立思考,善于观察,勤奋好学,具有自信心和独立性。

孩子性格又是怎样形成的呢?

答案是受父母性格的影响。因为孩子降生以后,首先接触的就是父母和家庭环境。一般来说,从出生到学龄前这个阶段,孩子和父母接触的时间比较多,他对父母的行为耳濡目染。父母不仅是孩子的长者,也是他在实际生活中模仿的对象,父母的举止、谈吐、音容、笑貌都会给孩子的性格发展打下深深的烙印。

常言道,孩子是父母的影子。母亲爱打扮、虚荣心较强,女儿也往往喜欢打扮、虚荣心也较强;父亲不拘小节、谈吐粗鲁,儿子也往往油嘴滑舌、口出秽言。因此,要从小培养孩子的优良性格,父母首先要以身作则,以自己良好的个性、情操去感染孩子、影响孩子。如果父母动不动就发脾气、甚至吵架的话,那么孩子的性格就会变得急躁、易怒;如果家长在困难面前胆小怯懦,那么孩子也不易形成坚强的性格。

父母对孩子的管教态度和教育方法不同，也会直接影响孩子的性格特征和心理品质。

例如，父母如果对孩子过分地照顾和保护、不放手让孩子自己独立活动，那么，孩子的性格多半也是消极、依赖、缺乏独立性和忍耐力的，既不能适应集体生活，又会遇事胆小、优柔寡断。

如果父母对孩子缺乏抚爱甚至冷漠的话，孩子的性格也会变得冷淡、缺乏热情，甚至形成压抑、怪僻的性格。

如果父母对孩子过于迁就、溺爱，孩子的性格特征大多表现为骄傲、放肆、任性、懒惰、自私、不关心别人。

如果父母对孩子过分严厉，孩子一般容易缺乏自尊心，性格容易变态，甚至还会形成当面一套、背后一套的虚伪性格。

如果父母对孩子采取教而不娇、严格而又民主的态度，孩子的性格特征大多表现为热情、直率、活泼、独立、大胆、自信，既不屈服权威，又能尊重他人。

可见，家庭环境是熏陶孩子性格特征的熔炉；孩子良好的性格特征，要靠父母熏陶和培养。

兴趣是成功的最大动力

兴趣是最好的老师，也是促使孩子进步的无形的动力。有了兴趣，孩子才会产生学习的欲望，才会专注和投入，才会拥有热情和积极性。

父母要明白，孩子的兴趣是一种非常宝贵的资源。保护孩子的兴趣是为了更好地合理开发、利用它，任何形式的不尊重、限制或否定态度都不利于保护孩子的兴趣。

儿童阶段是培养孩子兴趣的关键时期，孩子能否成功，与父母能否发现并培养孩子的兴趣有很大的关系。多年以来，很多家长只重视孩子考试的分数，而忽视了对孩子兴趣的启发和培养。然而分数并不能代表孩子各方面的能力，兴趣才是事业成功的基础。

一、创造有利于兴趣培养的家庭环境

只有肥沃的土壤才能长出好庄稼，只有良好的家庭环境才更有利于孩子兴趣的培养。家庭环境对孩子的影响非常大，古人就有“近朱者赤，近墨者黑”的说法。因此，父母应该为孩子创造良好的家庭环境，使孩子从小就成长在喜爱学习、便于学习的环境中，久而久之，耳濡目染，孩子也就会对学习产生兴趣。

二、利用孩子的好奇心激发兴趣

每个孩子都有好奇心，父母可以利用好奇心让孩子对本来有兴趣的事物继续探究、打破砂锅问(纹)到底，通过不断了解事物的内在联系来激发孩子的好奇心，引导孩子对该事物产生兴趣。

当孩子对某些东西表现出好奇心时，正是父母培养孩子这方面兴趣的时候。比如，当孩子问“小鸟为什么会飞”时，父母就可以抓住机会，告诉孩子：鸟儿飞翔的时候把上面的气流往下排，这样一来，下面的气压就比上面的气压大，于是就飞起来了。可能孩子还会问“什么是气压”，这时父母可以继续给孩子讲讲气压方面的知识，千万不要不耐烦。如果你回答不了孩子的问题，可以给孩子一本相关的书，并引导孩子去寻找答案。

爱提问的孩子一般都具有强烈的求知欲望和探索精神，孩子爱提问，是因为好奇心的驱使，也是兴趣、爱好的表现。家长应善于从孩子的提问中挖掘孩子的兴趣、爱好，尽量耐心地为孩子解答。伟大的发明家爱迪生小的时候就经常问“为什么”，他的母亲充分肯定了他的爱问精神，并加以培养，终于使他成就伟大的事业。

三、通过新鲜的事物刺激孩子的兴趣

很多父母在孩子小的时候，不断地给孩子买各种各样的东西，以此激发孩子的兴趣。

比如，有的父母经常给孩子买漫画书、教孩子看漫画，孩子便逐渐对漫画产生了兴趣。

四、到大自然中去激发孩子的兴趣

一位著名的教育家说："没有亲近泥土的孩子没有真正的童年。"大自然是孩子学习的宝库，因此，父母应该创造条件让孩子走进大自然，开阔孩子的眼界，增长孩子的见识，激发孩子的兴趣。

在大自然里，孩子可以学到许多书本上无法学到的东西，既可以加深孩子对书本的认识，又能激发孩子的学习的兴趣和想象力。

五、在玩耍中培养兴趣

兴趣是发展孩子智力的强大推动力，要想让孩子的智力获得发展，首先要激发出孩子的兴趣。孩子对周围的事物有了浓厚的兴趣，就会主动运用感官去看、去听，去动口说、动脑想、动手操作、积极探索。

父母作为孩子的第一任老师，首先要深入了解孩子的心理发展水平和个性特点，掌握他的兴趣特点。如孩子喜欢玩水，家长就给他一盆水，并相应地提供一些辅助性材料，如小瓶子、木块、海绵、小铁片等，让他尽情地玩水。在此过程中，孩子不仅能身心愉悦，而且能使孩子了解水的属性，获得物体沉浮的相关经验。

在孩子玩的过程中，父母可以有意识地给他更多的环境刺激，让孩子在游戏中借助玩具表现活动内容、反映他的情感和意愿。例如，给孩子一根木棍，可启发他想出多种多样的玩法，如当马骑、当钓竿、竖起来当旗杆等等。这样一物多用，既激发了孩子玩的兴趣，又开阔

了孩子的思路，发展了创造性思维。另外，父母还可以用废旧材料和孩子一起自制玩具。如用各种纸盒做汽车、楼房等。孩子通过制作的过程发展了注意力、动手能力和克服困难的能力，同时获得了成功的喜悦和美的感受。

兴趣还是孩子学习知识的最大动力。一个孩子如果对某一门功课感兴趣，毫无疑问，他一定会学得主动、学得轻松、学得愉快。一旦对学习真正产生了兴趣，孩子不仅会主动地去学，而且会越学越想学，越学越容易学，从而形成良性循环，父母也就不用天天为孩子的学习问题而发愁了；反之，如果父母引导无方，孩子一旦对某门功课产生畏惧心理或厌烦情绪，大脑就会产生一种排斥倾向，便很难学好了。

六、尊重并支持孩子的兴趣

孩子的兴趣和大人的兴趣完全是两回事。虽然孩子的兴趣看上去简单、幼稚，有时甚至显得无聊，但父母也不能因此而无视它的存在，更不能因为大人认为无聊就压制孩子的兴趣。父母需要做的是尊重孩子的兴趣选择，并主动积极地帮助孩子发展兴趣，而不是把自己认为高雅、有趣的爱好强加在孩子的身上。

最简单的对待态度就是：他喜欢什么就让他去做好了，只要不伤害到别人和他自己。

如果你严格地限制孩子的兴趣爱好，并要求他去爱好你所允许的东西，那么结果只能相反。

如果你随着他的兴趣去做他自己喜欢的事情，那么他在这个活动中便可以自由发挥，他的智力也就可以自由发展。这样，兴趣便成为孩子的一种能力，变成了孩子的优势和特长。

七、要善于发现孩子的兴趣

孩子的兴趣是多种多样的，其兴趣也是在不断转移、不断变化的。所以，父母要善于发现并引导孩子的兴趣，让孩子在发展良好兴趣的同时，逐渐形成相应的能力。

引导孩子的兴趣有很多种方法，很多父母为了培养孩子的特殊才能，让孩子参加各种各样的学习班，如音乐班、美术班，等等。父母的目的很明确，就是为了培养孩子的兴趣，让自己的孩子拥有与众不同的能力。

兴趣的发现、激发、引导和培养是一个艰难而曲折的过程，重要的是要持之以恒，让这个兴趣成为孩子生活的一部分。时间久了，兴趣就成了孩子的一种习惯，这才是真正意义上的兴趣。

引导孩子自我培养学习兴趣

古今中外凡有成就者，无不对自己所从事的事业有着浓厚的兴趣，兴趣推动他们孜孜不倦地追求，进而取得成功。科学家丁肇中用6年时间读完了别人10年的课程，最后获得诺贝尔物理学奖。记者问他："你如此刻苦读书，不觉得很苦很累吗？"他回答："一点儿也不苦不累，没有任何人强迫我这样做，正相反，我觉得很快活。因为有兴趣，我急于要探索物质世界的奥秘，比如搞物理实验；因为有兴趣，我可以两天两夜、甚至三天三夜呆在实验室里，守在仪器旁。我急切地希望发现我要探索的东西。"由此可见，兴趣对一个人有多么重要。同理，孩子只有对学习感兴趣，才能激发和强化学习的内在动力，从而调动学习的积极性。兴趣的形成和家庭教育、教师的教学、周围环境的影响、学习者有意识的自我培养有关。那么，家长应该如何引导孩子自我培养学习兴趣呢？

一、积极期望

积极期望就是从改善学习者自身的心理状态入手，使其对自己不喜欢的学科充满信心，相信该学科是非常有趣的，自己一定会对这门学科产生信心。想象中的“兴趣”会推动学习者认真学习该学科，从而导致对此学科真正感兴趣。有一个学生曾对学习地理毫无兴趣，每逢上地理课总是打不起精神。为了自我培养对地理的兴趣，他做了这样的练习：“我喜欢你，地理!”重复几遍之后，他觉得地理不像从前那样枯燥无味了。第二天他到图书馆借了一本有关地理的书，回家后收拾一下房间，高高兴兴地读了起来。再上地理课时他开始认真听老师讲解，后来真的很喜欢地理课了，总是急不可待地盼着上地理课。

二、从小目标开始

学习之初可先确定小的学习目标，而且目标不可定得太高，应是通过努力可以达到的。不断的进步就能提高学习的信心、增强学习的兴趣。持之以恒地努力，一个一个小目标的实现，便是实现大目标的开始。

三、了解学习目的，间接建立兴趣

学习目的是指某学科的学习结果是什么，为什么要学习该学科。当某学科对学习者没有太强的吸引力时，对最终目标的了解是很重要的。学习过程多半都是要经过长期艰苦努力的，这种艰巨性往往让人望而却步；而学习是学生的天职，又不能不学。所以学习者必须认真了解每门学科的学习目的。看书上的绪言部分，听老师介绍学科发展的趋势，或从国家、社会发展前景的高度去看待各门学科。例如，记外语单词和语法规则，常常是枯燥无味的。但记住以后，会给听、说、读、写、译等技能的培养带来很大的帮助，而且考试中也会得高分。如果学习者对学习的个人意义及社会意义有较深刻的理解，就会认真学习各门功课，从而对各科的学习产生浓厚的兴趣。

四、自我奖励，以培养直接的学习兴趣

在学习的过程中，学习者每取得一个小的成功，就进行自我奖赏，达到什么目标，就给自己什么样的奖励。有小进步、实现小目标则小奖赏，如让自己去玩一次自己想玩的东西；有中进步、实现中目标则中奖励，如买一本自己喜欢的书等；有大进步、实现大目标则大奖励，如周末旅游等。这样通过渐次奖励来巩固自己的行为，有助于产生自我成功感，不知不觉就能对学习产生直接的兴趣。

五、兴趣转移，培养新的学习兴趣

每个人在少年儿童时期都有自己特别感兴趣的事，如爱玩汽车、爱搭积木等。到了高年级后，就应当去发现、了解与爱好有关的知识，如怎样当个好驾驶员？汽车是如何发动的？汽车的构造、原理是什么？所学的知识中哪些和它们有关系？这样就把对学习的兴趣在原有的基础上发展起来了。爱因斯坦中学时只对物理感兴趣，而不喜欢数学，后来他在纵深研究物理时发现数学是其基础，便又产生了对数学的兴趣。又如，如果你对语文基础知识的学习不感兴趣，而对写作非常感兴趣。这样你可以通过写作练习，体会出语文基础知识对写作的重要意义，从而增强学习语文基础知识的积极性。

六、在解决实际问题的过程中，确立稳定的兴趣

用学得的知识解决实际问题，一可以巩固知识，二可以修正知识，三可以带来自我成功的喜悦情绪。这种喜悦情绪正是建立稳定、持久的兴趣所必需的。

七、保持兴趣最容易的方法是不断地提问题

当你为回答或解答一个问题而去读书时，你的学习就带有了目的性，也就有了兴趣。准备一些问题是很容易的，仅仅把每节的标题

当成问题就可以了。例如，学习阿基米德定律时，你可问：阿基米德定律的内容是什么？它是怎样发现的？怎样证明它的结论是对的？它的公式是什么？使用它应注意什么问题？我能否用其他的办法推出？为了回答这些问题，一开始你可能会强迫自己详细看下去，而你一旦深入学下去，兴趣就会越来越浓，你就会被牢牢地吸引住。

八、想象成功后的情景，激发学习兴趣

当我们满腔热情地去做任何一件事前，一般都会对它的结果有预期的想象，从而坚持去做这件事情。例如，你想象某个电影非常好看才促使你去看；假如你事先想象这个电影不好看，那么你就不一定去看了。厨师想象出自己做出来的佳肴是什么味道，继而辛苦劳作；作曲家想象出自己作出的曲子会产生什么样的乐音，从而激发出他的创作热情。同理，你可以想象出考试成绩优秀、顺利进入大学；也可以想象出考试成绩优秀，得到老师、家长的赞扬等，从而激发出奋发学习的兴趣。

如何培养高情商的孩子

所谓情商是指一个人感受、理解、控制、运用和表达自己及他人情感的能力。情商并不是一种抽象的理论，也不仅仅是一种品质。它包括：

认识自身情绪的能力。认识自身情绪是情商的基础，这种随时认知感觉的能力，对了解自己非常重要。

妥善管理情绪的能力。情绪管理必然建立在自我认知的基础上，通过自我调节，达到自我安慰、摆脱焦虑不安等目的。

自我激励的能力。无论是集中注意力，还是发挥创造力，将情绪

专注于一项目标都是绝对必要的。成就任何事情都要靠情感的自制力,保持高度热忱是一切成就的动力。

认知他人情绪的能力。即善解人意,并由此与不同性格、不同类型的人和睦相处、愉快合作。可以说,这是基本的人际交往技巧。

人际关系的管理能力。人际关系是一门管理他人情绪的艺术,能否细微地关注、恰当地对待他人的情绪,往往与个人的人际和谐程度、领导能力有关。

一个人情商的高低,虽然有先天遗传的成分,但和智商(IQ)相比,却与后天的培养更为息息相关。随着社会的发展,情商越来越受到人们的关注,幼儿期正处于情绪、情感发展的关键时期,应在发展孩子智商的同时,也关心孩子情商的培养。

情商是一个人对自己和对他人情绪的认知和控制能力商数。一个情商高的人,能激励自我、愈受挫折愈勇往直前;能克制冲动、延缓满足、延迟享受;能调适情绪、避免过度沮丧影响思考能力;能设身处地为他人着想、为他人解忧排难;能积极思考、对未来永远抱有希望。

与智商相比,情商的遗传成分要少很多,主要是后天形成的。这就意味着,无论你的孩子天赋如何,其情商都可以从幼儿起进行培养,从而帮助他创造成功人生。

家庭是孩子情商发展的第一所学校。在家庭教育中,父母应重视对孩子的情感教育,使其懂得爱自己和爱别人,引导孩子努力提高情商。

那么,家长如何帮孩子提高情商呢?

一、父母要为孩子树立良好的榜样

父母的一言一行、一举一动,无不对孩子起着潜移默化的影响。因此,父母要以身作则,凡是要求孩子做到的事情,父母首先必须做到。要培养孩子的情商,家长首先必须树立良好的社会形象、建立良好的人际关系,为孩子树立良好的榜样。

二、帮助孩子控制自己的情绪

首先要让孩子懂得，哪些情绪是好的，哪些情绪是不好的。好的、积极的情绪，如热情、欢乐、乐观、和善等，易被社会接受，应让它自由地表现出来。

不好的消极的情绪，如冷淡、抑郁、悲观、愤怒等，不易被社会接受，要对它加以抑制或消除。同时家长还要让孩子懂得，应该在什么样的场合下表现出什么样的情绪，以便孩子逐渐形成自我控制情绪的能力。

三、注意孩子情感的细微变化

父母要与孩子进行心灵沟通，做孩子的知心朋友。对于孩子的要求，只要是合理的而且能给予满足的，家长应该尽量予以满足；不合理而且不能给予满足的，则要向孩子说明为什么不给予满足的道理。

父母既不能不重视孩子的合理要求，也不能让孩子放任自流，更不能动辄训斥、打骂、压抑孩子的情感流露。相反，家长应创造条件让孩子的情感得到合理的表达，需要解决的，则应及时予以解决。

四、为孩子创造与他人合作、交往的机会

合作、交往是孩子快乐的重要源泉，孩子在合作、交往中既制造了快乐，又享受了快乐。让孩子在特定的情境中扮演角色，感受相互关爱，使他们懂得被人爱和爱他人都是快乐的。

同情和关爱他人，也是情感智力的一个重要内容，而且关系到孩子将来能否成为一个受欢迎的人。对于独生子女来说，在这个方面的情商如何，更是关系重大。如果培养出一个性格开朗的好孩子，那么家庭的幸福是没法形容的；但如果家里出了一个逆子，那么家长的精神痛苦则是不可言状的了。

所以，父母应重视孩子与同龄孩子之间的交流，给孩子与人交往和关心别人的机会。这些光靠“说”是绝对不行的，还必须让孩子有亲身的经历。因为人的大脑分为思维和情感两个部分，人际关系方面的情商、智力、技能，只有通过亲身交往和体会才能有效地在大脑中发育出来。

五、让孩子学会控制情绪的方法

科学实验证明，人在压力之下变得过度紧张时，血液会离开大脑皮层，于是就会举止失常。此时，大脑中动物的本性起了主导作用，人就会像动物那样行事。

控制情绪爆发有很多策略，其中一个方法就是注意自己的心律，因为心律是衡量情绪的精确尺子。当心跳快至每分钟100次以上时，调整一下情绪就显得至关重要。如不加调整，在这种心率下，身体会分泌出比平时多得多的肾上腺素，人就会失去理智，变成好斗的“蟋蟀”。

平静心情的方法有：

① 深呼吸，直至冷静下来。慢慢地、深深地吸气，让气充满整个肺部；把一只手放在腹部，确保呼吸方法正确。

② 自言自语。比如对自己说：“我正在冷静。”或者说：“一切都会过去的。”

③ 水疗法。洗个热水盆浴，可使你的怒气和焦虑随浴液的泡沫一起消失。

玩儿游戏可以提高孩子的情商

爱玩儿是儿童的天性，玩游戏也是儿童的需要。玩儿游戏符合孩子心理活动发展的特点，是儿童的基本实践和独特的学习形式。如果一个孩子对玩儿游戏的需要都没有，那个孩子不是身体发育不健全，就是心理不健康。

所以，在每个院落里，我们经常可以看到孩子们玩儿游戏，听到他们的欢声笑语。

捉迷藏，牵羊买羊……这些都是孩子最喜欢玩的游戏。这类游戏简单，不需什么“道具”，又热闹有趣，不分男女，人多人少都可以玩。除了这些共同的游戏外，男孩子还喜欢打弹珠，玩打仗，“打圆牌”；女孩喜爱跳橡皮筋，丢米袋（或沙袋）等。

积极健康的游戏不仅能够开发智力，锻炼孩子的能力而且还能提高孩子的情商，所以，父母应该给予充分重视和运用。

一、玩儿游戏有利于养成孩子守规矩意识和习惯

游戏都是有一定的规则的，要求参加游戏的孩子必须自愿地遵守规则。因此，做这些游戏可以养成孩子守规矩、按规则做事的意识和习惯。因为如果哪个孩子不遵守规则，要赖皮，玩伴们便会群起而攻之：“你赖皮！你赖皮！”如果他坚持不改，玩伴们就会不理睬他，不同他玩耍。小朋友们的疏远对他的教育比父母的说教要有效得多。

二、玩儿游戏有利于培养孩子的集体意识和团队精神

做游戏是一种集体活动，玩耍的过程也可以无形中培养孩子的集体观念和合群性。这些对孩子将来的独立生活都是非常重要的。因为人需要群体生活，需要有别人的相伴，需要有别人的情感支持。社会心理学研究表明，无论成功还是幸福，都离不开人际关系的支持。

三、玩儿游戏有利于孩子全面发展

孩子可从游戏中得到满足和发展，进而丰富知识，增强对事物的

观察力、注意力和思考力，锻炼意志。孩子在游戏中不仅可以了解现实，认识世界，甚至会产生改善世界的某种强烈的愿望。所以，父母不要压制孩子爱玩的天性，不要轻易责怪孩子贪玩。应加以正确指导，使游戏成为孩子更有目的的模仿和学习活动，让孩子从中学到更多的生活知识。

教孩子学会调节情绪

每个人都有情绪不好的时候，如果孩子经常乱发脾气、郁闷寡欢，那么，就需要调整情绪了。

对于孩子的不良情绪，父母怎样引导孩子调节呢？

一、让孩子客观地看待事物

父母要引导孩子客观地看待事物，视野开阔了，情绪就能稳定下来了。例如，孩子考试没考好，父母就鼓励他以后再努力；孩子得不到老师的重视，家长就鼓励他好好努力、用行动改变老师对自己的看法……

二、让孩子学会倾诉

父母或老师阅历深、经验丰富，看问题比较深刻、全面，有时父母和老师的一席话就可以解决孩子的烦恼。所以，当孩子遇到烦恼时，家长要及时引导孩子找父母、老师或知心朋友倾诉；告诉孩子不必把自己圈在自己划定的圈子里；要从烦恼中解脱出来，就要主动向家长和老师谈思想；主动地多接触人、多谈多聊多沟通。

三、让孩子走进文艺中

文艺对人具有美的熏陶作用，人在烦恼时多接触文艺大有好处：

看一幅美丽的图画可以使人赏心悦目；听一段美妙的音乐，可以使人心情舒畅；看一场感人的电影或一部激动人心的电视剧，可以使人心胸开阔、忘掉烦恼。因此，父母应该有意识地引导孩子进入文艺的王国。

四、让孩子锻炼身体

告诉孩子，锻炼身体也是振奋精神、调节情绪的好办法。比如，烦躁时出去打打球、跑跑步是很有必要的；骑车、划船、郊游也是改变心境的好方法。那些美丽动人的自然风光、沁人心脾的新鲜的空气，都可以使人心情豁然开朗，从而将一切烦恼都抛在脑后。

五、让孩子转移注意力

当一个人心烦意乱的时候，都需要尽量转移注意力；对不成熟的孩子来说，更是如此。例如，孩子考试成绩不佳时，就引导他不想考试的事，可以换一个“话题”，想想自己的生日怎样过，回忆回忆去年春节的同学聚会，整理整理自己的玩具，到同学家串串门……这样转移一下注意力，可以使孩子从消极情绪中解脱出来。还可以让孩子听听音乐、看看报纸、翻翻画册、看看电影和电视、回忆一下自己最幸福最高兴的时刻，把消极情绪转移到积极情绪上去，冲淡以至忘却烦恼，使情绪逐步好转起来。遇到难解的事也可以引导孩子先不去想它，让自己的思维插上翅膀去自由畅想，也可以与别人漫无边际地畅谈，以免为难解的事儿钻牛角尖、给自己带来无端的烦恼。

六、让孩子学会换位思考

有位名人说：“不会抑制自己的人就是一台被损坏了的机器。”当一个人和别人发生矛盾、产生不满、敌对、嫉妒等强烈情绪时，如果能换位思考，也许就容易理解对方的做法，从而改变一些自己的原有看法、减轻消极情绪。所以，要引导教育孩子，任何时候都要有自知之明，要认识到自己的长处和短处，遇事要站到对方的角度想问题，学会换位思考，学会谅解、谦让。这样，在遇到问题时就能正确对待和处理，也就能免于动气。感情表露是人的修养的外在表现。有修养的人遇到问题，不会火冒三丈、大发雷霆，而是沉着、冷静、心平气和，即使自己有理也能让三分，因为他们心有全局、有他人；而那些修养差的人、患得患失的人、好为人师的人、狂妄自大的人、固执己见的人、自以为是的人，往往会为个人利益未得满足而动气。所以，提高修养水平，提高认识水平，是克服爱生气毛病的根本所在。

七、让孩子懂得节制感情，少发脾气

人的感情有时如滚滚波涛，需要适度节制以防止泛滥。感情的堤坝就是理智，因为理智可以使人爱之有度、乐之有限、怒之有时、悲之有节。所以要告诉孩子，人是要有理智的，要学会“制怒”、节制自己的感情。遇到问题头脑先冷静一下，等心情平静下来再处理。“冷处理”可以给人以冷静思考的时间和解决问题的平静环境。有些事情不是当时非处理不可的，就过两天再谈，比如发生口角，可以先停下来，过两天双方都心情平静了再解决，就能减少怒气。当你觉得你发脾气时，要赶快提醒自己控制一下自己的情绪。当你遭遇到生气不可避免的情景时，不妨试试延缓10秒钟再爆发，避免冲动行事。有的人脾气反常是疾病引起的，如肝火太盛等，就需要从治病方面去解决了。

八、帮助孩子远离羞涩和腼腆

羞涩和腼腆是许多孩子具有的心理现象，也是孩子与人正常交往的一大障碍。如果父母对害羞的孩子不予以纠正，势必会影响孩子以后的社会生活。倘若父母希望有一个开朗活泼的孩子，就要下工夫教孩子如何与人交往。例如，当有人与孩子讲话时，要教孩子用眼睛直视说话的人，向其问好并有所称谓。

假如孩子见到生人或熟人就躲到妈妈身后、不与人打招呼，父母应要求孩子立即改正这种不礼貌的行为；否则，就适当采取必要的惩罚措施，如让他站到角落里去反省，直到孩子愿意与人打招呼为止。

九、悲伤时让孩子哭出来

哭泣是人悲伤时的表现。科学研究发现，人在哭泣时体内会发生一定的化学反应，从而缓解痛苦。当孩子悲伤时，父母应让他好好地哭一场。此时，父母不要过多地干预，只须平静地坐在孩子身边，并适当地给予安慰，让孩子感到家长的体谅和关心。有时，孩子会投入你的怀抱，需要你紧紧地拥抱和轻轻地抚慰。当孩子因哭泣而难为情时，父母要表示理解，让他感到哭泣并不可耻，而是人的正当行为。

帮助孩子克服学习中的畏难情绪

天下之事，有难有易。去做，难的事情也会变得容易；不做，容易的事情也会变难。去学，难的事情也会变得容易；不学，容易的事情也会变难。所谓“世上无难事，只要肯登攀”，说的就是这个道理。

在学习中，只有克服畏难情绪，鼓足勇气去学，才能战胜困难、尽快学到新的东西。

那么，父母怎样帮孩子克服学习中的畏难情绪呢？

一、让孩子端正学习态度

在学习方面，总担心学不会的人，碰到的最大敌人不是学习任务重、难度大，而是在遇到困难和挫折时所产生的心理情绪问题和动机障碍。例如，有的孩子学习成绩不理想时，不能正确地面对，便会产生焦虑情绪和自卑感，认为自己不是读书的料。然而，这种想法是万万要不得的。父母要让孩子端正学习态度，对学习有一个明确的认识——学习是在学习知识，而不是在受罪。

二、培养孩子的自信

自信是战胜畏难情绪的有力武器。当孩子出现畏难情绪时，家长可以引导孩子通过积极的心理暗示，坚定自己战胜困难的信心。如暗示自己："这个问题难不住我"、"我就不相信自己解决不了它"、"我一定不能懒惰"、"再难的内容我也要记住它"等。要教会孩子遇事多给自己鼓励，试着对镜子里的自己说："我行，我很棒！"这样孩子就会发现自己的自信心增强了。还可以引导孩子通过纵向的比较，看到自己的变化，发现自己的进步，从而坚定信心。

三、帮助孩子寻找成功的路径

父母应提醒孩子要专注于课堂学习，认真听老师讲解，积极参与课堂教育活动；重点难点，力求在课堂上解决；对于理科的一些课程，一定要掌握原理，从源头上理解和掌握学科知识；要研究自己做错的题，举一反三，找到解决问题的对策；做练习，要精选，不可贪多求全。在学习中，要让孩子注意培养自己的能力，诸如理解能力、阅读能力、迁移能力、概括能力、创新能力等。能力提高了，许多问题就可以迎刃而解，这样自己面对的困难也就少了。文科的一些课程，要懂得化整为零，增强学习的计划性，做到水滴石穿。学习方法没有固定的模式，因人而异，需要孩子在学习的过程中不断地摸索。孩子只有总结出适合自己特点的方法，才能找到学习的出路。当然，这方面父母也可以帮助、指点。

四、帮助孩子制订适宜的目标

制订适宜的目标，对孩子克服学习中的畏难情绪和思想障碍非常有帮助。一个人有了明确的学习目的，就能积极主动地学习，把畏难情绪变为必胜的信心。在为孩子制订学习目标的时候，应遵循循序渐进的原则，不要急于求成。开始时，学习的目标可以定得低一点，然后逐步地提高要求，使孩子逐渐适应。

五、唤起孩子对学习的兴趣

兴趣是注意力的最大动力。所以在矫治孩子因注意力涣散而引起的厌学情绪时，宗旨是要唤起孩子对学习的兴趣，方法有以下几点：

★注意使用不同的学习方法，如综合运用听、说、读、写，避免学习时间过长使孩子心理上产生厌烦情绪。也可把几门功课的内容交替进行复习。还可利用讨论的方式和提问的方式进行学习。有条件的家庭可以配合录音、录像等电化教学手段，提高孩子的学习兴趣。

★在学习时，孩子如果注意力分散，可引导其做几次深呼吸或放松训练，使其精神松弛，克服紧张情绪，重新安下心来学习。

★当注意力不集中时，可让孩子到室外跑跑步或做做操，10 分钟左右即可。

六、培养孩子稳定的学习情绪

父母要提高孩子对学习的认识水平，要使孩子意识到学习是他自身发展的需要。认识的逐步提高，有助于孩子学习情绪的逐渐稳定。培养孩子良好的学习习惯，要注意从以下几个方面抓起：

★帮助孩子确立正确的学习方法。合理利用时间和大脑，不搞疲劳战术，坚持以质取胜。

★要从小抓起，从点滴抓起，如写字姿势要端正，握笔姿势要准确等。

★对孩子的学习应勤检查、勤督促，并及时鼓励。一旦发现孩子有不良的学习习惯，如做作业马马虎虎，也要及时指出、予以纠正。

★父母对孩子的学习可以指导，但决不可包办代替；要让孩子在学习的过程中，逐步培养和树立责任感和独立性。

让孩子学会用自励激发学习动机

什么是激励？激励就是鼓舞人们做出抉择并付诸行动，即"内部催动"。本能、热情、情绪、习惯、态度、冲动、愿望或想法，能激发人行动起来。

自励，即自我激励，自己鼓励自己，自己激发自己的动机，充实动力源，使自己的精神振作起来。

自励是激励的一种。有没有激励，人朝目标前进的动力是很不一样的。美国心理学家詹姆士的研究表明，一个没有受激励的人，仅能发挥其能力的20%～30%；而当他受到激励时，其能力可以发挥80%～90%，相当于前者的3～4倍。

对于现代社会的人来说，学会自励极为重要。

这是因为剧变的社会既为人们创造了大量的发展机会，也为人们设置了种种的"陷阱"。当人们处于顺境时，一般容易兴高采烈，甚至还会忘乎所以；而在人们陷于逆境时，往往不知怎么办才好。此时，就需要自励这一手段来重振精神。

因为这是剧变的社会，存在许多不公、不平的事，想干一点事业、干出一点成绩来，也许就会有许多意想不到的事情发生。挫折、打击会突然降临到你的头上，流言蜚语、造谣中伤也会接踵而至。如果碰到耍心计、玩权术的上司，那么，难受的小鞋、莫名其妙的打击，就会一个跟着一个。在这时，尤其需要自励，使自己保持一颗平常心，重新取得心理平衡。

许多人的心理素质不是很高，应变能力不是很强，稍有一点"风吹草动”,稍稍遇到失败,就会灰心丧气、萎靡不振。在这种情况下,也需要使用自励这种调节机制。

那么,怎样才能学会自励呢?

一、学会正确认识自己是自励的前提

认识自己就是认识自己的长处和短处,不将长处当短处,不将短处当长处,绝不护短,绝不自己原谅自己。只有知道自己遭到失败、挫折的原因在哪儿,才会有的放矢地重新起步。怎样认识自己的短处?认真反省是一个关键。

自励的重要因素是要自己看得起自己。现在有许多人有这样一个毛病:风平浪静时,自贵、自爱得不得了;一遇到问题的时候,就妄自菲薄、自暴自弃起来,消极颓废,从此一蹶不振,有时甚至还想用一些激化矛盾的方式进行对抗。为什么会这样?就是在于过于自卑,过于自馁,认为自己这也不行那也不行,什么都干不了。所以,要正确认识自己,首先一定要自尊。

二、要采取切实措施自己帮助自己

这是自励得以实现的重要手段。怎样帮助自己?那就是:在失败之后,在认真吸取教训的基础上,重新设定奋斗目标,拟订可行的计划,采取切实可行的措施。在此过程中,用一点一点的成功来激励自己,用社会的承认来增强信心,脚踏实地,一步一步前进。

三、养成立即行动的习惯

自我激励的秘诀就是“行动”。自我发动法实际上就是一句自我激励警句:“立即行动!”无论何时,当“立即行动!”这个警句从你的潜意识心理闪现到意识心理时,你就该立即行动了。

平时就要养成一种习惯:用自我激励警句“立即行动!”,对某些小事情做出有效的反应。这样,一旦发生了紧急事件,或者当机会自

行到来时，你同样能做出强有力的反应，立即行动起来。

假如你有一个电话应该打，但由于拖延的习惯，你没有打这个电话。而当自我激励警句“立即行动！”进入你的意识心理时，你就会立即去打这个电话。

又假定你把闹钟定在早上6点。然而，当闹铃响起时，你睡意正浓，于是关掉闹钟，又睡了。久而久之，你会养成早晨不按时起床的习惯。但如果你听从“立即行动！”这一命令的话，你就会立刻起床，不再睡懒觉。

一个勤奋的艺术家，他力图不让任何一个想法溜掉。当他产生了新的灵感时，他便立即把它记下来。即使是在深夜，他也会这样做。他的这个习惯十分自然，毫不费力。对他来说，这实际上就是用行动实践了“立即行动！”的激励警句。

“立即行动！”可以影响你各方面的生活。它能帮助你去做你所不想做而又必须做的事，同时也能帮助你去做那些你想做的事；它能帮助你抓住宝贵的时机——这些时机一旦失去，就绝不会再回来——哪怕只是打电话给你的一位伙伴，告诉他：你很想念他。

四、通过自我奖励来自励

做真正的自己，不以物喜，不以己悲。学会自我肯定自己的价值，学会自己给自己喝彩。因为一些天生的因素或许你无法超越一些人，但是你可以超越自己，尝试给自己一点掌声，给自己一些奖励，你会发现你的人生更加有动力！

对于每一个人而言，真正的对手不是别人，而是自己。无论你做什么，如果你每一次都比前一次进步，那么你就是胜利者，你就应该给自己颁奖，作为自己进步的奖励。

学会给自己颁奖是一种乐观的生活态度、一种积极的人生观。世界上哪有那么些奖项颁发给普通人？所以，每一个人都要学会这种自我激励的小窍门，这样才能保持你充足的活力。

要让孩子学会自我奖励：当学习成绩有进步时，当自己的一个小小理想被实现时，当自己的近期计划被圆满完成时，都可以给自己一些奖励。

当然自我奖励有很多种，可以是物质上的，也可以是精神上的。它可以是一件心仪已久的饰品；可以是一种垂涎已久的食品；可以是一本喜欢的书籍；可以是某个周末的爬山远足；也可以是闭上眼睛听一首优雅的音乐……

没有他人的颁奖并不代表你不优秀；相反，成长中的孩子更值得奖励——走出的每一步都是探索的、充满勇气的、值得赞赏的。所以，当别人没有为你喝彩时，那么就自己给自己喝彩；当别人没有为你准备奖杯时，那么你就给自己设立奖项。学会自我鼓励、自得其乐，才能在困难重重的征途上不因为厌烦而放弃。给自己颁一个奖，不仅仅是给自己的一个鼓励、一个安慰，更是对自己的未来提出一个希望。

学会给自己颁奖的意义有很多。首先，给自己颁奖，肯定自己的成绩，可以使自己更有信心面对未来。你不需要苦苦等待他人的颁奖，他们的不在乎甚至冷落不能打退你的自信心。年轻人容易犯的错误就是过多地在乎别人的看法，他们总是希望通过别人的眼睛看到自己的成绩。事实上，你不需要把人生寄托在他人身上，用自己的眼睛来评价自己的成长，这样反而更加准确。利用自己的特长，做自己想做的事情，别人或许并不理解你的所作所为，但是当你真正成功的时候，他们自然就会改变看法了。“不积跬步，无以至千里；不积小流，无以成江海”。万人瞩目的成就不是一蹴而就的，它需要一个慢慢的积累过程，需要一个从量变到质变的飞跃。在这个飞跃的过程中，要带着自我鼓励和自信上路，这样才能抵挡住风风雨雨的袭击。其次，给自己颁奖，可以增强自己的斗志，赐予自己新的力量。当你确定一个目标以后，实现的过程必须一步一个脚印；每往前跨出一步，你或许就消耗了一些能量，这时候，一个小小的自我奖励或许就能及时补充你的能量，让你重新恢复战斗力、继续向前迈进。

自我奖励比起他人奖励更容易实现；没有任何理由可以阻止你对自己的肯定。如果近期你已经做出了不小的成绩，那么就不要吝啬，好好地奖励一下自己吧！

恒心是事业成功的基础

伟人之所以是伟人，就是能不屈不挠地实现自己的预定目标，即使遇到再大的困难也绝不放弃。孟子说过："故天将降大任于斯人也，必先苦其心志，劳其筋骨，饿其体肤，空乏其身，行拂乱其所为，所以动心忍性，增益其所不能。"

将一只跳蚤放进没有盖子的杯子内，跳蚤轻而易举地跳出了杯子。如果用一块玻璃盖住杯子，跳蚤每次往上跳时，都因撞到这块玻璃而跳不出去。过了一段时间，再把这块玻璃拿掉，结果跳蚤再也不愿意跳了，自然也就没有离开杯子。

日常生活中，有些孩子对学习没有恒心，不是虎头蛇尾，就是半途而废，不能一如既往地坚持下去。还有，很多孩子喜欢在每一个新学期开始时，为自己制订一个学习计划。最初几天还能完全按照计划学习，到后来，却渐渐松懈下来，最后甚至完全抛开了原订的学习计划。半途而废是一种严重影响孩子学习效果的不良习惯。半途而废不利于孩子健康、规范、严谨的学习作风的形成。

有的孩子说，他的学习之所以不能做到持之以恒，是因为他天生对学习不感兴趣。其实，世上不存在天生爱学习和天生不爱学习的人。可以把学习比喻成一个吃核桃的过程，核桃的仁是香的，但如果不把坚硬的外壳打开却是吃不到的。有的人在学习上始终保持着一股拼劲儿，靠自己的意志和努力终于打开了"核桃壳"，尝到了"核桃的美味”，体验到了成功的乐趣，学习兴趣也就建立起来了。而那些对学习不感兴趣的孩子，由于在学习过程中缺乏持之以恒的毅力，没有付出足够的努力，也就品尝不到“核桃肉”的美味，自然也就体验不到学习的乐趣了。

恒心是事业成功的基础，要培养孩子的恒心，父母应该从以下几点抓起：

一、要求孩子做好充分的学习准备

做好学习前的各种准备工作，如备齐学习用品和必要的参考书，把心情调节到愉快自信的状态，把学习环境布置得安静舒适。另外每一节课前也要准备好，不要等上课铃响的时候还在走廊内打闹，那样上课后肯定有很长一段时间还处于刚才活动的兴奋中，学习效果必然会大打折扣。

二、鼓励孩子坚持下去

当孩子遇到难题准备放弃时，父母要给他打气，鼓励他想办法坚持下去，遇到任何困难都不能轻言放弃，要耐着性子坚持到底。孩子有了较强的意志力，有了不甘落后的决心，那么学习就有了强大的动力，学习起来就会坚持不懈，一气呵成。

三、给孩子的学习任务不能太难

许多孩子学习之所以半途而废，有一个很重要的因素就是父母和老师给他们的题目太难，目标太高，孩子即使用尽全部力量都无法顺利完成，这会对孩子的自信心造成极大的伤害。失去自信心的孩子又怎能坚持学习、毫不懈怠呢？

四、监督、引导孩子学习

孩子都有惰性，在学习的过程中免不了偷懒，甚至停下来，或者在学习中遇到解决不了的问题而沮丧颓废,以致放弃。因此,父母应对孩子的学习过程进行监督、鼓动,并适时给予指导,帮助他克服惰性、克服软弱、增强信心,保持学习的连续性。长期坚持下去,孩子就会养成持之以恒的习惯,也就不会出现半途而废的现象。

毅力是实现理想的桥梁

意志力是坚强持久的毅力,也是良好的心理品质。一个意志坚强的人,对于来自社会、工作或学习的逆境和压力,都能勇敢地面对和承担,不管遇到多少困难和挫折,总能坚持下去。辛苦的工作不会使他厌倦和疲惫,巨大的障碍不能使其气馁。也就是说,他总是能够坚持不懈地奋斗下去,困难再大也永不放弃。

现在的孩子缺乏毅力,遇事往往过多地求助、依赖于父母。

造成这种现状的原因,固然与一些孩子娇弱的性格有关,但更主要的还是家庭教育的失误。对孩子的溺爱和迁就,有求必应,百依百顺,唯恐孩子吃一点苦,势必助长了他的任性和怕苦,从而产生依赖心理。

现在流行一句话:性格决定命运。一个人具有什么样的性格,跟他一生的事业、生活、工作乃至身体都有着直接的关系。人的性格由意志、态度、情绪、理智四个方面构成,它们相辅相成、有机地结合在一起。其中,意志起着特殊重要的作用,它能调控态度和情绪,促进和保证理智的充分发挥。所以,培养孩子的毅力是一项非常重要的任务。

一个孩子可能有许多优点,比如智商很高、勤奋好学、能言善辩等,但是仅仅拥有这些,并不能使他将来成为一名成功者。几乎所有的成功者都有一个共同的特征,那就是他们都拥有坚强的毅力。

孩子的毅力不是天生就有的，需要后天培养。

一、鼓励孩子从小目标做起

千里之行，始于足下。指导孩子从点滴小事做起，持之以恒，是磨炼孩子意志的行之有效的方法。因此，父母要善于利用身边的小事有计划地锻炼孩子的毅力。

父母要善于从小目标上培养孩子的毅力，如在学习上，不能泛泛地督促孩子，而要将目标具体化、数量化，可让孩子坚持每天写一篇日记，每天背20个单词等。随着每一天的坚持，孩子的信心就会增强，意志和毅力也就逐渐变成了习惯。孩子从中可以发现毅力的重要作用，从而不再恐惧较高些的目标。需要注意的是，目标不要太低，这样起不到训练毅力的作用；目标也不能定得太高，这样孩子很难达到，就会放弃，致使锻炼变成了打击。

二、将大的目标分解成阶段性目标

“一口吃不成一个胖子”，达到目标也是如此。很高的目标是无法一下子就达到的，这时为了减少孩子的压力和逆反心理，父母要帮助孩子将大目标分解成若干比较容易达到的小目标，将长远的目标按进行的过程分解成阶段性的目标。只有这样，孩子才能在不断达到目标的喜悦心情下，充满热情地克服困难，坚持不懈地去努力。

三、通过吃“苦”磨炼意志

在物质条件过分优越环境中长大的孩子大多缺乏毅力，因此应有意让孩子吃点苦。父母要注意对孩子进行“吃苦教育”，接受“吃苦”锻炼，家庭再富也不能让孩子过太优裕的生活，否则，不利于培养他们的毅力。

父母可以选择“劳其筋骨”的方法来磨炼孩子的意志。如适合孩子的体育活动、长途远足、爬山、跑步、游泳、较重的体力劳动等，可供选择的内容很多,父母可指导孩子自行选择,关键在于坚持,坚持下去,就能使孩子逐渐坚强起来。

父母在平时需要鼓励孩子树立勇气,能够充满自信地对自己说:“我就不相信我改正不了缺点,我不比任何人差。别人能做到的,我也能做到;别人做不到的,我要争取做到。”帮助缺乏毅力的孩子鼓起勇气“挑战自己”。

四、鼓励孩子做好每件事情

鼓励孩子自始至终做好每一件事情,是指导孩子经受意志锻炼的重要手段。孩子年龄小,最容易受外部的诱惑,做事往往有头无尾,半途而废。鼓励孩子坚持把每一件事做完,在孩子做事的过程中,对孩子已经取得的成绩要及时表扬,不断激励。在这样的赞赏和激励下,孩子更容易善始善终地做好每一件事。

五、培养孩子独立生活的能力

一般从孩子两三岁起,父母就要逐渐地培养他的某些独立生活能力,如让孩子自己穿衣,自己收拾玩具,自己吃饭等。孩子在从事这些活动时,往往需要克服一些障碍或困难,而正是在克服这些困难的过程中,其意志得到了锻炼。陶行知说:“让孩子出自己的力,流自己的汗,吃自己的饭,才是英雄汉。”

六、提高孩子完成任务的信心

父母要帮助孩子学会克服困难,提高完成某项任务的信心。交给孩子任务时,要把任务交代具体,并提醒他可能会遇到困难,让孩子有充分的思想准备,再教给一些克服困难的方法,使孩子做到心中有数,以增强其完成任务的信心和勇气。

七、发现孩子的潜力

每一个孩子的潜力是不一样的,父母应该善于发现孩子的潜力,并且在这一方面着重培养。有的家长给孩子报了很多兴趣班，孩子周末疲于奔命，不但没有潜力的方面学不好，而且这种疲劳也会降低他对有潜力方面的兴趣，结果什么都坚持不下去。

八、培养孩子做事有计划、有目的

培养孩子做事有毅力，是一个循序渐进的过程。开始，家长可帮助孩子计划任务，但事先应征求孩子的意见。待孩子有了初步的计划意识，就可以逐渐让孩子自己学着安排自己的事情。

九、有意识地让孩子经受挫折

父母应该让孩子知道，坚强的意志是磨炼出来的，越是困难的环境越能锻炼人的毅力。经受挫折对于孩子来说未必是件坏事，关键在于对待挫折的态度。孩子想要玩具，妈妈却把玩具收起来了；孩子想吃肯德基，妈妈不允许，这都可能导致孩子有受挫折的感觉。生活中、学习中的挫折是不可避免的，父母要帮助孩子战胜内心恐惧，成为解决问题的能手。父母要有意识地对孩子进行挫折教育，只有经受挫折，才能锻炼孩子的毅力。

十、鼓励孩子养成良好的生活习惯

让孩子养成做事有始有终的习惯，对于增强其毅力具有非常重要的作用。在孩子小的时候，无论玩耍、看书，还是学习、做事，父母都应要求他善始善终，并逐渐养成习惯。长此下去，习惯即成自然，“坚持”也不再是难以做到的了。

十一、给予孩子及时的表扬和鼓励

对孩子在活动中表现出来的毅力和取得的点滴进步，父母要适时、适度地给予肯定和赞许。在孩子遭受挫折时，父母要帮孩子进行具体分析，切不可说：“我就知道你完不成任务”、“我早就说你没长性”等让孩子失去信心的话。

孩子在遇到困难或挫折时意志消沉往往是难免的。此时，来自父母的鼓励至关重要。孩子一旦在他人的帮助和支持下鼓起勇气战胜困难，度过了难关，毅力即像打铁似的得到了有效的锤炼，心理素质也得到提高。

十二、在原则问题上决不让步

要让孩子养成坚持不懈的习惯，是一项长期而艰巨的任务。很多父母也知道通过吃苦能够磨炼孩子的毅力，但是一看到孩子遇到困难，便不忍心让他独自承受。此时父母切不可心软、让步。因为有了第一次就有第二次，长此以往，所谓坚持不懈就会变成一句空话。

第五章　好习惯成就孩子一生

◎ 好习惯是孩子一生的财富
◎ 好习惯让孩子受益一生
◎ 教育就是养成良好的习惯
◎ 抓住培养孩子良好习惯的关键期
◎ 怎样培养孩子良好的学习习惯
◎ 怎样培养孩子的读书习惯
◎ 怎样使孩子养成上课认真听讲的习惯
◎ 让孩子学会珍惜时间
◎ 培养孩子做事有计划的习惯
◎ 让孩子养成遵守纪律的习惯
◎ 让孩子养成热爱劳动的习惯
◎ 让孩子养成勤俭节约的习惯
◎ 让孩子养成自己动手的习惯
◎ 要及时纠正孩子的坏习惯
◎ 帮助孩子纠正粗心的习惯

好习惯是孩子一生的财富

有这样一个寓言：

一个人正艰难地行进在戈壁荒漠上，突然，从天边传来一个声音对他说："捡一些卵石放在你的口袋里吧，明天你会又高兴又后悔的。"这个人听后便弯腰捡了一把卵石放进口袋里。

当这个人经历千辛万苦，用尽最后一点气力，终于走出戈壁荒漠、将手伸进口袋时，他惊奇地发现口袋里放的不是卵石，而是钻石和宝石。对此，他感到非常高兴，可不一会儿，他又感到非常后悔。他高兴的是，当时自己拿了一些卵石；后悔的是，当时自己没有多拿一些。

教育也是这个道理。父母今天怎样教育孩子，明天孩子就会成为怎样的人。习惯就像那些卵石一样，今天父母多培养孩子一些好习惯，明天的孩子就会多得到钻石和宝石。到那时，父母会和寓言里的那个人一样，又是高兴，又是后悔。高兴的是，自己的孩子拥有一些良好的习惯；后悔的是，自己其实还可以培养孩子更多的好习惯。所以，为什么不从今天开始多为孩子培养一些好习惯呢？明天，这些好习惯将变成孩子一生的财富，让他受益一生。

习惯对于孩子的未来有着极大的影响，因为它是一贯的。它在不知不觉中、成年累月地影响着人的品德，暴露出人的本性，左右着人的成败。

习惯是从童年开始逐步形成的。不同的童年既造就了杰出青年，也产生了平庸青年。而这一不同的基本点之一就是行为习惯的不同。

习惯是一种自动化了的、相对稳定的行为，一经形成就会成为人的第二天性。良好的行为习惯一旦形成就成为人的一种相对稳定的行为方式，它将在人的一生中发挥重要的作用。因此，孩子从小养成做人、做事和学习方面的良好的行为习惯，必然终生受益，成为自身可持续发展的重要力量。

良好的行为习惯是人们不断发展进步的动力源泉。在现代社会中，父母要想使自己的孩子学习成绩优秀，长大后成为一名成功人士，就必须从培养良好的习惯入手。

毫无疑问，父母都应该认真地承担起培养孩子良好习惯的神圣责任。

教育的过程就是让孩子养成良好习惯的过程。爱读书的习惯、勤思考的习惯、讲卫生的习惯、节约用钱的习惯……这些良好的习惯对孩子的健康成长、成就事业极为有益。

习惯说小也小，无非是人们消磨时间的一种形式；习惯说大也大，它是一个人心性塑造的重要途径。判断一个人的前景，从他的习惯中就可以得出结论。

一个人工作、学习的好坏，20％与智力因素相关，80％与非智力因素相关，而在信心、意志、习惯、兴趣、性格等非智力因素中，习惯又占有重要位置。

养成好习惯的过程虽然痛苦，不过一旦养成，就会成为终生的财富。

好习惯让孩子受益一生

在浩瀚如海的人类物质与精神财富中，孩子可学的很多，父母可教的也很多。那么，家庭教育应该教孩子什么？孩子学什么是最具有终身发展的意义？这是父母经常琢磨和思考的问题。其答案是：

对孩子进行习惯养成教育，将使孩子受益一生。

一、良好的生活习惯维护孩子一生的健康

健康是人生存和发展的基础，除了依赖先天的身体素质外，后天的生活习惯对维护和改善孩子的健康状况也具有重要作用。例如讲卫生的保健习惯，科学搭配的饮食习惯，张弛有序的作息习惯，周到安全的出行习惯等等，时时刻刻都影响孩子的健康。然而，孩子的良好的生活习惯形成，需要家长从孩子小时候、从生活细节进行培养。生活好习惯一旦养成，就能伴随孩子度过健康的一生。

二、良好的学习习惯推动孩子一生的进步

学习对孩子的重要性不言而喻，不喜欢学习、不会学习的孩子很难拥有美好的未来。但是中小学的知识能直接运用到以后工作中去的并不多，真正影响孩子一生的是学习习惯！所以，具体到某一学习内容，孩子学多点学少点、学早点学晚点不是最重要的，培养良好的学习习惯才是孩子学业和未来事业的制胜关键。因此，家长不要很在意孩子的学习成绩单，而要注重孩子在学习过程中养成了哪些好习惯：热爱学习，上课专心听讲，认真并且按时完成作业，有错就改，有难题不畏惧，先完成学习任务再休闲娱乐等等。这些习惯不但能推动孩子学习进步，而且能推动孩子一生进步。

三、良好的交往习惯保证孩子一生的友谊

在家靠父母，在外靠朋友，朋友靠交往。学习正确的交往方式，养成良好的交往习惯是为人处事的根本。家长要指导孩子与人交往的礼仪与规则，既学会尊重别人，又学会正确处理自己与他人之间的矛盾，以保证孩子一生中获得持续不断的友谊。

四、良好的品德习惯定格孩子做人的标准

做人需要一把尺子来判断别人的行为并决定自己的行为，这把尺子就是起码的是非观念和善恶标准。这就要求必须对孩子进行道德品质教育，而且道德品质不能停留在认识层面和口头保证上，而要体现在一贯的行为方式中，形成稳定的习惯。只有这样的孩子才能在家里是好孩子，在学校是好学生，在社会上是好公民，无论何时、无论何处都是一个有教养的人。家长要在生活实践中教育孩子，在家里尊重和孝敬父母，在外面爱护公物、保护环境、遵纪守法。这样的孩子才能成为社会需要的人。更重要的是，孩子养成的良好习惯和品德，是孩子一生的宝贵财富。

五、良好的心理习惯平衡孩子一生的心态

人一生要经历大大小小很多考验和挫折，其中最持久和最经常的是心理考验。同样一件事情，有的人想得开，有的人想不开；即使同一个人，有时想得开，有时想不开；就像对天空的感受，不仅取决于空气中物质含量的比例，还在很大程度上取决于人的心态，心态阳光，感觉中的阴天却如晴朗般欢快；心态郁闷，感觉中的晴天却如雨天般阴霾；心态烦躁，感觉中的春风却如沙尘般喧闹。其实眼睛还是那双眼睛，天空还是那片天空，只是心态不同而已。医治心病的最好处方就是从小培养孩子良好的心理素质。人不能左右周围环境，却能改造心理世界。因此，要引导孩子从小学会调整自己的心态，做到胜不骄、败不馁；喜欢自己，又接纳别人；既认真又幽默。培养应对各种心理困惑与矛盾、尽快恢复心理平衡的自我调整能力，这将是伴随孩子一生的个人财富！

教育就是养成良好的习惯

对孩子的成功教育从孩子的良好习惯养成开始。但是培养孩子

好习惯并不是一件很简单的事情。

我国著名的教育家叶圣陶非常重视孩子良好习惯的培养，他认为教育的目的就是培养孩子的习惯。他曾说："什么是教育？简单一句话，就是养成良好的习惯。""我们在学校里受教育，目的在养成习惯，增强能力。我们离开了学校，仍然要从多方面受教育，并且要自我教育，其目的还是在养成习惯，增强能力。习惯越自然越好，能力越增强越好。"

要使孩子有良好的习惯，首先应从家庭教育入手。孩子一旦形成良好的习惯，其学习、生活以及未来的工作效率都会提高。好习惯使孩子无需花更多的时间去考虑就能顺利完成一系列动作，省精力又提高了功效，可以说是事半功倍。好习惯也使孩子的行为能力得到贮存。孩子的动作习惯一旦形成，就会长久地保存下来，即使是孩子中断了某些行为习惯，当需要时，沉淀在大脑中的无意识也马上就会被唤醒，肢体感官便能按定势做出相应的反应。所以，良好习惯的养成会使孩子终生受益。

当今社会生存发展竞争日益加剧，如何让孩子在未来工作生活中脱颖而出显得尤为重要。而奠定孩子一生基础的就是好习惯的培养，所以如何教育孩子养成一个好习惯，则成了家长们的一个热点话题，也是当前教育应当积极关注和努力解决的一个重要课题。我们都知道，孩子的习惯是在他们的生活、学习过程中逐渐形成的。那么，如何在孩子的生活和学习中有效培养孩子的好习惯呢？

培养孩子的好习惯，一定要讲求方法。作为家长，必须明确自己在教育孩子的过程中担当的角色，必须明确应该在什么时候用什么方法培养孩子什么样的习惯，要抓住关键期，注重科学方法，有针对性地培养孩子的良好习惯。

一、培养好习惯一定要趁早

有关研究表明，3～12 岁是孩子形成良好习惯的关键期。家长一定要抓住，因为这个时期孩子的可塑性最大，认识和活动范围逐渐扩大，求知识长技能的欲望强烈，容易接受大人对他的引导和行为的训练。在12岁以后，特别是18岁以后，孩子已形成许多习惯。由于旧习惯的抵抗和干扰，要想让新习惯在孩子身上扎根就比较困难。所以说，培养孩子的好习惯也就是关键的那么几年时间，错过了再培养就很难奏效了。

二、注意从点滴抓起

孩子好习惯的养成不是一蹴而就的事情，所以家长也不能急于求成，孩子好习惯的培养要从点滴做起。

良好的习惯多表现在日常生活的各种细节小事上，如孩子做事认真的习惯，体现在他不丢三落四、做事有条理、观察细致等。孩子小的时候做事一开始是凭热情，做得很好，但最后一般都会不了了之。这时候，家长要及时引导，让孩子把事做完，不能让他养成半途而废的坏习惯。

实际上，家长可以抓住很多这样的机会对孩子进行好习惯的培养，如完成每一次作业、完成大人交代的一件家务事、为同学做的每一件事……都要认真地从头到尾把它做完。这样孩子长大了，遇到困难就会设法克服，顺利的时候也不会盲目高兴。

好习惯可以推动孩子在人生道路上奋勇向前，而坏习惯则是孩子人生路上的绊脚石。良好的习惯是成功的一半，只有从小养成好习惯，才能使孩子受益匪浅，终身难忘，并且取得成功。就是这随手扶一下倒地的椅子、轻轻一关门、习惯性地弯腰捡起纸团等等，举手之劳，就能获得意想不到的回报。

有了好习惯，失败不容易；没有好习惯，成功不容易。日常生活中，我们是否注意了从细小的事情中培养孩子的好习惯呢？能让孩子不挑食，不剩饭菜吗？能让孩子做到讲究卫生，不随地乱扔纸屑吗？能让孩子做到讲文明，懂礼貌吗？能让孩子做到尊敬老人，爱护小伙伴吗？

三、给孩子营造培养好习惯的环境

家庭是人生的第一课堂，父母是孩子的第一任教师。中国有句俗话："有其父必有其子，有其母必有其女。"父母的生活习惯直接影响孩子的生活习惯，孩子的情感、是非、好坏、善恶和美丑都是在家庭教育的耳濡目染中逐渐形成的，父母最初及持续灌输的是非观念、善恶标准、为人原则和习惯养成等无疑会影响孩子的一生。

父母对孩子的影响最早、最持久。因此，习惯更容易在家庭中传递，传递的其实是父母的所作所为。孩子的模仿能力很强，父母是孩子的榜样。父母的言谈举止，潜移默化地影响着孩子。一位家长说："对孩子的教育可以简单到'从自身做起'这样一句话。"

如果父母的生活习惯很差，比如睡懒觉、打牌、东西乱放等，这些都会直接影响到孩子，这都是培养孩子好习惯的不利因素。

父母的习惯不好，那么孩子在未进学校之前，无形中早已养成不良的习惯，学校教育就算再好，收效也甚微。由此，作为家长，要及时帮助孩子获得对人、对事的正确认知，帮助孩子解答所遇到的各种困惑和疑虑，确立孩子对良好习惯的认同并身体力行。同时，要坚持做到"教育孩子，首先教育自己"，要求孩子做到的自己要首先做到，要求孩子不做的自己首先不做，真正把"说教"变成"身教"，在潜移默化中，在细雨润物中，把孩子的好习惯逐渐培养起来。只有这样，孩子良好习惯的养成便不是一句空话，孩子的美好人生即将起飞。

四、培养习惯要循序渐进

习惯是在不断重复和练习中逐步形成的，养成良好习惯不是一朝一夕的事，而是有一个循序渐进的过程。

要培养孩子良好的习惯不能贪多求全，而应有计划地一步一步地实施，有意识地付出一次又一次的努力和实践，一个习惯接一个习惯地慢慢形成。比如,孩子刚入学时我们就应该要求他认真书写,让他形成一个良好的书写习惯,随着学习内容的升级与年龄的增长,要求孩子做作业认真仔细,形成做事严谨的良好习惯。看到孩子一天一天地进步要进行鼓励;孩子稍有不慎,一定不要先劈头盖脸地批评;要逐渐培养孩子良好思考的习惯,不要一遇到难题就溜之大吉。其实,孩子这些良好的习惯都是在循序渐进中形成的。

当然,孩子良好的习惯,不仅仅包括学习习惯,还包括很多其他方面,这些习惯都要慢慢培养。

五、要用好习惯替代坏习惯

我们都想让孩子拥有好习惯,但现实生活中,孩子身上有这样那样的坏习惯也是很正常的。坏习惯对孩子的影响不言而喻,那么怎样改掉这些坏习惯呢?其实,坏习惯不用刻意去改,只需培养孩子的好习惯,用好习惯取代坏习惯就可以了。

六、培养好习惯要走出爱的误区

有的教育专家针对如何培养孩子好习惯这一话题,曾经意味深长地提出,孩子好习惯的养成需要家长走出爱的误区。因为家长过分呵护孩子,实际上是剥夺了孩子独立承担困难与挫折的机会,而这种被家长剥夺的机会,恰恰是孩子形成良好意志品质与行为准则的必由之路。如果家长后退一步,那么孩子就会前进一步。家长后退一步孩子前进一步才是成长的自然法则。

每个孩子都会有不良习惯的倾向,大人也是如此。但是,如果我们对孩子在日常生活中暴露的那些不良习惯,哪怕是点滴的不良习惯持容忍、迁就、无所谓的态度,孩子的好习惯就很难养成,且可能因非智力因素而限制孩子的发展。这种容忍、迁就、无所谓的态度在一些家长看来是爱孩子,但实际上是爱的误区。培养孩子好习惯也好,教育孩子也好,家长一定要走出这种爱的误区。

抓住培养孩子良好习惯的关键期

俗话说的好，“习以为常”。习惯的形成将影响人的一生。一个人养成好的习惯，一辈子都用不完它的利息；一个人养成坏的习惯，一辈子都偿还不清它的债务。

良好的生活习惯不仅是幼儿身体健康的需要，同时对幼儿良好个性的培养，以及在诸多方面的全面发展中都有着重要的影响。

幼儿期的儿童可塑性大，是培养良好习惯的最佳时期，这一时期培养好习惯比较容易，即使有了不良习惯，纠正也比较容易。因此，从小培养幼儿良好的生活习惯，使他们有好的生活节奏，这对孩子一生的成长都具有十分重要的作用。我国著名教育家陈鹤琴先生说：“人类的动作十分之八九是习惯，而这种习惯有大部分是在幼年养成的；所以幼年时代应特别注重习惯的养成。”有位名人说过这样一句话：“习惯养得好，终生受益；习惯养不好，终生受其累。”可见，习惯培养对人的一生是多么的重要。

良好的生活习惯也离不开家长的点滴培养，“冰冻三尺，非一日之寒”就是这个道理。良好生活习惯的形成与家庭的教育是密不可分的，家长的榜样是不可少的，身教重于言教。从日常生活做起、从细小的事做起是培养良好生活习惯的重要手段。如自己的事情自己做，让孩子做自己力所能及的事，穿衣、吃饭、整理书包、整理玩具……只要幼儿能做的事情，就尽量让幼儿亲自去做，这样长期以来幼儿的自理能力大有提高了，生活自理的习惯就养成了。

总之，教育的过程就是培养习惯的过程，儿童早期的生活习惯练习是家庭教育的首要问题，在幼儿期形成的良好习惯将使儿童终身受益。家庭教育要有意识地从具体事情入手，有意识地从与幼儿生活密切相关的事物及周围环境入手，在日常生活中让幼儿多进行一些力所能及的自我服务性的劳动。

一、父母要以身作则

父母要注意身教，父母的一举一动，都要做孩子的榜样。因为儿童的模仿能力强，父母要多给孩子正面的影响。孩子是父母的影子。孩子对于外界是全方位吸收的，看到什么学什么。

在习惯、情商方面，孩子更多的是受到家庭的影响、父母的影响。家长的人生经验、身心修养、平时的为人处世，都在无形中影响着孩子，也决定了家庭教育的水准，良好的家庭教育，有利于孩子长大以后少走弯路，尽可能地避开来自生活的无畏打击和挫折，从而更加迅速地取得成功。

二、要注意孩子的第一次

无论什么事，第一次做得好，第二次就容易做得好；第一次做错，第二次就容易做错。例如：孩子第一次写作业拿笔的位置不对，父母没有看到，那么，下一次孩子又会是那样拿笔，父母又没有看到，等到父母发觉，这种拿笔的姿势已经重复了几次了，要矫正就有一定的难度了，孩子开始不习惯了。再如：孩子第一次在写作业时，低着头，哈着腰，父母如果注意了，马上纠正。那么，下次孩子就会知道这样不对，多重复几次正确的写字姿势，很容易就改过来了。

所以，会教孩子的父母，特别留意孩子的第一次，做父母的要格外留意孩子的第一次，并随时纠正，以免养成不好的习惯！

三、培养习惯过程中不要有例外

一是时间上不要有例外，二是空间上也不要有例外。这其实是培养孩子习惯过程中一个“立”的过程，就是要保持养成习惯的连续性。尽量做到天天坚持，中间尽量不要断开。比如：你想培养孩子看书的习惯，那就要做到让孩子每天都看一会儿，这样久而久之，孩子看书的这个习惯就出来了。但是有些父母不是这样，在这个过程中，总是三天打鱼，两天晒网。今天忙起来了，就不让孩子看了，明天带孩子出去玩了，又不看了，或者过两天又有个什么事，又没让孩子看，这个习惯就很难养成。

在培养孩子养成一个新习惯的过程中，要做到“连续”二字。

还有一点要注意。那就是社会、学校、家庭三者的教育要统一，要做到所有家庭成员要统一。这样一个好习惯就更容易养成。

比如：培养孩子不要乱丢垃圾的习惯，老师强调学生不能乱丢垃圾，学生在学校做得很好，不乱丢。但是一出校门回到家里，父母不强调，有的父母甚至自己在街上乱丢，孩子看到了，既然父母能丢，路上的人都能丢，那我也丢吧。学校在给孩子“建立”这个习惯，但是家庭和社会却在教孩子“破坏”这个习惯。最后相互抵消，孩子的好习惯还是没有建立起来。

在家里培养习惯也一样，有时家里对孩子的管理意见也不统一。比如：孩子小时，父母坚持不喂饭，让孩子自己吃，孩子的习惯快养成了，但是父母可能有事忙去了，让爷爷奶奶或姥姥姥爷帮忙带孩子，爷爷奶奶看孙子吃得慢，就主动喂孩子吃饭，这样孩子自己吃饭的这个习惯也就难养成。

如果想培养孩子好习惯，那就天天让孩子坚持，尽量做到“连续”。但对于一些坏习惯，要学会“破”，比如孩子放暑假了，天天在家里，又没有机会出去玩，在家里就天天看电视，一天都没有间断，结果一个暑假下来，孩子养成了看电视的习惯。

对于游戏也一样，许多孩子不知不觉间就养成了打游戏的习惯。而游戏又设计得很巧妙，天天勾着你，让你不能一下子过关。这样孩子就天天想着游戏，因为没过关，总想过关，所以就天天打。而家长又没意识到要“破”一下。如果家长每天安排孩子打一个小时的电脑游戏，还不如把这些时间全部安排到星期天一天去。让孩子玩儿个够，最好让孩子打过所有的关。这样因为孩子征服了游戏，就会慢慢对这个游戏的兴趣减淡！

所以说：对于好习惯，家长要善于“立”，对于坏习惯，家长要善于“破”。

四、要发挥孩子的主动性

在儿童习惯养成的过程中，有一个误区存在，那就是习惯养成的过程变成了奴役儿童的过程。什么意思呢？就是大人在研究习惯，大人在定规范，强迫孩子去执行。这样做很可怕，孩子始终处于被动中，处于父母的高压下，孩子自己的主动性发挥不出来。有的父母采用“逼”的方式，“压”的方式，每天逼孩子弹琴多长时间，逼孩子每天看书多长时间，逼孩子每天必须完成什么什么任务……一直约束着孩子，始终不敢放手让孩子自己管理自己，这样的孩子就特别被动。到了中学，孩子到学校住校了，父母没有条件管理孩子了，孩子自己也没学会管理自己，自己没有学会约束自己，结果就开始下滑。

其实真正好的教育应该是自我教育，会教育的父母是会想方设法调动孩子的主动性，让孩子自己学会管理自己，自己学会约束自己，充分调动孩子自己养成习惯的主动性，要让孩子觉得养成这个习惯对自己会有很大的帮助，让孩子觉得我喜欢养成这个习惯。这才是最考验家长教育智慧的地方，也是评价一个家长教育水平的重要标志。

五、要持之以恒

持之以恒是养成习惯的必要步骤。不能三天打鱼，两天晒网，不能紧一阵、松一阵的或者虎头蛇尾。要形成一个新习惯，需要一个月左右的时间。当然三十天时间指的是动作性习惯。如果是培养智慧性习惯，则需要更长的时间，如：遇到任何事，总是往积极的方面想，往好的方面想；实事求是的习惯；质疑、批判和保持理性的习惯等等，这样的智慧性习惯的养成就不是30天了，有时需要几年才能养成。许多父母因为工作忙，前面一段抓孩子还抓得紧，抓了十来天以后，自己也没坚持抓下去，结果一个习惯还是没养成。所以，要培养一个好习惯，就要抓实、抓死。在一个新习惯养成之前，要保持习惯的一种连续性，尽量不要断开。魏书生老师说过：遇到特殊情况的时候，如意外的任务啦，身体有点小病了，有不顺心的事啦，心情不好啦，也鼓励孩子不要轻易停止，只要能站直了，就别趴下，只要还能行动就别停下。身体有小病时，跑不了1000米，那就一步一步地走下来。写日记心情不好，写不出太好的文章，但也不要中断日记，可以随随便便地东一句西一句记下自己当时的心情，可以少写，但不要停下来。要克服一件事不做则已，做就要做到尽善尽美的想法。建立起行动就比空想强，只要做就比不做强的观念。许多人没能养成良好的习惯，都跟想尽善尽美有关。

六、要给以孩子积极的鼓励

孩子在养成习惯中，不可能一帆风顺，经常会出现反复，这里面有多方面原因，有时是因为受环境的诱惑，内心的好孩子暂时输给了坏孩子，有时是因为自己的意志力不够。不管什么原因，家长还是要看到孩子的正面，从多角度看孩子，孩子只要有一颗向上的心，内心都是要求进步的。要多看孩子正面，多鼓励孩子，始终相信孩子会往好的方面发展的。因为进步是在曲折中进行的。

七、要学会控制时空

孩子始终是孩子，在培养习惯过程中，要明白一个道理，那就是自然界的普遍原则——最小阻力原则。家长想一想，就会发现：为什么好习惯不易养成，而坏习惯很容易养成？因为好习惯的养成是需要努力和自我克制的。而坏习惯则无须任何努力即可染上。外界的诱惑时时在引诱着孩子心中的坏孩子,孩子心中的好孩子必须靠意志去抗争,才能取得胜利。所以,作为家长在空间上,要善于把孩子放在一个没有诱惑的空间里,使孩子处于能够把握自己的环境中,歌厅、舞厅、游戏厅、台球室这些地方尽量少去,这些地方,孩子一旦进去,便很容易失去自控,不由自主地放弃好习惯。

在家里,孩子在写作业时,家长就少打点麻将,少看电视,尽量不影响孩子。大人在那边看电视看得津津有味,嘻嘻哈哈的,却要求孩子静下心来学习,这是很不公平的。孩子在写作业,你也可以在旁边看看你的书,给孩子一个榜样,给孩子一份力量,这样孩子自然就心静了。

八、培养习惯要少说教,多训练

没有说出来的习惯,只有练出来的习惯。比如:有些家长教孩子尊敬长辈,然后对着孩子说一大通道理,应该怎么样。这样没什么效果,最好的办法就是从身边的小事开始训练孩子尊敬长辈。比如:父母下班回家,让孩子帮父母拿双换的鞋来,或让孩子给父母倒一杯水,或让孩子帮着妈妈择菜。

所以说,习惯不是说出来的,是训练出来的。从身边的细小的事训练起来。

怎样培养孩子良好的学习习惯

培养孩子形成一个良好的学习习惯,对孩子一生的命运都会有很大的影响。好习惯的养成也不是一朝一夕的事,它需要父母的耐心培养,还需要父母制订一个详细的计划,勤检查,严督促,直到孩子的良好习惯渐渐养成。作为孩子的父母,一定要在这个方面多多用心才行。

父母都希望自己的孩子能有一个好成绩，实际上能让孩子学习成绩好的第一件事，就是帮助孩子养成良好的学习习惯。良好的学习习惯有利于激发孩子学习的积极性和主动性，有利于帮助孩子形成良好的学习方法，提高学习效率，培养孩子的自学能力。如果能在孩子上学之初就培养其良好的学习习惯，那么，对他以后的成功和发展一定会有很大的帮助。

那么，作为父母，应该怎样培养孩子良好的学习习惯呢？

一、创造良好的学习氛围

想让孩子好好学习，首先需要给孩子创造一个良好的学习氛围。父母是孩子最好的老师，父母的态度和周围的环境无时无刻不在影响孩子对学习的态度。如父母有空便读书看报，平时给孩子多买一些童话、科普类的书籍，多跟孩子交流一下在校情况，用父母的行为、思想在潜移默化中影响孩子。父母还要尽可能地为孩子提供一间单独的学习室，让孩子有一个自己的学习空间。

二、养成专心学习的习惯

学习是一项非常枯燥的脑力活动，只有让孩子静下心来、专心致志才能提高学习效率，取得好成绩。为了让孩子专心学习，要为孩子固定学习时间，每天到了学习时间，全家人都要安静下来，不要大声谈话、聊天或者闲扯，看电视的时候把声音关得小一点，给孩子创造一个安静的环境。养成习惯后，孩子就会把学习当做生活中的必要程序来完成，每到学习时间，就会主动坐下来做功课，学习起来也会专心。

三、养成主动学习的习惯

别人不督促能主动学习，一学习就要求自己立刻进入状态，力求高效率地利用每一分钟学习时间。培养孩子能够有意识地集中注意力用于学习，并能坚持始终的习惯。

四、养成及时完成规定的学习任务的习惯

要在规定的时间完成规定的学习任务。把每个规定的学习时间分成若干时间段，根据学习内容，为每个时间段规定具体的学习任务，并要求自己必须在一个时间段内完成一个具体的学习任务。这样做，可以减少乃至避免学习时走神或注意力涣散的情况，有效地提高学习效率。还可以在完成每个具体学习任务后，产生一种成功的喜悦，使自己愉快地投入到下一时间段的学习中去。

五、养成独立完成作业的习惯

一个好学生也需要对自己的学习有责任感，而按时独立完成学习任务就是学习责任感的具体表现。因此要告诉孩子，在到了该学习的时候就应该主动地去学习，应该自己完成的作业。如果孩子做作业中遇到困难，父母只能给以讲解和启发诱导，鼓励他自己去克服困难，找到答案，决不能包办代替。

六、养成认真听课的习惯

上课时，老师不仅用语言传递信息，还会用动作、表情传递信息，用眼神与学生交流。因此，上课必须盯着老师听，跟着老师想，调动所有感觉器官参与学习。能否调动所有感觉器官学习，是学习效率高低的关键性因素。上课要做到情绪饱满，精力集中；抓住重点，弄清关键；主动参与，思考分析；大胆发言，展示思维。

七、养成上课主动回答问题的习惯

学生应该成为学习的主人，在课上要认真思考每一个问题，积极回答问题，可以促进思考，加深理解，增强记忆，提高心理素质，促进

创新意识的勃发。回答问题要主动，起立迅速，声音洪亮，表述清楚。

八、养成课前预习的习惯

课前预习，是学好功课很重要的一个方法。在老师讲课之前，先花上一些时间把要学的内容预习一下，能够加深对所学内容的理解，更好地提高学习效率。预习能够联系以前的知识，发现新问题，思考怎样解决问题，能把自己理解不了的问题带到课堂上更好地听老师讲解。这样既能培养孩子的自学能力，又能提高孩子听讲的兴趣。

九、养成课后复习的习惯

孔子曰，“温故而知新”。复习就是与遗忘作斗争，德国有一位心理学家创制了“遗忘速度曲线”，这个曲线表明遗忘是有规律的，即先快后慢，刚记住的东西最初几小时内遗忘速度最快，两天后就较缓慢。因此，要巩固所学知识，必须及时复习，加以强化，并让它形成一种习惯。

十、养成各学科全面发展，不偏科的习惯

现代社会迫切需要的是发展全面的复合型人才，所以要求孩子要全面发展，不能偏科。这就要求孩子对自己不喜欢的学科更要努力学习，在学习中不断提高兴趣。对不喜欢的学科或基础比较薄弱的学科，可以适当降低标准，根据自己的实际情况，确立经过努力完全可以实现的初期目标、中期目标、远期目标，然后要求自己去完成。这是克服偏科现象的有效方法。

十一、养成多思、善问、大胆质疑的习惯

学习要严肃认真、多思善问。“多思”就是把知识要点、思路、方

法、知识间的联系、与生活实际的联系等认真思考，形成体系。“善问”不仅要多问自己几个为什么，还要虚心向老师、同学及他人询问，这样才能提高自己。而且，还要在学习的过程中，注意发现问题，研究问题，有所创造，敢于合理质疑已有的结论、说法，在尊重科学的前提下，敢于挑战权威，要做到决不轻易放过任何一个问题。要知道“最愚蠢的问题是不问问题”，应该养成向别人请教的习惯。

十二、养成课堂记笔记，课后整理的习惯

孩子在上学之后，所学的内容会随着年级的增长而难度逐渐增加。这就需要在课堂上记笔记。记笔记有助于帮助孩子抓住所学的重点。如果因课堂时间有限，当堂记的东西比较零乱，那么就需要在课后进行整理，使之全面、有条理，而且整理的过程又是一个重复学习的过程，不仅能锻炼孩子的分析和归纳的能力，而且还能让课堂内容在脑海中得到重现，这真是一举多得的好事。因此，应当培养孩子记笔记和整理笔记的习惯。

十三、养成口语交际的习惯

家长或老师在和孩子交流的过程中，要有“教育”的觉悟和意识，引导孩子用普通话交谈，说规范的语言，培养孩子准确把握语言的能力。

十四、养成规范书写的习惯

尽管电脑日益普及，但硬笔书写仍是日常生活中不可缺少的传递信息和知识的技能，写一手好字或者写一手规范的汉字仍是一个优秀人才应具备的素质之一。在帮助孩子养成认真写字的问题上，家长要有书写意识，一方面强调写字姿势，握笔姿势；另一方面渗透一些必要的书写知识，如字的基本构成、间架结构、占格问题等。

怎样培养孩子的读书习惯

“多读书”是一种促进孩子成长的良好方法，通过多读好书，孩子可以修养心灵，丰富内涵。良好的阅读习惯能促使孩子自觉持久地进行阅读实践，并逐步升化成阅读能力。

要想培养孩子的阅读兴趣，让孩子爱上读书，使读书成为他的一种习惯，下面的这些方法可以助父母一臂之力。

一、让孩子学会质疑问难

“边读边想”是一种良好的阅读习惯，也是阅读的一种好方法，可促使孩子在读书的过程中，脑子转起来，思维活起来。“学而不思则罔”，要发现问题，就必须一边读一边想，一边领会一边揣摩。否则读了之后，脑子里只有一片空白，发现不了问题。只有做到了边读边思，读后才有收获。此外，让孩子质疑问难，还可培养孩子抠词抠句、咬文嚼字、悉心揣摩、比较推敲等良好的读书习惯。

二、营造良好的读书氛围

父母要营造书香家庭，首先要为孩子读书提供必要条件。如，可以设置一个书房，或在卧室内专门空出一个让孩子看书的地方，使他们能静心读书。除了孩子独立阅读外，父母还可经常与孩子在书房里一起读书，耐心倾听孩子的感悟，复述他认为有趣的情节和内容，交流读书体会，让孩子感受到读书的快乐。这样能使孩子体验到书房的温暖，进而对读书产生亲切感、兴趣感和依恋感。

三、成立家庭读书会

读书会可以家庭成员为主，也可邀请孩子要好的朋友一起参加。

聚会时，可以诵读书中的精彩片断，可以谈论书的故事梗概，还可以交流心得体会，但要注意尊重孩子的角色地位。全家外出旅行时，可讨论所读图书的内容，共享读书的快乐。此外，孩子过生日，可以书为礼物，在他们最快乐的时刻，送去最珍贵的祝福。

四、经常带孩子去图书馆或书店

常言道，近朱者赤，近墨者黑。家长可有计划带孩子去图书馆或书店，让他感受书海的浩瀚和知识的无穷。每个星期或每两个星期带孩子去图书馆选择借阅一些适合孩子看的书籍，以增加阅读量，扩大他的知识面。定期带孩子去书店让他选购一些喜欢的书，也是培养孩子爱书、读书的好方法。但购买时，要给孩子挑选的部分自主权，不应以家长的兴趣抉择。

五、教孩子爱护图书

父母要让孩子爱惜图书，告诉孩子：手很脏时不能看书，一定要先把手洗干净；手上有汗，一定要擦干净；书不能折页，要学会使用书签；刚买的书可以包上书皮；只有自己的书才能给书做加注。从点点滴滴做起，才能培养孩子爱读书、会读书的良好习惯。良好的习惯养成了，会让他受益终生。

六、让孩子做读书笔记

做读书笔记可以有效地提高读书质量，能帮助记下书籍中的精华，可以促进思维，加深对书籍的理解，有利于提高写作能力等。可以要求孩子读书时，顺手记点什么，慢慢地孩子就会形成记读书笔记的习惯。一般说来，读书要记住作者，记住年代，弄清背景，读出它的精华奥妙所在，而且在孩子动笔记录的过程中，也会使他养成动脑筋的习惯。

父母可建议孩子设立一本读书笔记。在做读书笔记时，父母要告诉孩子，不要求快，也不要贪多，可以根据自己的需要有不同的做法，如批语式，即在原文的空白处，随手记下自己的读书心得；符号式，就是在读书时在书中认为重要或需要注意的地方加上各种符号，如直线、曲线、黑点、着重号、惊叹号等；提纲式，就是把整篇文章的基本内容或中心思想概括出来；读后感式，即读了文章后对其中的观点或思想有某种想法以文章的形式记下来等等。

怎样使孩子养成上课认真听讲的习惯

通过调查研究发现，学习好的孩子有一个共同的好习惯，就是上课时认真听讲。所以说，上课时认真听讲，是学习好的第一步，也是第一个好习惯。

坐在同一个教室里的学生，听同一个老师讲课，有的记得牢，有的却记不住；有的学得好，有的却学不好。其中一个主要原因是上课时认不认真听讲。

老师上课时的安排一般都是有规律的，即"复习上节课的内容——讲新课——留作业"。如果孩子上课时不能认真听讲，老师讲新课时没有听到、没有听懂，回家写作业时就会出现不会或做错的现象。这无疑会直接影响到孩子对新知识的掌握。

孩子上课时不认真听讲，使听与想的环节受到破坏，从而影响了对所学知识的理解和接受。一些教师也认为，学生的分化——学习好的和学习不好的，是在课堂上分化的。那些坐在课堂里东张西望、胡思乱想，不认真听讲的学生，学习成绩慢慢就会出现滑坡；而那些注意力非常集中、总是跟着老师的思路走的学生，就很容易成为学习成绩优秀的学生。

造成孩子上课不注意听讲的原因，除个别真正患有"多动症"的孩子外，有的是由于过度疲劳，有的是因为没有做好上课准备而开小差，还有一些是由于缺少一种重要的学习能力——听讲能力（或听知觉能力）。人的听知觉能力包括分辨能力、记忆能力、理解能力、编序能力和听说结合能力。听讲，是人们获取信息的重要途径，听讲能力的高低是影响孩子能否聚精会神听讲的重要因素。

那么，父母应该怎样帮助孩子呢？

一、保障孩子充分的睡眠时间

有的孩子不能在课堂上认真听讲，原因之一是由于过度疲劳。有的孩子因为贪玩而导致作业花费时间太长，进而影响了正常的休息。孩子缺少足够的睡眠与休息，自然影响到次日的正常学习。人长期睡眠不足，就会造成脑供氧不足，损伤脑细胞，使脑功能下降。中学生要保证每天 9 小时的睡眠时间，小学生要保证每天 10 小时的睡眠时间。孩子如果睡眠不足，学习成绩会受到很大影响。父母要认识到睡眠对孩子的健康成长的重要性，不能任意剥夺孩子的睡眠时间。

二、帮助孩子做好上课的准备

孩子在课堂上可能因为一件很小的事情，就注意力不集中了，比方说某一门课的课本忘记带了，老害怕老师会来点他的名，一上课就在想怎么躲过这一关，这堂课就上不好了。所以，孩子上学前，家长就应该让孩子做好上课的准备，要督促孩子整理好书包，准备好上课需要的学习用具，让孩子心情愉快地、轻松地去上课，这样孩子就没有后顾之忧。平时，家长对孩子要多一些关心，培养孩子的好习惯，让他们精力充沛、保持良好的状态。

三、跟上老师讲课的节奏

父母可以告诉孩子，在听课时如果遇到了听不懂的内容，这时千万不要停下来卡在那里，脱离老师的讲课轨道，这时候你应该在不理解的地方做个记号，然后接着听老师的讲课内容。等下课后，再去向老师或同学请教不理解的问题。

四、训练听讲能力

1. 训练孩子的辨别能力

听觉的辨别能力是指接受和辨别各种声音的能力。孩子听觉分辨能力的低下会造成对相差不大的声音产生混淆，进而影响听课的效果。家长可以经常让孩子分辨声音的高低、大小、强弱、音色、声源的方向等，以此来增强孩子的听觉分辨能力。

2. 训练孩子的理解能力

听觉的理解能力是指孩子能辨别声音和了解说话内容的能力。家长要多与孩子交谈，多让孩子接触各种声音，多充实与孩子生活相关的词汇。比如，口头布置任务让孩子完成；对成语故事做判断并回答问题等。

3. 训练孩子的听觉记忆能力

听觉的记忆能力是指接受和辨别各种声音并能保持和复述所听到的各种信息的能力。通过听觉记忆能力的训练，不但可以加强孩子听觉的记忆力和听知觉的广度，减少孩子对较长的听觉信息无法记全等情况的发生，而且还可以促进孩子进行新老知识的联系，产生联想，加强对所学知识的理解力。家长可以选择一些孩子感兴趣的、难度不同的语句，叫孩子认真地听并让孩子模仿表述出来，以此来提高孩子的听觉记忆能力。

4. 训练孩子的听觉编序能力

听觉编序能力是指孩子能将过去听觉所获取的资料以正确而又详细的先后顺序回忆出来，以及将所获取的听觉信息加以组织使之有意义的能力。它对孩子将所学知识有系统地保留下来是非常有益的。通过让孩子听故事并复述出来、顺背倒背数字等可以提高这方面的能力。

5. 训练孩子的听说结合能力

在现实生活当中，听和说总是密不可分的，不会听讲的孩子，说话时总是语无伦次的。听与说的结合涉及到孩子对词汇的联想、推理、分析和判断能力。家长可以通过训练孩子学说同义词和反义词、听音乐进行联想、将句子补充完整、听故事、自编故事的结局的形式来训练孩子的听说结合能力。

让孩子学会珍惜时间

一个事业有成的人，必定是个珍惜时间的人。而这种珍惜时间不仅表现为合理利用时间、珍惜自己的时间、不浪费他人的时间，而且表现为不要让他人浪费自己的时间。

时间对每个人都是平等的，谁有紧迫感，谁珍惜时间，谁勤奋，谁就可以得到时间老人的奖赏。

时间意味着什么？这些年来流行的说法是“时间就是金钱”，“一寸光阴一寸金”。事实上，在时间和金钱之间，还有效率和财富。也就是说，争分夺秒——提高效率——创造更多的财富，这才是现代人应有的时间观念。

贝尔在研制电话时，另一个叫格雷的也在研究。虽然两人同时取得了突破，但贝尔在专利局赢了——比格雷早了两个钟头。当然，他们两人当时都不知道对方在做同样的研究，但贝尔就因为早了这120分钟而一举成名，誉满天下，并获得了巨大财富。

时间比金钱还要珍贵，珍惜时间就是珍惜生命。所以说“时间就是生命”。

“时间就是生命”这句话，相信许多人都能说得出来，然而并不是每一个人都能做得到的，办事拖拉依然是很多人的不良习惯。

在生活中，许多人没有时间观念，做事总是很慢。因此，培养时间意识对孩子来说至关重要。这是因为，孩子能否安排好自己的时间，能否珍惜时间，会直接影响他的生活与学习。

一般来说，孩子的时间观念并不强，他们通常不能按问题的主次和事情的轻重缓急来安排时间，而是凭自己的兴趣来安排，结果不但造成了不必要的时间浪费，而且还会影响许多事情的处理。

时间是悄无声息流逝的。在每一段时间里，孩子所做的事情并不都是有意义的，有些甚至是在浪费时间和生命。浪费时间，是孩子的大敌。许多孩子不懂得珍惜时间，这也与父母教育方式有很大关系。

你的孩子有时间观念吗？你的孩子节约时间吗？你的孩子会利用时间吗？如果回答是否定的，那么，作为父母应该运用一定的方法，帮助孩子养成合理安排时间的好习惯。

一、培养孩子良好的时间观念

每一个人都应该有良好的时间观念，而对于正在学习的孩子来说，是否有时间观念，与他的学习效率有很大的联系。那些不珍惜时间或安排时间不合理的孩子，往往缺少自我控制的能力，缺乏不断前进的动力。父母在早期教育中培养孩子的时间观念，就等于给了孩子知识、力量、聪明和美好的开端。因为善于利用自己时间的人，是最能出成绩的人，将会获得高效率的办事结果，其人生也会因此而改变。

养成良好的时间观念是一个人做事成功的基本前提，但并不意味着全部，尤其是对孩子而言，良好的行为习惯是多方面的。父母与孩子朝夕相处，最了解也最熟悉自己的孩子。同时，父母有意无意在孩子面前所表露出的一举一动，都会对孩子一些习惯性行为的养成起着至关重要的作用。

但由于一些父母的疏忽，总认为孩子还小，“树大自然直”，对孩子做事少闻少问，少导少管，正确的行为缺乏鼓励强化，错误的行为没有坚决制止，久而久之，问题变得愈为突出，好习惯没有形成，却形成了许多坏习惯。

二、引导孩子善于“挤”时间

时间，对于每一个人都是平等的，但由于对待时间的态度不同，时间贡献的效益可就大相径庭了。鲁迅先生认为天才就是勤奋，他自己的成功，不过是把别人喝咖啡的时间用在了学习和工作上罢了。他不赞成那种空耗时间的人。他对自己的时间极其吝啬，一分一秒都不愿白白流逝。他把时间比作海绵里的水，总是尽力去挤。人的生命也就是从生到死这一段时间的总和。所以说，鲁迅先生对时间的比喻，道出了生命的真谛，一个“挤”字道出了生命的价值、生命的意义。所以，鲁迅还说过，浪费别人的时间无异于谋财害命。

人若一辈子总是晃晃悠悠、无所作为，生命还有什么价值可言！若对时间没有“挤”的精神，想成就一番事业，岂不是懒汉做美梦——空想一场而已。有志者惜时如金，无志者空活百岁。不善挤时间的人，很难说他有什么宏图大志。

正因为如此，家长一定要引导教育孩子养成“挤”时间的好习惯。

三、教会孩子必要的生活技能

父母必须教会孩子一些基本的技能，比如，怎样穿衣服才能穿得更快；怎样洗漱才能不浪费时间；怎样整理玩具才能取用方便；早晨醒来之后不能恋被窝；吃饭时不能看动画片；放学回家不能边走边玩，等等。另外，对一些动手能力较差的孩子，父母还应当增加些有针对性的特殊训练，以提高孩子的动手能力，从而节省孩子做事的时间。

四、教孩子学会节约时间

要引导孩子从小养成今天事情今天做完的习惯，督促孩子把应该做的功课按时完成，不要随意拖延任务。切忌“明日复明日，明日何其多”的拖拉作风。在养成珍惜时间这个习惯的过程中，父母要耐心细致地说服帮助，不可性急、焦躁，更不可采取粗暴强制的办法。在督促孩子完成他自己排定的任务时，要着眼于对其时间观念的培养，而不仅是应付差事式的"快速短时"。

五、父母要以身作则，珍惜时间

珍惜时间，父母要以身作则。如果父母本人就是一个勤快的人，生活节奏快而不乱，自然会言传身教，为孩子树立榜样；反之，如果父母饱食终日、无所事事，孩子亦会受到不良影响。

六、让孩子正确认识时间的价值

可以通过具体事例，让孩子懂得惜时如金的重要意义。比如，首先让孩子认识时钟，懂得时间与生活的关系，知道做事不能拖拉、浪费光阴，要惜时如金、争分夺秒。同时，可以给孩子讲古今中外名人惜时的名言和故事，让孩子知道遵守时间、珍惜时间的重要性。还可以通过实践，让孩子知道时间的作用和价值，逐步理解"爱惜时间，就是爱惜生命"的道理。

七、让孩子养成有规律的作息习惯

孩子的随意性很强，自我控制能力较差。常常看见他们一边吃饭一边玩耍；一件事情还没有做完，心里又想着另一件事情；做事总是杂乱无章、缺乏条理。这时候，父母如果不加以引导，就会让孩子养成"拖拉"的坏习惯，从而影响学习和今后的生活。

为此，父母一定要坚持让孩子养成有规律的作息习惯。良好的作息习惯是养成时间观念的前提。父母可以和孩子一起制定作息时间表：什么时间起床，洗漱要多长时间，吃早餐要多少时间，放学后先做什么、后做什么，几点睡觉等，都可以让孩子做出合理的安排。只有把作息时间固定下来并形成习惯，孩子才能对时间有一个明确的认识，才能形成良好的时间观念。

在孩子的作息时间中，学习时间一定要固定下来。父母应该事先与孩子商量好做作业的时间、中间休息的时间，然后按规定进行。规定孩子在一定的时间内必须学习，会使孩子具有一定的紧迫感，促使其集中注意力把作业做完，从而提高学习效率。

在孩子高质量、高效率、提前完成学习任务时，父母千万不可再追加作业，以免造成孩子的反感，从而对学习产生厌烦情绪。正确的做法是表扬孩子，并奖励孩子一定的时间用来休息或娱乐。

八、让孩子明白提高效率就是争取时间

时间是生命，没有效率地做事其实就是浪费时间，抑或是因为没有时间观念才导致不注重效率。总之，效率与时间关系十分密切。

让孩子懂得讲究效率，不论是在学习中还是在生活中，提高效率就是节约时间。这也能促使孩子不断增强时间观念。更重要的是，孩子可以养成干脆利落、雷厉风行的做事作风。

无论是在日常生活中，还是在工作和学习中，效率都是至关重要的。讲究效率才能事半功倍。

如果孩子做事的效率不高，父母要有意识地让孩子学会合理地安排时间。在日常生活中，父母要教会孩子合理安排事情的先后顺序，进而节省时间、提高做事的效率。

在帮助孩子养成做事讲效率习惯的同时，父母也要告诉孩子，动作快只是追求效率的一方面，追求效率不等于做事马马虎虎、敷衍了事，而是要把事情做得又快又好。只有这样，才能真正做到事半功倍。

培养孩子做事有计划的习惯

做事有计划对于一个人来说，不仅是一种做事的习惯，更重要的

是反映了他的做事态度，是能否取得成就的重要因素。

对于孩子来说，养成做事有计划的习惯是非常重要的。它可以帮助孩子有条不紊地处理应该处理的事情而不会手忙脚乱。做事没有计划的孩子，很难很好地料理自己的生活，也无法很好地进行学习和工作。在通向成功的道路上，做事有计划的孩子将比做事没计划的孩子走得更轻松、更顺利。那些取得杰出成就的人，常常得益于从小养成了做事有计划的好习惯。

做事有计划是一种生活态度，小到身边的日常小事，大到一生的理想追求，都不可缺少计划性。做事有计划是一种生活习惯，它是决定能否把事情做好的重要因素。

做事没有计划、没有条理的人，无论从事哪一行都不可能取得成绩。没有计划、没有条理，常常意味着拖延和敷衍，意味没有效率，意味着浪费时间。对于孩子来说，做事有计划同样非常重要。

让孩子养成做事有计划的习惯，对孩子的成长和成才非常有利。学会按计划做事，首先应该会做计划。做计划包括信息的事先收集、对所做事情的具体安排和预测将会遇到的问题以及应对措施等。

学会分清轻重缓急，说起来简单，但做起来却不那么容易。因此，家长应该尽早培养孩子的这一习惯，只有让孩子拥有了做事有计划的习惯，孩子才会养成有条不紊、稳重的性格。

一、做事有计划是一种积极的生活态度

做事有计划的习惯可以避免拖延、磨蹭、混日子，可以促使孩子珍惜时间，追求学习质量和做事效率。这既是一种积极的做事习惯，也是一种积极的生活态度，更是积极人生观的重要部分。

人们常说："习惯决定性格，性格决定命运。"如果孩子从小就养成了做事有计划的好习惯，那么他就更有可能收获好的性格，最终更有可能取得理想的成就。成功人士的成功经历告诉我们，成功不是运气赐予的，也不是一蹴而就的，而是在日常生活中养成了好习惯、

形成了积极的生活态度，并脚踏实地地走向成功的。让孩子从小就学会按计划做事、养成好的习惯，对孩子的一生都将大有裨益。

二、做事有计划可以提高效率

有了计划就意味着有了明确的目标和具体的行动步骤，就可以使孩子发挥做事的主动性，减少盲目性，使工作有条不紊地进行。无论是学习还是工作，做事有计划的孩子，其效率比没有计划的孩子的效率高，因为他在计划中确定了目标、步骤、重点，可以在执行的过程中明确轻重缓急，减少不必要的时间和精力的浪费，更有利于达成目标。

三、做事有计划的孩子更能得到别人的信任

做事有计划意味着不会毛毛躁躁，也意味着不敷衍了事，这是孩子将来在工作中取得领导和同事认可和信任的重要品质。没有哪个单位希望自己的员工做事只跟着感觉走，而不是按计划走。做事有计划的孩子想问题相对较周全，能给人一种稳重的感觉，更能赢得别人的信任，也更有机会获得良好的人际关系。

培养孩子做事有计划的习惯之所以重要，是因为它可以帮助孩子有条不紊地处理学习和生活中的事情，而不至于手忙脚乱。如果孩子长大成人后做事没有条理、缺少计划，必将影响他的进步和发展。

四、计划要从日常生活中的小事抓起

在日常生活中，不管做什么事情，父母都应该严格要求孩子有条理地去做。例如，让孩子把他的房间整理得井然有序；把用过的物品放回原处；让孩子在每天睡觉之前，就把书包整理好，把第二天要带的东西，要穿的衣服放在床头等。这些都可以帮助孩子养成做事有条理的好习惯。

当然，在要求孩子这么做的同时，父母也要起表率作用。比如，把家里打扫、整理得干干净净；不随意乱放东西；看完的书要放回书架；衣柜里的衣服分类摆放整齐等。这些细小的行为都会给孩子带来潜移默化的影响，有助于孩子养成做事有计划、有条理的习惯。

五、有计划做事需要有时间观念

做事没有计划的人，几乎都没有时间观念。因此，要使孩子养成做事有计划的习惯，必须培养孩子的时间观念。

在日常生活中，父母要有意识地培养孩子的时间观念，让孩子明白什么时间应该做什么事，什么时间不应该做什么事情；让孩子养成按时学习的好习惯；让孩子养成按时吃饭的好习惯……这些都是培养孩子做事有计划的必要准备。

六、教会孩子做事前制订计划

较小的孩子，特别是幼儿，或许对什么是计划没有概念，至于怎样做计划，更是不懂。因此，需要父母教会孩子做计划。想要教会孩子做计划，父母可以向孩子示范自己的计划，即经常把自己的计划告诉孩子，并且征求孩子的意见，让孩子参与讨论、帮着计划。

如果孩子对妈妈说："妈妈，我周末想去打球。"妈妈最好不直接说"好"或者"不好"。而应该问孩子："你的计划呢？你想跟谁一起去？到哪个地方去？怎么去？要带什么东西去？"如果孩子说："我还没想好。"妈妈就要告诉孩子："没想好的事情就不要说。如果你要去，就要先做计划。"这样，孩子就会养成做事严谨的态度，在做事之前会拟出一个比较周密的计划。

还有，当孩子提出某项请求时，父母可以问孩子："你的计划呢？"不仅如此，作为父母要耐心地与孩子讨论他的计划，并使计划切实可行。久而久之，孩子会在不自觉中养成了良好的习惯。

七、指导孩子制定学习计划

学习计划一般以一个学期为阶段，内容包括本学期的目标、任务、措施、时间上的安排和精力上的分配。在制定计划的时候，不能指望把每一个细节和不可控因素都考虑在内。在计划的执行过程中，如果发现存在问题，要及时调整，在必要的时候还要进行大幅度的修改。要让孩子时刻记住这样一点：学习计划不是教条，它应该以适合具体的学习情况和自身实际为前提。

八、督促孩子制订计划并按计划做事

孩子自律性不强，即使学会了事前做计划，有时候也可能因为兴奋、忙碌而忘记了做计划。如果父母不及时督促孩子制订计划，孩子很可能三番五次忘记事前做计划，那就很难养成做计划的习惯。

计划制订了，但孩子是否按计划办事了呢，还需要父母的监督。如果没有父母的监督，孩子在做事的时候就可能变得随心所欲，把计划抛在了脑后，如此一来，计划就没有起到应有的作用。

比如，有的孩子虽然制订了学习计划和零用钱花用计划，但是他们还会在做作业的时候，不时地去看一会儿动画片；或一冲动就把所有的零花钱用光。这时，父母一定要按计划办事，孩子没有做完作业就不允许他睡觉；零用钱花完了就不能再提前给。否则，孩子很难养成按计划办事的习惯。

九、计划要有一定的弹性

计划有一定的弹性，这一点是很必要的。比如说，某天孩子因为参加学校组织的一项集体活动，晚上回家时已经非常疲倦了，那就应该改变计划让他早点休息，一定不可以硬要孩子一边打盹儿一边坚持学习当天的内容，那就无异于削足适履了。但这个弹性一定要适度，这样才有利于培养孩子自觉良好的习惯。然而，若是把什么情况都当成是例外，随便更改计划，那恐怕孩子就无法养成一个良好的习惯了。

需要注意的是，教育孩子要做事要有周密计划，要有条理、有理智地生活，这些离不开科学的态度。也就是说，要遵循客观规律，而不能冲动蛮干，制定不切合实际的计划。

另外，还要对制订的计划进行自我反省，做计划不可能万无一失，执行计划也会遇到新问题，让孩子养成反省自己计划的习惯，是孩子走向成熟的一个过程，也是孩子养成做事有计划的重要方法。

做事有计划不仅是一种做事的习惯，更是一个人性格的一部分。对于孩子来说，做事情缺乏条理、没有计划是儿童时期的一种自然反应，但如果父母不注意引导，孩子往往会养成不良的习惯，这会给孩子将来带来很多麻烦。

当然，做事有计划的习惯并非一朝一夕就能养成的，因此父母不能急躁，要注重在日常生活的细节中培养孩子做事有计划的习惯。

十、制订好计划应立刻行动

制订计划固然重要，但执行好计划更为重要，否则计划就失去了意义。

父母应该让孩子知道，完美的计划只是一个开始，一切事件的成功最终还是要落实到行动上来。只有计划而没有行动，计划就是空想；如果总是只有憧憬而没有行动，计划只能换来时光的消逝。一个人要想成功，一定要敢想，更要敢做，把想和做紧密结合起来。勇敢去想，认真去做，才能获取成功。

让孩子养成遵守纪律的习惯

纪律是一种行为准则，它存在于社会生活的各个方面，规范着人们在社会生活中的各种行为。纪律一旦确立,不管人们愿意不愿意,都必须遵照执行。

培养遵守纪律的良好习惯,必须让孩子从小做起,从小事做起,“勿以恶小而为之,勿以善小而不为”。只有平时严格要求自己,才能养成遵守纪律的好习惯。

让孩子遵守纪律,不仅利于孩子的学习,还能帮孩子养成良好的行为习惯。李嘉诚说:“思想成就行为,行为成就习惯,习惯成就性格,性格成就命运。”所以遵守纪律、养成良好的行为习惯对孩子终生有益。

孩子守纪律的习惯是从小培养的,制订一些规矩,使孩子按规矩要求去做,使他知道什么事该做,什么事不该做,从小就懂得按规矩办事,为长大做个守纪律、有礼貌的好孩子打下良好基础。

现在的孩子多是独生子女,想要什么就有什么,想做什么就做什么,但将来他总要进入学校,步入社会,不管他走到哪里,都会有纪律的约束。两岁半的孩子已经初步具有判断是非的能力,懂得对与不对了,这时是培养他遵守纪律的好时机。

父母从小培养孩子遵守纪律的好习惯,可以从以下内容和方法入手。

一、教育孩子遵守日常生活中的规矩

家长应该教育孩子在日常生活中守规矩。比如,节日里全家人聚会吃饭,饭菜已经上桌,要等人都到齐了再开饭。孩子如果想先吃,就要告诉他道理。再如,在游乐园中玩滑梯、坐碰碰车,人多时要排队等待。如果孩子不想排队,要教育孩子凡事都需要遵守规矩,在集体和社会中,人人都遵守规矩,社会才能有秩序。

二、培养孩子良好的习惯

靠纪律的约束可以养成孩子良好的习惯,也是对孩子性格培养

不可缺少的一环。有些孩子在学前阶段(如在幼儿园、家里、学前班)没有养成良好的行为习惯,以致入学后纪律不好,甚至不懂得遵守纪律。

一个人的各种习惯是互相关联的,好习惯如此,不良习惯亦如此。一个孩子,如果玩具乱扔,文具乱放,不按时起居,不正经吃饭,想干什么就干什么,生活没有规律,肯定不会有很好的纪律性。要培养孩子遵守纪律的习惯,必须从培养良好习惯入手,要求要简明、合理,坚持下去不动摇。

三、教育孩子尊重老师

有些孩子不遵守纪律,是由于对老师缺乏信任。如果是这个原因,就必须从建立师生感情入手。首先,家长要尊重老师,以理解的态度对待老师。其次,父母要给孩子耐心讲尊师的道理,讲“程门立雪”等尊师故事,说服孩子消除对立情绪。再次,对老师的缺点进行客观分析,选择适当时机以委婉的方式跟老师交换意见。此外,父母还可以主动带着孩子找老师,和老师一起讨论教育问题,要求孩子支持老师工作、主动帮助老师做一些事情。一旦师生关系融洽了,孩子的纪律情况就会有所改善。

四、培养孩子的学习兴趣

有些孩子不遵守纪律,是由于缺乏学习兴趣。学习兴趣是一种动力,对感兴趣的学科,孩子上课就遵守纪律;对不感兴趣的学科,上课就可能乱说乱动。意志品质好的孩子自我控制力强,表现不明显;意志品质差的孩子自我控制力弱,问题就比较大。因此,解决这些孩子的纪律问题,应该从培养、强化孩子的学习兴趣入手。

五、帮助孩子辨别是非

有些孩子不遵守纪律,是因为是非观念淡薄,思想意识有偏差。父母应与老师多沟通,仔细分析,共同帮助孩子辨别是非,提出改正措施。对这样的孩子，建议老师在班上安排合适的工作任务，使他在为同学服务中增强自信，提高威信，从而增强自我约束的能力。

六、让孩子从小养成学法、知法、守法的好习惯

由于年龄的关系，孩子接受新事物的能力强，正是进行法制教育的好时机。但是仅仅让孩子知法是不够的，还必须守法，在法律的约束下规范自己的行为。只有从小养成学法、知法、守法的好习惯，长大后，才能成为一名合格的、优秀的公民。

父母要把孩子培养成对社会有益的人，就应该从小严格要求他们守规矩，遵守学校或家里规定的生活和学习制度。

培养孩子守纪律的习惯，不是一件很容易的事，父母必须与老师密切配合，调动孩子自身积极性，持之以恒方能奏效。

让孩子养成热爱劳动的习惯

热爱劳动是一个人在体格、智慧和道德上臻于完善的源泉。不要一味地觉得孩子还小，没有什么可以让他做的。国内外专家们都认为，劳动观念必须让孩子从小就养成，如可以让孩子在家庭生活中，承担一些力所能及的家务。

爱劳动是一种优秀品德，也是生存的重要条件。

父母要让孩子知道，要享受真正的人生，享受真正的生活，就必须从事这样或那样的劳动。只有在劳动中，人们才能找到无尽的快乐，才能创造美好的生活，而懒惰、好逸恶劳是万恶之源。

现在很多孩子不懂得劳动的意义，也不知道爱惜粮食，他们已经丧失了把劳动作为美德的最朴素的理解。而要让他们获得这种理解，培养起对劳动的兴趣，便只有让他们亲自去体验。

培养孩子的劳动习惯，要从小让孩子收拾自己的玩具和睡衣之类的东西。当孩子逐渐长大，就有能力独自做大部分家务劳动。如果父母过分地宠爱孩子，什么事情都舍不得让孩子做，对孩子一点好处都没有，慢慢地孩子会变成一个懒惰的、依赖性很强的人，这对孩子的人生有着非常大的危害。

如果父母真正爱孩子，就让他从劳动开始。其实，孩子天生是喜欢劳动的，在四五岁的时候就已经表现出来了，这时候的孩子很喜欢帮助父母干活，可是父母却总是把孩子的好意看成是“捣乱”。就这样，孩子的劳动热情被父母扼杀在了摇篮里。

有些父母则从小就对孩子进行劳动教育，让孩子养成了热爱劳动的习惯。这些受过劳动教育的孩子，不管遇到什么事情，都会尽自己的全力去完成。无论是劳动，还是学习，他们都有一种自觉的心理和一种责任感，做事情的时候根本不需要任何人去监督和督促。在劳动中，可以培养孩子乐观向上的性格，可以让孩子感受劳动所带来的喜悦和自豪。热爱劳动的孩子学习也会感到轻松和简单。所以，有责任的父母应该让孩子养成热爱劳动的习惯。

那么，父母怎样才能让孩子养成热爱劳动的习惯呢？

一、从做家务开始

让孩子热爱劳动，就要从学习做家务开始。父母要从小培养做家务的习惯和能力，让孩子把家务看成是生活内容之一。对于孩子来说，做家务除了可以培养热爱劳动的习惯之外，还可以养成务实的良好品格和集体精神。所以，父母一定要舍得让孩子参加家务劳动，帮助孩子成为有责任感的和热爱劳动的人。

二、多称赞，少批评

对于孩子来说，称赞是很好的一种鼓励方式。所以，父母要经常对孩子说一些称赞、表扬的话。比如，孩子参加了家务劳动，就可以夸奖孩子能干。这会让孩子有一种成就感，也会调动孩子更多地参与劳动的积极性。孩子参加家务劳动，是一个学习的过程，失败在所难免的。当孩子做家务劳动失败时，父母千万不要对孩子进行指责，而是要和蔼地告诉孩子，没有谁可以不经历失败就能成功，只要能从失败中吸取教训，就会有成功的机会。

最重要的一点是，父母只可以口头称赞孩子，尽量避免用金钱作为奖励。因为做家务是每个家庭成员应尽的义务，而且做家务的目的让孩子在这一过程中增强责任感，得到意志品质的锻炼。

三、让孩子多参加一些有意义的活动

从孩子的年龄特点出发，让他参加一些公益劳动，如打扫卫生、整理花坛、植树、帮助邻居做事、到敬老院为老人服务等，使孩子从小懂得关心集体，关心别人，并且从公益劳动中体会到助人的乐趣。

四、增强孩子的责任感

责任感是让一个人主动去做事的驱动力。通过做家务，孩子可以体谅到父母的辛苦，并逐渐承担一些家庭责任，这样会增强孩子的责任感，培养孩子的良好品质。当孩子养成了热爱劳动的习惯，感受到劳动所带来的快乐时，他就会更加努力地、更自信地承担起自己的责任。

五、让孩子养成珍惜劳动果实的习惯

现在很多孩子浪费现象特别严重，如丢弃饭菜、不爱惜学习用品等。家长应告诉孩子劳动果实来之不易，父母的工资收入也是辛勤劳动和工作换来的，要尊重父母，也要尊重父母的劳动成果。

六、培养孩子的动手能力

让孩子动手做玩具或模型以及各种制作，有利于孩子的智力开

发和形成创造性思维的习惯。

有一个家庭十分注意培养孩子动手制作的能力。孩子制作的东西，绝大部分是用自己收集来的废旧物品做成的。孩子的房间里有好几只箱子，有的装破烂玩具、易拉罐；有的装大齿轮、小电机、无线电零件、坏半导体收音机，柜子上堆放着一大堆泡沫塑料。他妹妹开玩笑称他是“破烂王”。他却在父亲的帮助下开动脑筋，用自己的双手做出各种科技小制作来……大量的科技制作，培养了他动手动脑的能力。最终，他实现了从一般科技制作到发明创造的升华，发明制作出了太阳测高仪。

让孩子养成勤俭节约的习惯

勤俭节约是中华民族的传统美德。因此，从小培养孩子养成勤劳节俭的习惯是非常必要的。要教育孩子从小做起，从我做起，从现在做起，从身边事做起，牢固树立节约意识，从节约一度电、一滴水、一张纸、一粒粮入手，把勤俭节约落到实处。

那么，父母怎样才能让孩子养成勤俭节约的好习惯呢？

一、父母自身要勤俭节约

孩子的言行受父母影响很大。父母应该在生活中为孩子树立勤俭节约的榜样，从一粥一饭、点点滴滴做起，注意言传身教。而现实生活中，一些家长恰恰不具备合理消费、勤俭节约的习惯与意识。随着消费水平不断提高，一些家长在衣食住行方面追求“好、新、贵”，对孩子提出的要求也一味满足，孩子也逐渐养成了奢侈浪费的习惯。因此，家长首先要树立正确的消费理念。

父母要以身作则，做出榜样，让孩子在潜移默化中受到熏陶感染。父母不要以为现在生活条件好了,不必向孩子进行艰苦朴素的教育了。在孩子吃穿用上,及时保证孩子健康成长的需要就可以了,但不可大手大脚,追求名牌、高档,否则不利于孩子艰苦奋斗思想的形成。

二、让孩子真正认识勤俭节约的意义

父母要告诉孩子,勤俭节约是高尚的传统美德,是建设国家最起码的要求,让孩子懂得乱花钱是一种不当的行为。要引导孩子认清享乐与合理消费之间的区别,从而使孩子自觉做到艰苦奋斗、勤俭节约。

三、通过故事深化孩子的认识

孩子都喜欢听故事,父母可以通过有关勤俭节约的故事,深化孩子的认识。如选读或讲述相关的儿歌、童话、名人轶事,教育孩子注意勤俭节约,让孩子懂得一粒米、一滴水、一度电来之不易,都是人们辛勤劳动换来的,让孩子从故事中受到启发和教育。

四、让孩子学会从生活小事做起

“谁知盘中餐,粒粒皆辛苦。”不管家庭生活状况如何,父母都要教育孩子树立勤俭朴素的意识,并珍惜粮食和衣物、爱护玩具。同时,要在生活细节上养成节约的习惯,如人走灯灭、一物多用等。孩子一旦在细小的事情上养成了节约的习惯,就能在心灵深处埋下勤俭节约的种子。

五、让孩子学会利用废旧物品

废旧物品若是善于利用,也是能“变废为宝”的。比如,可以用易拉罐做个花篮;将旧凉鞋剪成拖鞋等等。这样,既可培养孩子的节约习惯,又是一种手工劳动的练习,可谓一举双得。

六、让孩子树立正确的金钱观

很多孩子不知道家长挣钱的辛苦，以为钱来得很容易，所以花起来也不心疼。而在国外，很多孩子从中、小学就开始打工挣学费。因为有了切实的劳动经历，他们对于钱的来之不易有切身的体会，花起钱来也就不会过于大手大脚。

父母可以创造条件让孩子了解劳动与金钱的关系，鼓励孩子利用假期或休息日参加公益劳动或勤工俭学，体会劳动的艰辛和父母挣钱的不易。

父母还应让孩子懂得要靠诚实的劳动换取金钱，任何歪门邪道来的钱都是不能要的。还要教育孩子只能花自己挣的钱或者家长给的钱，绝不能私自拿家里的钱、要同学的钱，更不能偷别人的钱。

要让孩子懂得金钱不是万能的，还有比金钱更重要的东西。有钱可以买来物质，却买不来精神和道德；有钱可以买来书本，却买不来知识；有钱可以买来药品，却买不来健康；有钱可以拉拢别人，却买不来真正的友谊……

七、让孩子花钱有节制

孩子手中有一些零用钱，那是父母给孩子的备用金。但是，很多孩子总是把这些钱随意花掉，买许多根本不需要的东西，造成金钱上的浪费。要想改变这一状况，不妨让孩子在买某一件东西时问一问自己，这件东西是不是非买不可？如果答案是否定的，那么孩子就不要再买了。

八、培养孩子的记账习惯

孩子年纪小，不知道如何记账。刚开始时，父母可以帮助孩子将未来一星期的花费记录下来，然后逐日补上额外支出的项目，使孩子慢慢养成记账的习惯。等到建立起几次记录后，父母可以放手让孩子自己记账。几个月后,父母可以借此了解孩子的消费倾向,了解他们对金钱价值的认识与感受。若发现认识有偏差,可适时纠正。另外,记账也可以帮助孩子养成良好的理财习惯,让他们理解花钱容易挣钱难的道理。

九、让孩子体验独立消费

只要父母放手,五六岁的孩子已能独自进行一些小额消费,如买点零食等。让孩子体验独立消费有个原则,即不能让孩子大手大脚花钱并引导孩子养成节约花钱的习惯。如坐公交汽车,父母身上没有零钱,让孩子付,孩子也很乐意;有时孩子主动要求坐没空调的车,这就是孩子学会省钱的一种表现。对孩子来说,让他自己体验节约花钱,比一千遍一万遍地说大道理,要有效得多。

十、培养孩子理财投资意识

父母要引导孩子形成节约花钱和算账的观念,逐步养成良好的生活习惯。比如,生活中孩子需要购买的东西很多,家长可以告诉孩子哪些该买,哪些不该买,哪些买了划算,使孩子从小就学习合理消费的知识。同时,家长还要引导孩子储蓄存款,增加金融知识。如将逢年过节、过生日时,长辈或亲友送的压岁钱、贺礼等进行零存整取,让孩子自己计划管理、体验理财的乐趣。

让孩子养成自己动手的习惯

父母都疼爱孩子,疼爱孩子的方式有多种,生活中多锻炼孩子,让孩子做自己能够做的事,是好的疼爱方式。如果总是不让孩子动手,孩子就会失去锻炼的机会,从而变得依赖和懒惰,将会一事无成,这是害了孩子。

在生活中,父母应该鼓励孩子劳动,培养孩子的生活能力。在孩子动手时,父母要给孩子多一些鼓励,少一点挑剔,多一些指导,少一点包办。让孩子通过自己动手,一步步认识世界,适应社会。

事实证明,每一个孩子都有自我管理和教育的潜在能力。父母应该给他更多动手的机会,这样,孩子才会成长得更快、更健康。让孩子自己做主,自己动手,才是对孩子真正的爱。

孩子在两三岁以后,就已经显示出模仿父母的天性。随着双手灵活性和身体协调性提高,他非常渴望亲自动手做事。像穿衣服、穿鞋子之类的事情,他开始认为:“这件事我能做!”并且会为了证明自己能行而拒绝父母的帮忙。这时候,父母应该给予孩子充足的时间和空间,即使心里很清楚孩子肯定会花去两三倍的时间才能完成,也要静静地站在一边让孩子自己完成。

当孩子有自己动手的意愿时,父母应该鼓励孩子的主动性,并尊重他的意愿,让孩子自己动手,并养成自己动手的习惯,逐步增强他的独立性和自理能力。即使孩子没有表现出自己动手的强烈愿望,在父母的鼓励和引导下,他们也会自己动手干好的。

一方面,父母应该重视孩子“让我自己来”的请求,给予积极的尊重和支持;另一方面,父母应该引导孩子自己动手,让他在不知不觉中养成自己动手的好习惯。

父母可以让孩子从小就做一些力所能及的事情。随着孩子的成长,逐步让他做些复杂的工作。对于一些复杂的工作或者活动,应先教给孩子一定的技能。例如,要求孩子做米饭,就应该告诉孩子做饭的程序,放多少水,煮多长时间等等。

在家庭生活中,培养孩子自己动手的习惯,父母应该安排孩子从事一定量的家务劳动。一般来说,小学生每天 20 至 40 分钟,中学生每天 30 至 50 分钟为宜,具体可根据孩子的功课来调节,要让孩子学会合理安排玩耍、学习与劳动之间的关系。

父母在培养孩子动手能力时一定要注意以下几点：

① 不要在孩子玩得正高兴的时候叫孩子去做某件工作，这样会引起孩子的抵触心理，可以提醒孩子在一个时间范围内去完成这件工作。

② 不要一次性让孩子做许多家务活，应该按照孩子的能力来安排，慢慢地让孩子“长期承包”一项或者几项家务活，从而让孩子学会提高劳动技能和劳动效率。

③ 在孩子做完一件工作时，应该给予一定的鼓励和表扬，强化孩子勤劳的好习惯，这一美德将使孩子受益终身。

要及时纠正孩子的坏习惯

任何一种习惯都可能给孩子带来深远的影响。因此，父母在生活中必须时时关注孩子的言行表现，对其任何不良习惯在萌芽阶段就要及时纠正。

人们的生活基本上是由习惯构成的，但等到“习惯成自然”后，人们就很难感觉到习惯的存在，换句话说人们已经成为了习惯的奴隶。如果一个人被一些不良习惯左右，那么他的人生就会变得一团糟。

孩子身上常有些小的不良习惯，并且认为是小事一桩，父母也觉得没什么大不了的。这种想法是很错误的，因为，不良习惯不及时纠正，小小的坏习惯将来也可能带来大问题。

例如，羊皮纸上的文字解释说，点金石是一块小小的石子，它能将任何一种普通金属变成纯金。点金石就在海滩上，和成千上万的与它看起来一模一样的小石子混在一起，但真正的点金石摸上去很温暖，而普通的石子摸上去是冰凉的。有一个人在知道了这个秘密后，就买了一些简单的装备，在海边扎起帐篷，开始寻找点金石。

他知道，如果他捡起一块普通的石子并且因为它摸上去冰凉就将其扔在地上，他有可能几百次地捡拾起同一块石子。所以，当他摸着冰凉的石子后，就将它扔进大海里。

他这样干了一整天，却没有捡到一块点金石。后来他又这样干了一个星期，一个月，一年，两年，三年……但是，还是没有找到点金石。

他继续这样干，捡起一块石子，是凉的，将它扔进大海；又捡起另一块，还是凉的，再把它扔进海里。

终于，有一天上午，他捡起了一块石子，这块石子是温暖的……可他依然随手把它扔进了海里。他已经形成了一种习惯，把他捡到的所有石子都扔进海里。他已经如此习惯于做扔石子的动作，以至于当他真正想要的那一块点金石到来时，他还是将其扔进了海里！

这就是习惯的作用。

习惯有时会成为人成功的障碍，使人扔掉握在手里的机会。孩子在成长过程中很容易养成一些不良习惯，包括学习的、生活的、待人处世的习惯。任何一种习惯都会影响孩子的一生，好的会起到积极作用，不良的则会起到负面作用。

不良的习惯是束缚在孩子身上的无形枷锁，严重地阻碍他的进步。因此，父母必须将纠正孩子的不良习惯当做家庭教育中的一项重要任务来抓。

检视一下孩子生活和学习中的习惯，看哪些习惯会成为他学习和生活的障碍，然后改正它，切勿让孩子被不良习惯束缚了。

每种不良习惯的形成都有其内在和外在的原因，在纠正时，要找出孩子不良习惯的根源，对症下药。否则，不良习惯不但不能被纠正，反而会愈加严重。例如，同样是学习磨蹭，原因却很多。有的孩子是对学习没有兴趣，有的是时间观念淡薄，有的是个人性格所致，有的则是对老师和父母的消极对抗。为此，父母要根据每个孩子不同的情况，采取有针对性的措施。诸如，有的要培养孩子的学习兴趣；有的要加强孩子的时间观念；有的要完善孩子的性格等等。

习惯是一种固定的行为方式，形成的时间越久，纠正起来就越困难。因此，在孩子的不良习惯刚刚形成或萌芽之际，父母就应及时予以纠正，不要等恶习难改时才引起重视。父母平时对孩子的不良习惯要有警惕性，一旦有不良习惯的苗头出现，就及时抓住、及时纠正。纠正得越及时，效果就越好。

帮助孩子纠正粗心的习惯

孩子粗心似乎是个很普遍的问题，这让父母很头痛。有一些家长往往只是埋怨孩子有粗心的毛病，有的还会因此打骂孩子，但这样往往不能彻底解决问题。

通常，父母只注重孩子在学习上的粗心，却忽略了他生活上的粗心。其实，孩子在生活上的粗心更容易导致学习上的粗心。而孩子在生活上的粗心往往与父母过分关爱孩子、事事包办代替有着直接的关系。

形成孩子粗心的因素是多方面的。比如气质因素，有这种因素的孩子对感觉刺激的敏感性较差，注意力又比较容易受到外界的干扰；又如知觉习惯的因素，有这种因素的孩子对知觉对象的反映不完整，分辨不精细；再比如兴趣的因素，这种孩子对感兴趣的事情比较认真仔细，对不感兴趣的事情却马马虎虎等。最令父母伤脑筋的是粗心会逐渐变成一种行为方式，最后演变成办什么事情都冒冒失失、粗枝大叶，最终成为一个真正的“马大哈”。

粗心的孩子的突出特点是动作快、脑子慢。这种孩子做事之前一般不会耐心细致地观察和思考问题，因而事情做完之后常常会漏洞百出。这种情况一般会随着孩子认知能力的提高而有所改善，但是对那些已经形成粗心习惯的孩子，如果不对他们进行耐心细致的指导，改变他们的不良习惯，帮助他们形成新的知觉、思维和行为的模式，那么他们就只好当一辈子“马大哈”了。

父母是孩子的第一任老师，家庭是孩子最先受教育的地方。孩子有粗心的毛病，父母是否应当对自己的教育方式进行反思呢？

如果孩子和父母都忽视了“粗心”的问题，那么，孩子在学习和生活中就会慢慢养成粗心的习惯。及时纠正孩子粗心的毛病，父母该怎么做呢？

一、培养孩子良好的知觉能力和辨别能力

孩子之所以粗心，就是因为缺乏良好的知觉能力和辨别能力。父母要提高孩子这方面的能力，就必须采取有效的办法。比如向孩子提供“找相同点”和“找不同点”的图画，让孩子去发现图画中各种细节上的变化，培养他们仔细观察事物和仔细比较事物的能力，并且要求他们把比较的结果大声地讲出来，以巩固其知觉能力。这种活动随时随地都可以进行，哪怕是看到树叶上的一只小虫，也可以让孩子去仔细看看，看清楚虫子身上有几个花斑、几条腿等。

二、训练孩子从不同角度观察和思考问题的能力

孩子很难从不同的角度思考同一问题，因此需要父母进行具体指导。比如将两根一样长的棍子前后错开放在孩子面前，问他哪一根长。试验表明，有的孩子说上面一根长，有的孩子则认为下面一根长。这时，父母可以引导孩子换一个角度再看这两根棍子。说上面一根长的孩子是因为他只注意到棍子左端，当让他同时看看棍子右端时，他的说法可能就会改变了；说下面一根棍子长的情况则相反，孩子只注意到棍子右端的长短，而忽视了棍子的左端。通过这个例子，要让孩子学会观察棍子的两端、即全面观察和思考问题。

三、锻炼孩子的注意力，增强辨别能力

家长应有意识地引导孩子对事物进行比较和辨别，提高孩子的注意力。例如，孩子经常分不清“衰”、“衷”、“哀”三个字的写法，父母可以教他们“横为衰，竖为衷，中间有口诉悲哀”；对刚学拼音的孩子来说，难以区分b与d的不同，父母可让孩子临摹。这时，要把字母写得大一些，因为大的字母在头脑中形成的表象也较大，把细节放大了可加深印象。父母还需注意，孩子玩得尽兴的时候或看电视正在兴头上时，尽量不要强行将孩子关进房间里学习，因为这时孩子根本无心学习，做事心不在焉，容易错误百出。

四、纠正粗心孩子的生活习惯

要改掉孩子粗心的毛病，父母不妨从以下三个角度入手：首先，反省自身是否存在相同的问题并加以注意。孩子的模仿能力极强，如果父母平时经常表现出马虎大意的言行，孩子极有可能效仿，所以，父母必须树立良好的榜样。其次，有意识地对孩子进行训练。如针对孩子总是没耐心听大人把话说完的情况，父母可以在说话的时候，抓住他的手，看着他的眼睛，强迫孩子集中注意力，并在孩子表现好的时候及时进行鼓励。最后，为孩子创造适当的环境，帮助他克服这一缺点。例如，准备多个储物抽屉，坚持督促孩子分门别类把物品放好，使之逐渐养成有条理的好习惯。

五、培养孩子的责任心

父母还可以用培养孩子责任心的办法治疗孩子粗心的毛病。从小培养孩子的责任心，是培养孩子健康人格的基本内容之一，其中，特别要注意孩子过失的处理。孩子由于年幼缺乏知识和经验，经常会发生一些过失，这毫不奇怪。譬如，不小心打碎了物品、一时冲动伤害了别人、粗心大意造成了麻烦等等。发生这类过失的时候，许多

父母会责怪孩子，如这样说："你怎么搞的？能这么做吗？讨厌！快走吧，回家写作业去。"于是，孩子没事了，什么责任也不必负，回去该学习就学习，该玩儿就玩儿。父母则留下来承担责任，又是道歉，又是赔偿。如此这般，孩子怎么可能有责任心？细想一下，不正是父母剥夺了孩子履行责任的机会吗？

一般来说，孩子有了过失的时候，恰好是教育的良机，因为内疚和不安使他急于求助，而此时明白的道理有可能刻骨铭心。当然，在这种时候，父母应当保持冷静，尽量不要大声训斥，更不要夸大其词恐吓孩子，而应当实事求是讲清道理，明确指出弥补过失的办法。

从一定意义上讲，我们也可以把孩子发生过失的时刻称为关键时刻，因为能否处理过失具有关键作用——如果处理不当，孩子也许会对责任心毫不在意，或者过于恐惧而导致精神崩溃；如果处理得当，孩子可能会吃一堑长一智，由此走向成熟，成为一个富有责任感的现代人。所以，不论孩子有什么过失，只要他有一定的能力，就应当让他承担责任。

第六章 性格决定孩子的命运

◎ 性格比能力更重要

◎ 健康的性格是成功的前提

◎ 怎样培养孩子良好的性格

◎ 怎样培养孩子乐观的性格

◎ 独立的个性是成功的关键

◎ 培养孩子做事果断的个性

◎ 坚持是成功的秘诀

◎ 妥协是一种智慧

◎ 自负的孩子会丧失进取心

◎ 帮助孩子改变过分依赖的性格

性格比能力更重要

习惯决定人生，性格决定命运。爱因斯坦说过："优秀的性格和钢铁的意志，比智慧和博学更重要。智力的成熟，很大程度上是依靠性格的。"

一个人的性格是从小培养起来的。孩子的心灵是一块神奇的土地，你播种一种思想，就会收获一种行为；播种一种行为，就会收获一种习惯；播种一种习惯，就会收获一种性格；播种一种性格，就会收获一种命运。因此，为了孩子的健康成长和终生幸福，家长一定要重视孩子性格的培养。

"三岁看大，七岁看老。"等到孩子的性格已经形成之后，再后悔就来不及了。一个人如果能力不足，可通过培训提高，一年不行两年，两年不行三年，总可以开发出来。但一个人的性格如果有缺陷，要改变起来，就困难多了，正所谓"江山易改，秉性难移"。

在一定条件下，性格还决定着能力的发挥。如果一个人的性格与所从事的职业很契合，就有利于他在职业上获得成功。因为从事适合自己性格的工作，通常能让人发挥特长、乐意投入，对工作有高度的承诺和责任心，更能胜任工作，并获得更大的快乐和成就。反之，如果性格与工作不合，再好的能力也无法发挥。这些都证明性格确实比能力更重要。

然而，父母总是重视孩子能力的培养、关注孩子智商的发展、知识的增长和创造力的开发，却忽视了判断力、价值观或感受性等方面的教育，这种忽视直接导致孩子的性格不能得到合适的引导和健全的发展。

孩子性格上的优点与缺点，主要和家庭教育有关。因为父母每天的言行就已经是教育了,这些潜移默化的影响比任何教育力量都大。

可以说,父母的性格将决定孩子一生的性格。因此,父母对孩子性格的培养应该比对能力的培养花费更多的心思。

性格不是与生俱来的,而是后天塑造的。只要父母选对正确的教育方法,就能够让孩子拥有健康良好的性格:

首先,要对孩子加强管教。

管教孩子其实是一门艺术。太宽了起不到教育效果;太严了又会让孩子产生逆反心理。只有宽、严有度,并采用能被孩子接受的管教方式,才能教育好孩子。

其次,培养孩子的良好性格,还要运用赏识教育,多尊重孩子、赞赏孩子、鼓励孩子。

父母的态度会影响孩子的表现,学会赏识孩子,你的孩子就会逐渐养成完美的性格。

最后,教育孩子要讲究技巧。

孩子的性格都是在日常生活的点点滴滴中培养起来的,希望每位父母都能努力探索,培养孩子形成良好性格,使孩子成为一个对社会有用的人。

健康的性格是成功的前提

现代社会,人们面临越来越多的压力。人际关系的复杂难免会产生矛盾、冲突,当然也会带来相应的病症,生活在现代社会的每一个人几乎都面临着这样的课题。要想解决这些难题,就一定要树立现代人健康的生活价值观,从而唤起内心潜在的性格力量。

作为人的一种行为方式的健康性格,其主要的性格行为取向被认为是个人充分发挥潜能和价值的能力。美国著名心理学家马斯洛认为，具有“健康性格”的人就是“自我实现”的人。美国人本主义心理治疗家罗杰斯认为，“健康性格”的人是为美好生活而奋斗的人。由此可见，健康性格是现代人健康生活价值观取向的选择对象。

这种性格不仅有利于个人，而且也有利于社会。无论是在社会中还是在家庭中，要想做一个有作为的参与者，就必须具备与他人建立积极关系的能力。如果一味对他人怀有敌意、猜忌、嫉妒之心，一味阴阳怪气，性格自私孤僻，就不可能很好地参与社会生活，并且也不可能充分发挥自己的潜能和价值，还可能给人与人之间的关系带来伤害。因此，父母应该积极地培养孩子的健康性格，以适应社会生活、保持内心的和谐。

健康性格主要包括以下几条原则：

一、自我认可原则

所谓自我认可，是指对自己的认识和评估都比较客观，既能看到并承认自己的能力和才干，又能意识到并承认自己的不足或局限因素。

也正是基于这一点，具有这种性格的人的自我知觉更加客观、真实，并且也能够接纳和容忍一些其他人无法容忍的真实情况。所以，他们有一种积极的自我概念，往往可以做到热爱自己；与此同时，他们还可以根据正确的信息采取行动，从而更好地发挥自己的潜力，实现更多的目标。

二、智慧原则

智慧原则，是指性格健康的人对人类社会的知识和文明持有一种基本肯定的态度和向往并追求知识的心理倾向。其性格对社会个体的展示主要表现为综合性、全面性、丰富性和具体性。由此可见，健康性格的生活方式是以丰富的知识为基础的，没有多少文盲或半文盲能够成为理想生活的建设者。一个人的勤奋、学识和社会阅历，是健康生活方式和健康性格的正系数。

三、创造性原则

创造性原则，是指可以最大限度地发挥自己的优点和长处，使自己的人生道路和生活方式与自身的特性更加吻合，从而在客观上促进社会的发展和进步。

该原则主要表现为：一个人能够在某种特定的条件或他人的帮助下展开设想，分清主次轻重，根据选择出的重点有针对性地做出计划，并付诸行动。遵循创造性原则的人决不相信"占卜来的命运"，他们常常能够享有自我创造所带来的成功喜悦。同时，这种自我创造又使得他们能以更积极的态度对待生活，从而不断进步；而且自信日益增强，智慧和能力不断提高，在工作、闲暇、人际关系和婚姻等方面更富有美感和健康的情趣。

四、社交原则

社交原则，是指具有健康性格的人往往乐于与人交往，他们对他人总是持有肯定态度（如尊敬、信任、诚挚、谦让、善良等），而很少持有否定态度（如憎恶、怀疑、恐惧、欺骗、骄傲、敌对等），总是会与自己所属的团体或群体同呼吸、共命运。

怎样培养孩子良好的性格

孩子是最有可塑性的。孩子的心灵就像一张白纸，可以画一幅最新最美的图画，也可写一篇最新最美的文章。关键看我们怎么去画、去写。

性格是人格中最核心的组成部分。良好的性格，可以使一个人把自己的聪明才智用于正道，让自己和他人同受鼓舞和启迪；不良性格则可能把一个人的聪明才智引入歧途，让自己和他人同陷痛苦和沉沦。所以，培养一个好性格，对人生至关重要。

人的性格本身是一个很复杂的系统，形成这个系统的元素都有自己的排列方式和组合方式。但不管哪种方式，都由正、反两方面所构成。这种正、反两面，从生物进化角度看，有保留动物原始需要的动物性一面，有超越动物性的社会性一面，从而构成了所谓“灵与肉”的矛盾；从个人和人类社会总体的关系来看，有适于社会要求的肯定性一面和不适应这种要求的否定性一面；从人的伦理角度来看，有善的一面，也有恶的一面；从人的实践角度来看，有真的一面，也有假的一面；从人的审美角度来看，有美的一面，也有丑的一面。此外，还有悲与喜、刚与柔、粗与细、崇高与低下等等性格两面的矛盾关系。任何性格、任何心理状态，都是上述两方面内容按照一定结构方式进行组合的表现。

21世纪的人具备如下的性格特征，才能适应社会的要求。这些特征包括：

第一，要善于与他人相处，要有互相合作精神。乐于与人交往，乐于接纳别人，有着和谐的人际关系。

第二，能正确地认识现实、接受现实。对生活、学习、工作中的各种困难和挑战，都能妥善处理。

第三，热爱生活，乐于工作和学习。

第四，能够经常保持乐观、愉快的心境，也能够微笑面对生活。无论遇到高兴的或悲伤的事情，他们都能很好地控制自己的情绪。

父母对孩子的性格是如何形成的、受哪些因素支配、能否发生变化等诸多问题都较为关注。其实，人的性格的发展、形成与变化，既包括社会环境的影响，也包括心理性的折射；既是时代现象的反映，也渗透着文化修养的内涵。

一个人的性格固然有先天的成分，但主要是后天形成的。后天的环境、教育等因素在性格形成中起决定作用。从某种意义上说，后天的“养”更为重要。

一、父母的性格影响孩子的性格

父母性格对孩子性格的影响，首先要从遗传的角度来研究。有关研究证明，每个人的性格都有先天遗传的差异，而且，这种差异在孩子出生时就已经形成了。

不仅如此，刚出生时就有一些性格差异，在以后的社会生活中还会得到加强。

比如，小孩好动的程度具有很长的持续性。出生两个月的孩子如果比较好动，到了 5 岁时依然容易好动；到了 10 岁时写作业则动辄离位。相对地，出生两个月时不太好动的孩子，到了 5 岁时，也能在父母出门的时间内乖乖地坐在自己的位置上；到了 10 岁，则表现出喜好下棋或念书等静态活动的倾向。

父母对孩子性格的影响还表现在父母本身的性格影响力上。一般说来，外向型性格会极大地影响孩子的说话方式和行为方式，从而使他们很容易形成类似父母的性格；如果父母性格比较内向，孩子在沉寂的家庭环境里找不到多少快乐，就会把目光投向外界，从周围的环境中寻找欢乐，从而丰富自己的性格内涵、形成与父母相差甚远的性格。

二、父母的教育方式是塑造孩子性格的关键

家长的教育方法是否适合自己的孩子、是否利于孩子的性格培养，将直接影响孩子性格的形成。概括起来，父母的教育方法可以分为 5 个类型。

1. 民主型

这类父母能站在子女的立场上考虑问题，能真正地尊重孩子，为

孩子创造条件却不压制其个性，时时关心孩子却不专制，他们能和孩子很好地交流，和孩子成为朋友。这种家庭培养出来的孩子性格温和却信念坚定，待人不卑不亢，能够适应社会、承受挫折，能正确地看待失败。

2. “母鸡”型

这类父母凡事包办代替，生怕孩子有点儿闪失，不让孩子离开自己的视线。这种家庭培养出来的孩子性格软弱，没有自主性，凡事都想依靠他人，很难成大器。

3. 溺爱型

这类父母对孩子百依百顺，要什么给什么，这样的孩子很容易养成以自我为中心的习惯，目空一切、专横跋扈。但心理承受能力却极其脆弱，一旦没有如愿就容易自暴自弃。

4. 放任型

这类父母可能由于公务繁忙，对孩子很少管教，一旦发现孩子犯了错误就开始发难。这种环境下培养出来的孩子最容易养成不诚实的品质。

5. 暴力型

这类父母用的是最失败的教育方法，他们性格暴躁，自己不顺心、不如意的时候就打骂孩子。孩子在家忍气吞声，到了外面则很容易效仿父母的做法，成为校园暴力的制造者。

家长应该明辨是非，找到适合自己孩子的教育方法，适时引导，既为孩子创造宽松的成长环境，又让孩子懂得道理。只有这样，才能培养孩子良好的个性品质。

三、社会环境影响孩子的性格

孩子的性格，主要是后天形成的。影响性格形成的因素，除了家庭教育外，社会环境也是性格发展、形成的一个决定性因素。学校环境、社会活动圈子等都在不同程度上对孩子性格的形成产生作用。

因此，家长有义务在为孩子创造良好家庭环境的同时，为孩子创造良好的社会环境，以利于孩子形成良好的性格。

怎样培养孩子乐观的性格

乐观，是一种最为积极的性格因素之一。乐观的心态能让孩子无论在什么情况下，都能保持"相信坏事情总会过去，阳光总会再来的"良好心境。

乐观是一种性格倾向，能够使人看到事物积极、有利的一面，期待最有利的结果。如果孩子具备了乐观的品质，他就能勇敢接受挫折的挑战，他的人生就成功了一半。不仅如此，乐观还是孩子健康成长的精神元素。如果想让孩子把乐观当做一种生活习惯，父母就应该尽早努力培养孩子乐观的品质。

乐观是创造型人才的性格特征，是充满朝气、积极向上的心理品质的体现。一个性格活泼开朗的孩子，总是对自己的能力充满信心，容易和周围的人友好相处，对新鲜事物有着强烈的探索欲望，喜欢参加各种活动。这些，都是对孩子身心的健康发展极为有利的。

乐观的孩子不易患忧郁症，获得成功的希望更大，身体也比悲观的孩子更健康。不仅如此，现代医学研究也表明，人的心态和情绪与许多疾病有密切的关系。如果拥有乐观的心态，那么，就不容易染上忧郁症这样的疾病。

忧愁、顾虑和悲观，可以使人得病；积极、乐观的情绪，可以使人战胜疾病、延年益寿。从这个角度说，乐观本身就是一种胜利，因乐观而获得了健康的心态和身体，这是最大的成功。因为有了好身体和好心态，孩子才能更好地占领人生的高地；因为乐观而使得孩子成功的可能性大增。所以，乐观本身就是一种成功。

每个人都希望和乐观的人交往，希望成为乐观的人的朋友，而不希望和整天愁眉苦脸的人在一起。乐观的心态和情绪可以感染到身边的人，乐观的态度可以让他人从你身上获得前进的动力、让人变得积极起来；你也会因为乐观而变得更有亲和力和感染力，从而受到大家的欢迎。

乐观的心态对一个人的重要性是不言而喻的，每个做父母的都希望孩子能够拥有乐观的性格。然而在现实生活中，有很多孩子，小小的年纪便习惯用悲观的眼光看世界。每当遇到困难和麻烦的事情时，孩子就忧虑重重、往悲观的方面联想。其实，孩子之所以这样悲观，与他从小接触的环境和接受的家庭教育有着直接的关系。

那么，父母怎样才能培养孩子乐观的性格呢？

一、营造乐观的家庭氛围

父母是孩子的第一任老师，父母的一言一行，父母的情绪，对孩子都会造成潜移默化的影响。有人说："乐观是一种礼貌。"这句话非常值得父母们寻味。乐观的心态和情绪可以感染到孩子，如果父母不能做到乐观，就会使孩子受到悲观情绪的牵连，这对孩子难道不是不礼貌的吗？

例如，同样是一个下雨的天气，父母的态度不同，对孩子乐观和悲观的暗示就不同。

早晨醒来时，妈妈看到外面正在下雨，便随口说了一句："这该死的天气，真是糟糕透了，下雨了让我怎么去上班！"就是这一句话，就会让孩子产生消极、悲观的想法：下雨天是很让人厌烦的。面对下雨的天气，如果妈妈说："下雨了，太好了，下雨天空气清新。庄稼太旱了，正需要雨水呢！"这时，孩子就能从妈妈那里得到乐观的暗示：下雨是一件好事，对植物的生长很有帮助。

孩子的个性以及生活态度，就是这样在父母的影响下慢慢培养起来的。父母用悲观的态度对待生活，孩子就很难看到生活中阳光的一面；父母总能在困境中看到希望，孩子在困难面前也不会轻易绝望和放弃。

所以，如果希望自己的孩子成为一个乐观的人，父母就要为孩子做好正面的榜样。在生活中，父母要尽量乐观地面对生活和工作，为孩子营造乐观的家庭氛围。只有这样，孩子才有可能成为一个乐观的人。

二、父母要成为乐观开朗的人

孩子的模仿能力极强。在家庭中，父母就是孩子模仿的榜样。父母要加强自身修养，学会调整自己的情绪，遇事要客观冷静。父母努力做到乐观开朗，那么，孩子也会成为一个乐观开朗性格的人。

要培养孩子乐观性格，父母首先必须有乐观的思维方式。父母在处理自身问题和家庭问题时的乐观态度，对孩子具有重要的影响，孩子通过观察和模仿会逐渐养成乐观性格。当家庭突然遭到不幸时，父母不能悲观绝望，而要用乐观的思维面对困难。这样才能给孩子积极的影响，让孩子也变得乐观、开朗。

三、培养孩子广泛的兴趣和爱好

开朗、乐观的孩子心中的快乐源自各个方面，孩子如果仅有一种爱好，就很难保持长久的快乐。一个只爱看电视的孩子，如果当晚没有合适的电视节目看，他就会郁郁寡欢。孩子是个书迷，如果还能热衷体育活动，或喜欢音乐，或热爱绘画等，那么，他的生活将变得更为丰富多彩，必然更为快乐。

四、让孩子多和同龄人交往

除了父母对孩子性格的影响外，同龄小伙伴也是孩子形成良好性格、学会为人处事的益友。因为在与同龄人交往时，孩子会全身心放松、无拘无束，容易形成和保持良好的心境。当孩子在社交中表现得合群时，父母要及时鼓励、强化，这样对孩子形成开朗的性格就能有所帮助。

对于性格偏内向的孩子，父母应鼓励他“走出去”，多到小朋友的家里做客。也可以为孩子“请进来”，邀请孩子的小伙伴到家里来玩儿。孩子当小主人时，一般都会兴奋、喜悦，会主动忙里忙外地招呼自己的小客人，在不知不觉中就增强了自信心，塑造了开朗的性格。

五、不要过分地批评孩子的失败和错误

父母批评孩子的方式正确与否，会直接影响孩子日后性格发展。如果孩子成绩糟糕，或是犯了一个小错，父母就用夸张的语气批评孩子，就会使孩子产生恐惧心理。于是，孩子做事时就会缩手缩脚，害怕失败，慢慢变得悲观起来。父母要客观地对待孩子的失败和错误，即使批评孩子也应该恰如其分，并指出孩子失败和犯错的原因，使孩子明白失败和错误是可以改变的。

六、培养孩子良好的性格和积极的心态

培养孩子良好的性格，才能使孩子有坚强的毅力和奋发向上的精神，才能使孩子经常保持乐观、开朗、活泼的情绪。否则，孩子总是多愁善感，易产生不愉快的情绪。

要培养孩子乐观的性格，最重要的是，不论孩子遇到什么样的困难，父母都应给予积极的鼓励和支持，帮助孩子积极进取。只有这样，才能使孩子始终保持乐观的情绪。

七、培养孩子应付困境的能力

即便是天性乐观的人也不可能事事称心如意，也不可能永远快乐。父母最好在孩子很小时就着意培养他们应付困境、逆境的能力。要是孩子一时还无法摆脱困境，还可以教育孩子学会忍耐，或在逆境降临之时寻求另外的精神寄托，如参加运动、游戏、聊天等。

八、帮助孩子树立远大的理想

父母应该告诉孩子，理想是人生的奋斗目标，是对未来的向往和追求，是一个人的精神支柱，是勇往直前的力量源泉。父母可以打破一般的说教方法，寓理想教育于讲故事和读书之中，通过富有教育意义的人物故事，激励孩子的想象力，启发他们对美好未来的憧憬。同时，父母还可以结合时事政治、结合我们现代化建设的蓝图，深入浅出地向孩子进行理想教育，逐渐培养他们树立为振兴中华而学习的理想。

父母还可以利用儿歌、故事、电视节目等形象、生动的形式对孩子进行教育；通过各种游戏发展孩子的智力，使孩子形成良好的道德品质和活泼开朗的性格。

九、多带孩子到大自然中去

大自然是孩子学习的大课堂。置身大自然中，孩子会心情舒畅，眼界开阔。青青的草原，鲜艳的花朵，茁壮的庄稼，秀丽的山河，以及自然界各种美妙的声音，这一切都为培养孩子审美能力、乐观情绪和活泼开朗的性格，创造了优越的条件。

十、鼓励孩子自由表达喜乐

由于孩子的性格不同，他们对情感的表达方式也不同。父母应了解和理解孩子，当孩子欢乐、大笑或悲伤、哭泣时，父母不要一味地指责、训斥孩子，而应该通过言行举止表达对孩子情感的理解和共鸣。

十一、在有意义的活动中感受快乐

快乐的最重要的来源是取得成就、创造出成果以及参与了有意义的活动。快乐伴随着完成某项任务的努力而产生。例如，孩子蹒蹒着走到母亲面前，他体验着的是真正的快乐，因为他做完了一件事，并取得了成功。在成功中，孩子得到快乐的同时，也体验到了力量和信心，有助于对自我的肯定。

十二、保有一颗平常心

乐观的人可以坦然地面对一切——成功和失败，痛苦与幸福。现在的孩子多是在温室中长大的，经历的风雨不多，意识不到艰难的存在，更别说怎么去面对了。

为了扩大孩子的视野，父母应让孩子接触各类事物。接触的事情多了，见多识广，心胸自然就开阔，慢慢地就养成了乐观的性格。

独立的个性是成功的关键

培养孩子独立的个性，其实就是培养孩子独立思考问题的能力和独立解决问题的能力。有独立个性的孩子，长大后才能实现真正的独立。

培养孩子的独立个性很重要，因为独立的个性中包含着独立的性格，而一个孩子独立的性格是成材的关键所在。随波逐流的人常常不能成为出类拔萃的优秀人才，只有有独立个性的人才能具有领袖的气质和能力。

那么，父母应该怎样培养孩子的独立个性呢？

一、不过分保护孩子

对孩子过度的爱，其结果反而害了孩子。爱孩子是天经地义的，但在爱孩子的同时，家长应该清醒地意识到，过分地保护孩子，孩子难以自立。许多家长，仍然在以“保护”和“尽职责”的名义，把孩子置于自己的保护之下。在这种过度地保护下，严重影响了孩子的成长和自立。

爱孩子，并不意味着为孩子包办一切。孩子首先是一个独立的个体，将来会独立地去面对世界、面对社会、面对生活。所以，父母培养孩子的独立个性和生存能力最重要。爱与独立并不矛盾，但如果能把孩子培养成具有强大生存能力的人，才是真爱的体现。

爱孩子，并不意味着孩子需要什么就给什么，给孩子一个自由成长的空间和成长所需要的精神养料，才是最重要的。爱孩子，不能剥夺他发展自己的机会。因此，父母不能过分地管束孩子，要让孩子在广阔的天地里去锻炼、去实践、去学会如何应付危险的局面。这样才能培养出具备克服困难、迎接人生各种挑战能力的孩子。

对孩子过分保护，往往会妨碍孩子身心的正常发展，使他们变得胆怯、依赖、神经质，不仅不敢做任何尝试，而且不易与人接近。

二、让孩子做一些力所能及的家务事

让孩子做一些家务事，不但可以培养孩子的独立性，也可以使孩子更有责任感。比如可以让孩子帮着擦桌子、洗碗筷等。当孩子完成任务后，要适时给予鼓励。如可以夸孩子："你真能干！"既表扬了孩子，又强化孩子日常生活能力的锻炼。

三、让孩子保持身体健康

一个身体虚弱的孩子对自己的身体没有信心，心情必然不好，必然怕这怕那，性格也就很难坚强起来。相反，孩子的身体体质好，有信心，有勇气，就容易培养自信、坚强、独立的性格。

四、激发孩子的创造性思维

生活中，父母要引导孩子积极进行创造性思考。例如，询问孩子"杯子除了用来喝水，还可有哪些用途?"、"如果你是小红帽，你要如

何对抗大灰狼?”等,以激发孩子进行创造性思维。这样,可以使孩子将来面对问题时,能够自己思索解决的方法。

五、鼓励孩子敢于承担责任

父母要鼓励孩子去尝试未曾做过的事情,“做错了不要紧,只要去做!”不去尝试,永远都做不成事;只有敢于迎接挑战,才能把握成功的机会。

六、培养孩子克服困难的精神

父母在培养孩子独立性的时候,要引导孩子克服困难。比如,让小一点的孩子自己穿衣服、穿袜子。这对孩子来讲都要付出很大的努力、克服一定的困难。有的孩子一遇到困难就不干了,父母有时候心软了,就包办代替。当孩子独立做事遇到困难的时候,父母一定要鼓励他们克服困难、坚持去做;特别是对那些依赖性比较强的孩子,更要“狠心”一点。

七、对孩子要有耐心

有些孩子虽然一心想独立自主、凡事都坚持自己做,但实际上往往是心有余而力不足,好多事情都无法做好。如吃饭时把桌面搞得一团糟,衣服穿得东歪西扭。有一些急性子的父母没时间、没耐心等待孩子慢吞吞的自主行为,最终还是包办了。这不但剥夺了孩子自主学习的机会,同时更导致了孩子的依赖心理。因此,父母一定要有耐心,不要凡事抢着“代劳”;否则孩子很难养成独立自强的个性。

培养孩子做事果断的个性

孩子做事拿不定主意、犹豫不决、优柔寡断,究其原因主要有以下两个方面：

(1) 父母过于保护，孩子依赖性强

父母出于爱护孩子的目的，一味包办代替或过多干涉孩子的事情。这样，孩子就没有独立做事的经验，一旦遇事让他拿主意时，就会不知所措、寻求别人的帮助。

(2) 父母要求过分严格，孩子自信不足

父母望子成龙心切，对待孩子往往期望过高，总是不满意孩子的表现，赞许少、批评多。有的父母还让孩子做力不能及的事，又不帮助他，结果孩子常常感受到失败的痛苦，久而久之就没了自信，害怕做错事就更拿不定主意。

父母可从以下几方面去锻炼孩子：

一、放手让孩子去做力所能及的事

孩子的特点是好奇好动的，一般都愿意参加一些活动。父母要尽早让孩子练习一些基本的生活技能，如穿衣、穿鞋、擦桌子，独立完成一些简单的事情。凡是孩子能够做到的，父母尽量不插手，给孩子足够的时间去思考、尝试，并发现自己的能力。孩子感觉自己有能力去做好某件事，就会果断地去做。

二、创造机会，鼓励孩子下决心

一个人在做出一个决定之前，需要考虑利弊、得失。父母应在一定范围内给孩子充分自主的机会，让孩子有自我决策和选择的权利，凭自己的思考、能力去决定做什么事、如何去做。

三、正确评价孩子做的事

父母对孩子要求不要过高，要多鼓励、少批评。对孩子竭尽全力也没做好的事，父母要给予理解，还要告诉孩子“没关系，以后再慢慢努力。妈妈小时候也常常这样”。家长正确的评价，可减轻孩子的心理压力；下次做事，他会再一次鼓起勇气去做。

四、给予孩子必要的帮助

对于较难做的事，父母应同孩子一起去做，并给予适当帮助，教孩子逐步学一些克服困难的方法和技巧。孩子有了成功的经验，就会增强自信、做事果断。

五、尽量让孩子明白如何做事

如果孩子对要做的事情含混不清，会感到无从下手、拿不定主意。父母可通过一些体育活动、智力游戏，有意识地培养孩子果断的性格。

坚持是成功的秘诀

天有不测风云，人有旦夕祸福。当一个人遇到很大的困难、巨大的不幸或惨痛的打击时，最容易心灰意冷、失去信心。但是，坚强的人却挺过来了。面对人生的沧桑、生命的磨难，他们性格中那种坚忍的个性，让一切困难低下了头。

看看这个美国人失败的经历，就更能让人理解“坚持到底，坚持就是胜利”的含义：

8 岁的时候，他被赶出居住的地方，必须自己谋生；

21 岁的时候，他经商失败；

22 岁的时候，他角逐州议员落选；

27 岁的时候，他精神崩溃，卧床 6 个月；

35 岁的时候，他参加国会大选失败；

36 岁的时候，他角逐联邦众议员再度失败；

40 岁的时候，他寻求众议员连任失败；

41 岁的时候，他想担任州土地局长被拒绝；

46 岁的时候，他竞选国会参议员失败。

这张“失败”的履历表上所列的“失败者”的名字就是亚伯拉罕·林肯。一出生就一贫如洗的他，终其一生都在面对挫折，两次经商均告失败，8 次竞选 8 次落选。

不过，就是这样一次次的失败也并没有把他打倒，尽管好多次他本可以放弃。但是他却没有放弃，他始终以最大的耐心和坚强毅力坚持走自己的路。他从一次次的失败中总结经验、教训。于是，他在 52 岁时迎来了生命的春天——成功当选为美国总统，并成就了惊天动地的丰功伟业。

人生的道路难免会“雾气弥漫”。此时，切不要失去耐心和信心。因为浓雾总有消散之时，只要你用足够的耐心去等待、去坚持，你就能等来豁然开朗的一刻，从而继续你追求成功的征程。

无论做什么事，都要有恒心、有毅力，都要持之以恒、坚持不懈。只有这样，才会取得最后的胜利。干事贵在坚持。只有坚持才能产生无限的创造力、才能跨越一个个“障碍物”、才能尝到成功的甘甜。

丘吉尔说过：“成功的秘诀就是，坚持，坚持，再坚持！”世上所有的成功，都产生于再坚持一下的努力。

坚持就是持之以恒，是一种不达目的誓不罢休的精神，是一种高瞻远瞩的眼光和胸怀。它不是蛮干、不是赌徒的“孤注一掷”，而是在通览全局和预测未来后的明智抉择，更是一种对人生充满希望的乐观态度。

成功在于坚持。坚强不屈的人才不会轻易动摇，才会坚持把事情做到底。而没有毅力的人，遇到一点点困难就会轻易地选择放弃。无论做什么事，都要抱着一颗坚定的心，坚持到底才有成功的希望，半途而废是成功的大忌。

坚强的本质，就是坚持到底，决不动摇。人之奋斗，贵在坚持。

顺利了，要坚持；不顺利，更要坚持。坚持、坚持、再坚持，是成功的秘诀。只有度过黎明前那段黑暗时光的人，才会领略晨曦初露时耀眼的光明。

还有这样一个故事。

两个商人被困在荒凉的沙漠里，一连几天没有喝到水了。天亮时，他们决定分头去寻找水源，并约定：如果有人找到水或得到救助，就以鸣枪为信号。

接近中午时，其中一个再也走不动了。太阳像火一样舔着他干裂的皮肤，腹内像燃烧着一团火 。他想："我快完了，快向同伴求助吧。"于是，他朝天开了一枪。

枪响之后，等了很久，他并没有盼到同伴的到来。他想："大概他没听见吧？"于是又朝天开了一枪。

又过了许久，仍然没有见到同伴的身影。他开始着急了，又接连开了几枪。他想："这个家伙，大概是发现了水源，想自己独享；要么是故意见死不救，然后私吞自己的财产。"他大声咒骂这个不讲仁义的家伙。当夜色来临时，他彻底绝望了。

然而，当他的同伴带着寻来的水，气喘嘘嘘地来到时，看到的是一具尸体，他把最后的一颗子弹打进了自己的脑袋。

这位商人没有死于干渴，没有死于体力不支，没有死于沙漠里的风暴和野兽的袭击，更没有死于内部争斗，而死于自己的意志，死于自己的半途而废。

其实，成功与失败的差距往往只有一步之遥，只要咬紧牙关坚持一下，胜利便在眼前。但是，许多人正是因为在前面的搏斗中已经筋疲力尽，在最后的关头，即使遇到一个微小的困难或障碍都可能放弃，最终功亏一篑。

对于孩子来说，胆怯、懦弱和腼腆是普遍存在的。每个孩子都会遇到许多麻烦，在面对困难和挫折的时候，胆小、懦弱的孩子往往没有坚强的意志去克服困难和挫折；而坚强、勇敢的孩子则能够做到持之以恒，凭借自己坚强的意志，战胜困难和挫折，越过障碍和绊脚石，从而取得成功。

人的一生不可能只有成功而没有挫折。而一个人是不是把失败和挫折看做是对自己的挑战，并重新振作起来，继续努力，坚持到底，就看他是不是具有坚强的性格了。

因此，明智的父母应该从小就重视培养孩子坚强的个性，让孩子在以后的人生道路上能够朝自己的目标坚持不懈地走下去。

成功与失败之间并不是一道不可跨越的鸿沟，很多时候，成功与失败的距离只有一步之遥。只要你咬紧牙关再坚持一下，胜利或许就会到来。但是，许多人正是因为在重重困难的磨难下失去了坚持的勇气，才会因为最后关头的放弃前功尽弃。所以，父母要教育孩子凡事多坚持一下，就更容易走上成功之路。

妥协是一种智慧

孩子以自我为中心、我行我素的性格是难以适应将来社会的，父母极有必要让孩子懂得妥协。妥协是一种智慧。现代社会是一个谈判的社会，谈判就需要互相让步、互相妥协，达到合作共赢。

现在的家庭大多是四二一结构，很多独生子女从小被当做家里的“小太阳”、“小皇帝”。既然是小太阳，那么全家人就必须围着他团团转，时时刻刻捧着他、护着他，他的要求必须满足，他的愿望必须实现。独生子女的这种生活状态，使他们从小就习惯于从自己的立场、愿望、感受、利益出发考虑问题和行事为人，而很难主动站在他人的立场上，去照顾他人的愿望，满足他人的需要，尊重他人的感情、感受和利益，也就是一切都从自我角度出发，一切都以自我为中心。

自我中心色彩较强的孩子，一个显著的特点就是缺少宽容、妥协的品质，往往表现得自负、狂妄或唯我独尊，热衷于诉求自我意志，而很难接受和尊重他人的意志，甚至总想把自己的意志强加给别人，让别人按照他的意见、意愿或吩咐行事。如果他的意志不能为别人所接受，甚至为别人所否定、排斥，他此时又会滑向另一个极端，由自负、固执、狂妄迅速变得自卑、软弱且充满不满和怨恨。

这样的孩子在与别人交往时，往往会毫无节制地诉求自我意志，毫无节制地要求对方，总认为自己说的话才算话，别人说的话就不算话。当别人无法接受他、满足他时，便会产生严重的挫折感，并且认为自己遭到了对方的伤害。由于对他人缺少宽容、缺少妥协，所以为人处事往往缺少变通，显得任性、固执，以至十分顽固。这样的孩子难以拥有良好的人际关系，与周围的世界格格不入。

家长应该让孩子懂得妥协、善于变通。家长需要把这样的信息传达给孩子：一个人的意志，具体包括各种想法、愿望、要求、意见、主张、决定等表达出来之后，不一定都能得到他人的接受、认可、采纳，很有可能遭到他人的排斥、否定，甚至忽视和嘲笑。在与他人交往的过程中，彼此发生这种意志上的冲突是不可避免的。

每个人都有可能与他人的意志发生冲撞，或自己与大家的意见无法统一，或自己的意见被他人所拒等等。发生了这些情况，父母要教育孩子，根据具体情况适时地做出妥协。比如适时地修改、回缩、放弃自己的意志，或转而接受别人的意志等。

总之，与人交往要随方就圆，而不能“一条路走到黑”。人与生俱来就有诉求自我、最大化地彰显自我意志的本能，而妥协则是对这种本能的一种压抑，当自我意志在外界的压力下被迫修改或放弃时，人会产生挫折感，自我中心倾向较强的人，其挫折感更强。但这种意志上的挫折却是一个人必须经受的考验。

家长有必要让孩子知道：这个世界毕竟不是一个人的世界，而是很多人共同的世界，鲜花、掌声、奖杯，以及各种成功、胜利、荣誉也不是专为一个人准备的，而是为所有人准备的。所以，除非他完全脱离社会，否则一个人的意志总要有妥协的时候。

自负的孩子会丧失进取心

自负是一种普遍存在的不健康心理。许多孩子都容易染上这种心理疾病，长此以往就形成了自负的性格。自负往往会导致孩子自满，使孩子丧失进取心、增长虚荣心；而且自负心理还容易使孩子意志脆弱，经不起挫折和打击。因此，父母一定要帮助孩子克服自负的心理，引导孩子正确看待自己。

孩子自负的原因是多方面的，但是，从家庭方面来讲，多是由于父母对孩子过分宠爱，不能正确、客观地评价孩子所致。

自负的性格会让孩子放弃努力，而且会让孩子因孤芳自赏而在生活中处处碰壁。因此，父母一定不要让孩子变得目中无人、目空一切。在孩子表现得过于骄傲时，要向他“泼盆冷水”，让孩子看到自己的不足之处和薄弱环节，就是纠正孩子自负性格的可行办法。

生活中，一些父母过于强调孩子的自信，不断给孩子灌输“你是最优秀的”思想，不断地赞扬孩子某方面的优点，结果使一些孩子变成了盲目骄傲自大、令人讨厌的人。

自负的孩子通常看不起别人，总认为自己比别人强，因而总是把别人看得一无是处。在人际交往中，自负的孩子不懂得交往应以互相尊重、相互平等为原则，总是表现出一种优越感，盛气凌人，只强调自己的感受。

谦虚使人进步，骄傲使人落后。骄傲自大的性格必然会对孩子的发展产生消极影响。骄傲自大的孩子常在自己的周围树起一道无形的“城墙”，形成与外界的隔膜，这使他的心胸变得很狭窄。他虽然能取得一定的成绩，但往往只满足于眼前取得的成绩。而且，他们看不到别人的成绩，只会“坐井观天”。骄傲自大的孩子很难和同学们友好相处，因为他不能做到与同学平等相待，总是以高人一等的态度对待别人或喜欢指挥别人。骄傲自大的孩子情绪也不稳定，当人们不理睬他时，他会感到沮丧；当他遭到失败和挫折时，又容易从骄傲、自负走向悲观、自卑和自暴自弃。因此，父母千万不要忽视孩子的自负心理；为了孩子的健康成长，应当帮孩子走出这个误区。

孩子产生自负心理的原因主要来自于家庭。孩子学习好、能力强是所有父母所期盼的；为了使孩子保持上进心，父母常常对孩子全盘肯定，觉得孩子做什么都应该给予表扬，而对孩子的错误和缺点却是不闻不问，甚至有意掩盖。

父母对孩子的这种态度，会使孩子在意识中无法辨别是非，认为自己做什么都是对的，别人都不如自己，时间久了就会形成一种自负心理。

自负的表现是多方面的，有的孩子因自负而不能和同伴友好相处，常常有高高在上、盛气凌人之感；有的孩子则是傲慢无礼，瞧不起他人；也有的孩子因自负而不爱与人交流，不愿意回答别人的提问，甚至爱挖苦人、讽刺人。

不管怎么说，自负都是一种比较普遍存在的不健康心理，许多有专长或智力超群的孩子都容易染上这种心理疾病。自负往往会导致孩子自满，使孩子丧失进取心，增长虚荣心。另外，自负心理还容易使孩子意志脆弱，经不起挫折和打击，一遇到困难便无从下手、无力解决。

实际上，父母对孩子的行为应该一分为二。孩子对了应该表扬，但错了就一定要指出来，并帮助孩子改正。如果孩子真的很棒，父母在给予孩子肯定的同时，还要告诉孩子不要骄傲自大，因为，骄傲会让孩子失去同学的友谊。这样，孩子在分析利弊后，就会努力戒除自己的自负心理。

一旦发现孩子有自负的倾向，父母可以采取以下措施：

一、引导孩子客观地评价自己

孩子的自我认识受到父母评价的极大影响，这就要求父母在评价孩子时要客观、全面，既要表扬其优点，还要指出其缺点。不要因为爱孩子就忽视缺点甚至帮助其掩盖缺点；对优点要表扬，但要适度；对缺点要指出、要批评，但要客观。只有这样，才可以帮助孩子正确地认识自己。

孩子出现骄傲、自负的行为，往往都是因为过高地估计了自己，只看到自己的长处，看不到自己的短处，以自我为中心。因此，父母要引导孩子学会正确地评价自己，既认识到自己的优点，又看到自己的缺点，使其养成良好的行为习惯。

二、让孩子学会欣赏他人的优秀之处

家长应指导孩子学会欣赏他人，让孩子知道“山外有山”。只有学会欣赏他人，才不会自视过高。对于孩子来说，学会欣赏他人并非易事，但只要在日常生活中稍加注意，从点滴做起，慢慢就会做到，从而克服自负心理。比如，学会宽容、学会倾听、尊重与理解他人、关心爱护他人等，均有助于孩子克服自负心理。

在良好的人际交往关系中，宽容大度是很重要的品质。可以这样说，但凡能与同学、朋友相处融洽的孩子，必定是豁达开朗的人；但凡胸怀大志、目光远大的人，必定胸襟开阔、气度宏伟。父母应教导孩子，不要总是拿自己的长处去比别人的缺点，甚至挖苦、讽刺别人，而应相互鼓励、共同进步；允许别人出现不足或失误，那么大家就可以友好相处了。

当孩子跳出狭隘的自我圈子，自负心理也就会悄然消失了。

三、让孩子适当地经历一些挫折

孩子适当地经历一些挫折可使其心理健全，不至于过分自负，经受不住任何打击。父母可以交给他一些较难的事去做，如果孩子没有完成任务，帮他分析一下原因，使他看到自己的不足。当孩子看到外面纷繁复杂的世界，接触到比自己更优秀、更具专长的人时，就会认识到“强中还有强中手”，就不会为自己取得一点点小成绩而自负了。

四、让孩子把眼界放宽

一个人如果只把眼光局限在一个小的区域内，那么他就很容易得到满足。但如果他把眼光放远放长一些，那么他会发现自己现在所取得的成就算不了什么。一些高傲自负的孩子往往就是被眼前所取得的一些小成就所迷惑，对自己感到满足。这时，父母一定要鼓励他更加努力，把眼界放宽，因为“山外有山，人外有人”，他的这点成就算不了什么，只有再接再厉，才能取得更好的成绩。

帮助孩子改变过分依赖的性格

不能自立的孩子，多是由于父母的溺爱造成的，形成了对父母过分依赖。

曾经流传着这样一个故事：古时候，有一对夫妇老年得子，十分高兴。由于过分的疼爱，把儿子视为掌上明珠，什么事都不让他做。儿子长大以后连起码的生活也不能自理。一天，夫妇要出远门，担心儿子饿死，便想了一个办法：临行前烙了一张中间带眼儿的大饼，套在儿子的脖子上，告诉他想吃的时候就咬一口。可是，儿子只知道吃脖子前面的饼，不知道把后面的饼转过来吃。等父母回来时，大饼只吃了不到一半，而儿子竟活活饿死了。

对父母过分依赖的孩子，容易事事依赖他人，这对他的成长极为不利。过分依赖父母的孩子胆小、怕事；遇事退缩、没有主见；总是要别人帮助，屈从他人；逆来顺受，无反抗精神；进取心差，意志薄弱，害怕困难，在困难面前惊慌失措，经受不住挫折和失败；人际交往能力差，孤僻甚至自我封闭。

过分依赖父母，会使孩子失去物质和精神生活的独立自主性。他不能独立思考，缺乏创造的勇气，自我肯定性较差，总是陷入犹豫不决的困境。在生活中，他需要别人的鼓励和支持，借助别人的扶助和判断。并且好吃懒做，坐享其成，不思进取。

过分依赖父母的孩子，缺乏社会安全感，总是跟别人保持距离，需要别人提供意见，经常受外界的暗示或指使，好像自己没有判断能力，没有机智应变的能力，更不会有创造性。

过分依赖父母不仅会导致孩子的心理畸形，而且还会削弱孩子在生活中的抗磨难能力。因此，父母应该注意改变孩子过分依赖别人的性格。

一、增强孩子的自信心

有依赖心理的孩子常常缺乏自信，自我意识低下，这往往与童年时期的不良教育有关。如有的家长、长辈、朋友往往说“你真笨，什么也不会做”，“瞧你笨手笨脚的，让我来帮你做”。父母要培养孩子正确的心态，然后一条一条加以认知重构，逐渐培养和增强孩子的自信心，才能帮助孩子不再依赖别人。

二、让孩子认识到依赖心理的危害

要纠正孩子平时养成的依赖习惯，提高孩子的动手能力，父母就要告诉孩子，不要什么事情都指望别人，遇到问题要做出自己的选择和判断。如果现在事事都依赖别人，那么将来受苦的只能是他自己。

三、让孩子做力所能及的事情

家庭教育的目的，不是让孩子过上舒适、安逸的生活，而是要培养孩子各方面的能力。所以，父母要转变观念，从小就开始培养孩子自主、自立的精神，孩子的日常学习、生活起居，能让其自己做的就不要包办代替。美国家庭的做法是：婴儿从一出生就单独睡觉；孩子能够捧奶瓶了，就让他自己捧奶瓶喝奶；让孩子在有围栏的床上自己玩；把孩子放在大便椅上让他自己大便；让孩子自己扶着学步车学走路。长大后，一切能够做的事情都自我完成，同时还必须帮助父母干一些家务活；孩子在7岁的时候就开始学着自己挣钱，成人以后，就完全独立，自己解决生活问题。

四、培养孩子奋发自强的精神

父母要教导孩子，及时调整心态，培养健全的人格和良好的社会适应能力。父母要告诉孩子，要自觉地在艰苦环境中磨炼，在激烈竞争中摔打，勇敢地面对困难和挫折。

五、培养孩子独立的人格

父母要让孩子知道，每个人都需要别人的帮助，但是在接受别人帮助的同时，也必须发挥自己的主观能动性。一个把自己的命运寄托在他人身上、时时事事靠别人指点才能过日子的人，是很难有所作为的。

第七章　心态决定孩子的成就

◎ 积极的心态可以战胜一切

◎ 快乐的孩子容易成功

◎ 自信是成功的必备条件

◎ 怎样让孩子充满自信

◎ 成功需要积极主动的心态

◎ 人生需要积极正确的价值观

◎ 爱虚荣影响孩子成长

◎ 怎样改变孩子浮躁的心态

◎ 怎样帮助孩子克服焦虑

◎ 怎样帮助孩子克服嫉妒心理

◎ 挫折是成功的阶梯

积极的心态可以战胜一切

父母给孩子什么才是最好的？每位父母都希望孩子健康快乐地成长。为了今天、为了明天、为了将来，培养孩子积极的心态才是最好的。

人的一生，经历是丰富的。在人生旅途中，每个人都体验着快乐、悲伤、气愤、开怀、兴奋、怒吼；沉醉着鸟语花香，享受着花开四季；品尝着悲欢离合，忍受着雨雪风霜；叹息着人生不如意事十有八九。心态始终在伴随着每个人，而一个良好的心态可以影响一个人的一生。

具有积极心态的人，一定是生活的主宰者。面对困难时，可以欣然一笑、沉着应对，不会心情沮丧、灰心丧气；面对荣誉时，可以沉着冷静、淡定自若，不会欣喜若狂、洋洋自得；面对危难时，可以气定神闲、临危不乱，不会六神无主、消沉低迷；面对成功时，可以谦虚谨慎、泰然处之，不会跋扈张扬、目中无人；面对逆境时，可以卧薪尝胆、忍辱负重，不会自暴自弃、一蹶不振；面对顺境时，可以乘风破浪、大刀阔斧，不会手舞足蹈、忘乎所以。

具有积极心态的人，一定是生活的强者。在这个激烈竞争的年代里，机遇与挑战并存，每个人随时都应对着来自四面八方的考验。考场上会遇到失败，如果可以调整好心态，主动学习借鉴，以他人之长补己之短，改进学习方法，不气馁，不懈怠，成功的风帆就一定会扬起；工作中遇到困难，如果可以调整好心态，学会审时度势，自我分析，改进方法，充实自己，重新应对挑战与竞争，锲而不舍，成功就不会太远；生活中遇到挫折，如果可以调整好心态，学会胸怀宽广，海纳百川，在失败中重新寻找方向，让自己站立起来，爱在心中流淌，幸福的奏鸣曲一定能回荡在身边。

积极的心态就像生长在悬崖峭壁上的一株松树，无论环境多么险峻，始终不屈不挠、郁郁葱葱。

积极的心态恰似生长在冰天雪地里的一朵雪莲，无论环境多么险恶，始终不畏风寒、傲然开放。

积极的心态就像生长在茫茫戈壁上的一棵胡杨，无论环境多么恶劣，始终随遇而安、枝繁叶茂。

父母要教育孩子在任何时候都保持乐观的情绪，用积极的心态去对待周围的所有事情。具体可以采取以下方法：

一、对孩子进行希望教育

乐观的孩子总是对未来充满了希望；悲观的孩子总是觉得没有希望；因此，父母要对孩子进行希望教育。在日常生活中，要多引导孩子看到自己的进步和成绩，鼓励孩子想象自己的美好未来，让孩子对自己的未来充满希望。只要孩子对未来充满了希望，就一定能以乐观的心态去面对生活中遇到的困难与挑战。

二、让孩子拥有积极的心态

父母应教育孩子做最优秀的人，即使做不到最优秀的那一个，也一定要永远做力争上游的那一个。力争一流是一种积极的人生态度，这样的人，不仅有理想，而且有十分积极的行动。虽然他未必是这个世界上最优秀的，但是他时刻都在想着如何去超越。他永远不甘心平庸，总是千方百计地培养自己新的能力。

三、让孩子与他人融洽相处

和他人融洽相处的人，其内心世界较为光明、美好。要让孩子与人融洽相处，父母首先应与他人相处融洽，做到热情真诚待人，不趋炎附势，不在背后随意议论别人，给孩子树立一个好榜样。

此外，父母要经常带孩子接触不同年龄、性别、性格、职业和社会地位的人，让他们学会和不同类型的人打交道。当然，孩子首先得学会跟父母和兄弟姐妹融洽相处、跟亲戚朋友融洽相处。

四、丰富孩子的精神生活

丰富孩子的精神生活，就要求父母必须培养孩子的广泛爱好，丰富孩子的业余生活。一方面，父母要鼓励孩子广泛地阅读，让孩子在阅读中增加知识、升华思想；另一方面，父母要鼓励孩子多交朋友，为孩子创造与同龄人交往的机会。如带孩子到邻居家串门，邀请其他孩子到家里来玩儿，让孩子多到同学家去玩等。

另外，父母可多搞一些活动。如带孩子外出游玩儿；也可让孩子参与一些创造性的活动，通过丰富孩子的精神生活，让孩子在各种活动中体会到生活的乐趣，增强对生活的信心，培养孩子乐观向上的人格。

快乐的孩子容易成功

心理学家说，保持快乐心境的人更乐于尝试新事物和挑战自我，更容易获得事业成功、建立良好的人际关系并且保持健康的体魄。

做父母都希望孩子将来步入成功之道，那么就要注意从小培养孩子活泼快乐的性格。孩子快乐的心境需要父母的培养和精神上的支持。

一、不压抑孩子的快乐

快乐是一种基本的情绪，人本性中就有快乐的成分。孩子在出生两个月左右，就会微笑。对于孩子的想法、兴趣爱好，父母不要过分限制，不压抑孩子的天性。尤其是在学龄前，尽量给孩子一个自由自在活动的空间。

二、对孩子不要感情冷淡

从小无感情体验和感情依恋的孩子长大后不会对他人施以爱和同情。他将形成冷漠无情的性格，很少体验快乐，难以与人相处，更不会具有乐观精神。因此，不论父母的工作有多繁忙，都要尽量抽出时间来陪陪孩子，让孩子感受到父母的爱。

三、教育孩子笑对失败

现在的孩子多是在温室中长大的，经历的风雨不多，一旦遭受挫折和失败，往往容易痛苦不堪。

家长要鼓励孩子接触各类事物，接触的事物多了，见多识广，心胸自然就开阔，悲观的思想便不容易产生了。父母要激励孩子，告诉孩子："人生不如意事十有八九。"天下没有哪个人未经历过失败，每一个成功的人都是从失败中走过来的。

四、让孩子在活动中感受快乐

快乐的重要来源是有创造的成果和完成了有意义的活动。快乐随完成某种成就的努力而产生。例如孩子蹒跚从远处走到母亲面前，他体验的是真正的快乐，因为他做成了一件事情，他有了成就感。在成功中，孩子得到快乐的同时也体验到了力量和信心，有助于自我的肯定。

自信是成功的必备条件

自信是金，自信能够产生巨大的力量。可以这样说，谁拥有自信谁就成功了一半。自信心是一种重要的社会品质，是对人才素质的基本要求。孩子成长的精神核心是自信，如果从小就在脑子里储存下“我很笨，我不行”的定论，就会在群体生活中锁住大脑的创新思维。相反，自信产生的促动力是成功的基石，孩子有自信心，才能努力实现自己的愿望和理想。拥有自信等于掌握了开启智慧大门的钥匙。

自信就是“相信自己”。“相信自己”不是孤芳自赏，不是得意忘形，更不是毫无根据地自以为是和盲目乐观。自信是激励自己奋发进取的一种心理素质，是以高昂的斗志迎接生活挑战的一种乐观情绪。但凡自信的人都能战胜自己、告别自卑、摆脱烦恼，从一次次胜利和成功的喜悦中肯定自己，不断创造生命的亮点，成就事业的辉煌。

不是因为有些事情难以办到，才失去了自信，而是因为失去了自信，有些事情才显得难以办到。

一、自信是开发孩子潜能的前提

自信是一种重要的心理品质。孩子有了自信，才会有积极行动的欲望，才会大胆尝试，才会坚强面对生活，而这一切都是培养孩子习惯、开发孩子潜能、锻炼孩子能力的必备条件。如果孩子自信，那么，他各方面素质就能得到很好的挖掘，这是成功的关键。

自信的孩子无论在学习中、在生活中，还是在今后的工作中，都能保持积极乐观的心态，能够调动所有智慧为创造美好的生活而努力拼搏。

二、自信的孩子给人好感

自信的人脸上永远有灿烂阳光，照到哪里哪里就有光明。自信的孩子不会沉闷、自卑，不会给人软弱的感觉，而是给人力量和信心。自信的孩子会给人希望，给人好感。

怎样让孩子充满自信

自信，也就是一个人对能否实现个人理想目标的坚信程度。“有志者，事竟成”。自信对孩子来讲，是其在成长、学习和生活中获得成功必不可少的基本元素之一。

每个父母都爱自己的孩子，恨不得天天都在孩子身边，不让孩子受一点委屈和伤害，这是无可厚非的。但是，孩子不是父母的附属品，他会逐渐长大，拥有自己的思想和行为，并终将成为独立的社会个体。因此，在现实生活中，父母应该把更多的信任给孩子，相信孩子能做好他该做的事。

信任，是一种巨大的力量，它能使孩子产生强烈的自信心和责任感，充分发挥潜能，克服重重阻力，从而到达成功的顶点。信任也是一种尊重，如果你对孩子说：“你能做好的，妈妈相信你”，那么这就是对他的价值和能力的认可，从而可以激励孩子为他的目标付出努力。

当孩子有信心自己完成一件事情时，就要充分信任孩子。你可以说：“去做吧，相信你自己能做好！”

当你有意识锻炼孩子去做一件事情时，要首先鼓励孩子建立起自信。你可以说：“你这么聪明，一定很快就能学会的！”

有自信心的孩子，不会害怕困难，不会轻言失败。有了自信心，就会通过行动和实践来证明自己能够成功，就会破除一切障碍去争取成功。同样的一件事情，没有自信的孩子即使有成功的能力，也会踯躅不前、坐失良机。

孩子的成长是一个不断发展变化的过程，会出现很多意想不到的变化。父母不应该用一成不变的眼光来看待孩子，也不应该只从目前的状况去断定孩子的将来，这样是非常不科学的。哪怕你非常了解孩子的性格、能力和天赋，也无法断定孩子将来一定能做什么，一定不能做什么。

父母要相信孩子，及时地鼓励孩子，相信孩子的能力，以此进一步增强孩子的自信心，让孩子以更饱满的热情面对周围的一切。

在我们的生活中，有了自信，就有了成功的希望。

一、父母的信任是孩子自信的源泉

儿童早期教育专家认为：人在满足了基本的生存需求后，会自然而然地产生精神追求，而其中最大的渴望就是得到赏识。从这个角度来讲，每个孩子在吃饱穿暖后的等待就是被人关爱和赏识。

父母应该相信孩子都是为了得到爱和快乐而来到人间的，也要相信孩子都有很多闪光的优点，应该信任他、喜爱他、接纳他，并让他感觉到来自父母的爱，从而产生自信。

二、父母要蹲下来和孩子交流

不要以为孩子年龄小，什么都不懂，其实他对事物有最敏锐的视角和最公正的判断，只是缺乏生活的经验和知识的积累而已，他不是大人的玩具或宠物，也渴望大人的平等对待。因此，生活中父母不能高高在上，不能以强势的姿态压抑孩子，而要让他感到和父母是平等的，让他在轻松自在平等的环境中快乐成长。

所以，父母应该经常蹲下来同孩子做游戏、交流，因为蹲下来不仅是一个动作或姿态，更是一种平等情怀。只有蹲下来，才能体会到孩子那颗充满渴望的童心，从而用一种平常的童心去欣赏孩子，孩子会因为这份欣赏而充满自信，父母也会因为这份欣赏而变得快乐。

三、相应的知识技能可帮助孩子自我肯定

原始人因为不了解自然规律，因而对自然界的风雨雷电产生强烈的畏惧感。同理，幼儿有时也会因为缺乏对自然的了解而产生恐

惧、对某种事物的陌生而产生畏惧或自卑。

比如,有的孩子害怕菜青虫而又喜欢蝴蝶,这时大人就可以给他讲解有关蝴蝶生长的知识,让他知道菜青虫是蝴蝶的幼虫,不会咬人,爱吃嫩叶等;有的孩子怕雷电,此时,大人就可以向他讲解一些简单的科学道理,使他懂得这一自然现象。

幼儿的自信心一定要建立在必要的知识技能之上。父母可以通过丰富他的知识,逐渐消除他的恐惧心理,让孩子由"我害怕"变为"我不怕"、由"我不行"变为"我能行"。

四、不拿自己的孩子同别人的孩子比

每一个孩子都有他自己的个性。因此,每一个孩子都应该从他自己的实际情况出发,而不是做别人的复制品。拿自己的孩子与别人的孩子做任何比较,都是愚蠢而有害的。

父母最好的办法是不要把孩子同别人做比较,而应关注孩子每一个细微的进步,让孩子对自己充满信心。

当孩子成绩不理想或遇到困难时,父母的理解和鼓励会成为孩子精神的支柱和感情的靠山,使孩子敢于正视和迎接困难,走向成功。

五、让孩子形成良好的自我评价

父母要及早发现孩子的长处,并帮助他发扬,还要鼓励孩子利用这些长处多做些力所能及的事。当孩子在取得成绩之后,会感到有能力驾驭很多事情,由此得到对自我的肯定。

孩子都喜欢别人的夸奖与鼓励,父母可有意地当众夸奖孩子。比如有亲戚朋友在场,可当着孩子的面拿出他写的字给客人欣赏,拿出他优秀的成绩单或奖状给客人看,都会使孩子充满自豪感和荣誉感,从而增强自信心。

六、不要对孩子有过高的要求

对孩子的要求过高,至少会产生两个坏处:一是影响到父母教育

孩子的态度和信心；二是当孩子尽最大的努力还达不到目标时，会怀疑自己的能力，对自己丧失信心。

因此，父母不要对孩子的期望超乎实际，否则，将带来负面效应。

七、尽量让孩子自己解决困难

当孩子遇到困难或问题时，父母不要包办解决，而应引导、启发、鼓励孩子去自行解决。这样，孩子每克服一个困难，便对自己的能力多一分肯定，也对自己多了一分信心。当孩子不再惧怕困难时，也就是他自信的羽翼丰满之时。

成功需要积极主动的心态

如果一个人没有自觉、主动、学习的内心愿望，别人的一切强制性行为都是没有效率的。正像“牛不喝水强按头”，按下牛头，牛就能喝水吗？

做事积极主动性既是一种兴趣，又是一种习惯，还是一种能力，是要从小就开始培养才能取得的。

一个孩子在做事时，只有别人吩咐才去做，自己不会积极主动地去做，是很难成功的。因为更多的成功机会都是靠自己的积极努力才争取得到的。而一个孩子若是闲散懒惰，不但自己不去积极主动地做事，即使别人交代自己去做的，也不愿意去做，即使做，也不好好地做，那么他是很难成功的。

主动地思考，积极地行动，有积极主动的心态，能接触到更多的信息与资源，对处事的灵活性、多样性、成功性都大为帮助。主动的思维会带来积极的行动，行为上的主动会引起良好的外界反馈，从而进一步刺激大脑神经细胞，产生更积极的思维。这样的一种良性循环，能让人在处理好事情的同时，最大限度地发挥自身的价值，体会到一种安全感、价值感、幸福感。

由此可见，积极主动对孩子日后的成功很重要。那么，如何培养孩子积极主动的心态呢？

一、要学会让孩子做主

对于孩子自己的事情，家长不能包办，要让孩子自己做主，自己来选择。可以根据孩子年龄的不同，来划出他的地盘。如让他自己选择衣服，选择玩伴，选择自己房间的布置，干些力所能及的事情。虽然这些选择很简单，但是却让孩子形成了“主人”意识，从而学会控制自己的生活。

二、要学会赞赏孩子

除了适当地让孩子做主之处，还要注意学会赞赏孩子，发现孩子有积极主动的行为，要及时夸奖。比如，刚刚懂事的孩子没有经家长的吩咐，主动到饭桌上给大家分好碗筷，家长看见后一定要“大加”赞赏：“真懂事呀，妈妈还没有让做，你就知道该分碗筷了，这就叫主动做事。”要知道，家长的赞赏会激发孩子的积极性，他就会自觉地向这方面来发展。

当然，夸奖的方式很多，除了直接表扬孩子之外，还可以在孩子听得到的情况下，跟别人夸自己的孩子。

三、不要打击孩子的积极性

很多家长犯这样的毛病：在孩子喜欢做家务时，不让他做，在孩子不再愿意做的时候却抱怨孩子太懒。有些孩子本来很喜欢帮家长做事，非常积极主动，家长可能认为孩子年龄小，没有能力参与这些事，也可能认为孩了不但帮不上忙，反而会越帮越乱，所以不让孩子做。不论是哪种想法，家长的“无情拒绝”，对孩子参与的积极性是很大的打击。

家长总是从孩子身上找原因，却忽略了自身的原因。当初，孩子年幼时，特别想帮助妈妈干活，妈妈无情地拒绝和打击，挫伤了孩子的积极性。这样，孩子就没有兴趣和热情去帮助妈妈做事了，进而连自己力所能及的事情也不愿意去做了。

作为家长，如果孩子主动做事，一定要及时夸奖；如果孩子愿意帮父母做事，不管他能力行不行，家长一定要支持他这种行为。家长可以让孩子每天做点小家务，这样花费的时间不多，却可以培养他做事的积极主动性和责任心，这对他日后在事业上的发展非常有益。

人生需要积极正确的价值观

一个人的价值观有一个形成过程，是随着知识的增长和生活经验的积累而逐步确立起来的。积极而正确的价值观是后天形成的，是通过社会化培养起来的。

价值观是人们立身处世的基础，是生活态度、生活习惯和人生信仰的综合表现，是一个人的行为取向及对事物的评价和态度的反映，是世界观的核心，是行为的驱动力。

价值观是后天形成的，是通过家庭教育、学校教育及社会的影响逐渐培养起来的。青少年时期是一个人价值观形成的关键时期，特别是在孩子 14 岁之前，父母帮助孩子树立积极正确的价值观尤为重要。作为家长，正确地引导孩子树立积极的价值观和人生观，让孩子走上健康成长的道路，这关系到家庭的幸福和社会的和谐。

价值观影响着一个人的待人接物和处世的方式，我们可以留心观察孩子所做的每一件事情，从中可以看到孩子的价值取向。诸多因素的影响,孩子的价值观可能会在无形中扭曲。因此,如果父母注意孩子待人接物的表现,并及时给予教育和指导,可以有效地防止孩子形成不良的价值观。

价值观不仅能够反映孩子的行为和心理倾向,而且孩子的价值观一旦形成,就决定了孩子将来成为一个什么样的人,走什么样的路。积极的价值观的树立将会推动孩子的长远发展,提升孩子的人格魅力。

首先,正确的价值观能让孩子认清是非善恶。

作为家长,帮助孩子树立正确的价值观,可以使孩子对是非善恶有一个比较全面的把握,孩子就不会轻易做伤害别人的事情,而是做善意的事情,做有意义的事情。例如主动帮助他人,关心集体利益。孩子就会成为一个有责任感、正义感的对社会有用的人。

其次,正确的价值观能促使孩子确立崇高的理想。

价值观决定着孩子有什么样的理想,将来成为一个什么样的人。如果孩子的价值观存在偏差,他可能崇尚暴力,稍不注意,就可能走上犯罪的道路。如果孩子树立了积极的价值观,他会确定对社会有益的理想,就会朝着自己的理想奋斗。那么,价值观就成了孩子前进的动力,推动着孩子的长远发展。

再次,正确的价值观会让孩子成为一个精神富足者。

拥有不同价值观的人,会以不同的方式活着,并以不同的方式追求幸福。如果孩子有积极正确的价值观,他会抱着积极的心态面对生活,做一个对社会有用的人;他的人生就会过得很有意义。如果孩子的价值观是消极的,他会抱着"过一天算一天"的消极态度生活,不会去积极追求梦想;他也很难获得真正的幸福和快乐,因为他的精神世界是空虚的。

那么,怎样才能使孩子树立积极正确的价值观呢?

一、父母要给孩子做好榜样

父母是孩子的启蒙老师,父母的一言一行都是孩子的一面"镜子”，父母所作所为直接影响孩子的成长和价值观的形成。父母以积极的心态对待工作，以乐观的态度对待生活，以永不言败的精神面对困难，孩子都会看在眼里，记在心里。

如果父母在孩子面前树起了做人的旗帜，孩子也会成为一座不倒的丰碑；如果父母不求上进，孩子也会变得不思进取；如果父母自私自利，孩子也会变得心胸狭隘。

生活习惯也是孩子价值观的一种反映，要想帮助孩子树立积极正确的价值观，家长要用自己的一言一行给孩子积极正确的影响。例如：己所不欲，勿施于人；爱护环境，保护动物；尊重生命，平等待人；同情弱者，扶贫帮困；正直，勇敢，有责任心；待人真诚、友善……

二、培养孩子的价值观要从生活细节做起

帮助孩子树立积极的价值观是一个长期的过程，是融会于生活的每一个细节当中的。因此，父母要帮助孩子解读日常生活的细节，从中引导孩子正确对待生活和他人。让孩子学会诚实守纪，热爱劳动，崇尚科学，与人和睦相处，尊敬长辈，孝敬父母等。

生活小事通常体现了一些基本价值取向，家长要经过认真的思考，把它解读成孩子能够理解的东西，把积极正确的价值观，通过生活体现出来。比如，孝敬父母，是正确的价值观。但是，一定要在生活中用具体的行为体现出来。

生活中，有的父母并没有要求孩子怎么孝顺自己，而是说：“你好好学习就是对我们的最大孝顺。”这话虽然不错，但是孩子可能理解不了。家长应该给孩子具体的机会让他表达自己的爱，表达自己的孝心。这是家庭教育中非常容易忽略的东西，父母应该注意这些细节。唯有把树立孩子的价值观落实到生活小事上，才能真正让孩子树立正确的价值观。

三、引导孩子多读书

家庭是一个小世界，父母不仅要为孩子营造舒适的生活环境，还

要为孩子营造一个有着积极价值导向的文化空间。让孩子的精神世界受到健康文化的熏陶，使孩子健康成长。这就要求父母给孩子准备充足的书籍，让孩子通过阅读汲取智慧和营养。让孩子在名著、名人传记中领略历史人物的风采。

父母要给孩子接触名著的机会，让崇高的人格和美好的事物激励孩子，孩子的良好品质便会培养起来。要知道，好书不仅有利于培养孩子正确的价值观，还可以成就孩子的辉煌人生。

书籍是人类进步的阶梯。给孩子创造好的学习环境，让孩子爱上阅读，让孩子在阅读中了解城市与农村，了解富裕与贫穷，了解历史与社会，以利于帮助孩子树立正确的价值观。

四、不要给孩子太多压力

在孩子的成长过程中，接受学校教育是一个无法回避的话题。可是，在培养孩子的过程中，许多家长陷入了片面追求孩子的智力教育和急功近利的误区，在过高的期望和沉重的压力下，许多可爱的天才早早“夭折”了。

许多孩子在沉重的学习压力和课业负担下，对学习产生了误解，他们不能从学习中感受到快乐。长期在这样的生存状态下，孩子很难形成正确的价值观。所以，帮助孩子树立积极正确的价值观，需要给孩子提供一个宽松的成长环境，让孩子顺其自然地发展。

爱虚荣影响孩子成长

虚荣心犹如一针使人走向歧途的兴奋剂，因为它能燃起一个人的欲望之火，促使人失去理智的控制；虚荣心又好像一个色彩斑斓的肥皂泡，它随时都会破灭，把站在它上面的人抛下深渊。爱虚荣的心理一旦养成,就会只看到眼前,失去真实的自己,离成功越来越远。

生活中,许多人都受过虚荣心的困扰。虚荣心在每个人身上的表现有强弱之分,在它表现较弱时,还不能使人意识到它的危害;可是虚荣心较强是由较弱发展而来的,在强烈的虚荣心驱使下,会令人产生各种可怕的动机,这种动机所带来的后果有时是非常严重的。

虚荣心是一种脱离实际、盲目追求的心理状态,一般建立在物质欲求的基础之上。表现在孩子身上多是互相攀比、炫耀等言语和行为。一旦这种心态成为孩子性格中的一部分,那么对他健全人格的形成是非常不利的。

虚荣心是一种扭曲了的自尊心,是自尊心的过分表现,是人们为了取得荣誉和引起注意而表现出来的一种不正常的社会情感,实际上是一种心理缺陷。对于虚荣心过强的孩子,父母要注意积极引导,帮助他克服虚荣心,正确地评价和认识自己。父母发现孩子有过强的虚荣心时,千万不要急躁,空口说教或者以命令的形式禁止,都是无法从根本上解决问题的,要采取必要的方法加以纠正。

做任何事情都应有个“度”。父母可以适当地满足孩子一些合理的要求,但不能超出自己的支付能力,更不能超越社会环境极限,甚至达到奢侈的地步。

正确的人生观和价值观,是防止虚荣心的前提条件。父母要帮助孩子树立正确的价值观念,学会用自己的能力实现人生价值。

要避免滋长孩子的虚荣心,父母就要做到以下几点:

一、家长要以身作则,不攀比

孩子的虚荣心形成的原因主要来自家庭。由于现代家庭孩子少,父母总怕孩子受委屈,于是对孩子总是有求必应。自己孩子穿的、戴的都不能比别人差,别人的孩子买什么咱家的孩子也得买,绝不能让人家把自己比下去。于是在家长无意识的纵容下,孩子的欲望无限地膨胀。

另外，独生子女的父母从溺爱孩子出发，总是爱讲孩子的优点，掩盖其缺点，孩子听到的都是赞美的声音，很少有人指出他的缺点。由于孩子对自己客观评价的能力还很差，家长具有绝对权威性，孩子慢慢地就从家长眼里的“十全十美”变成自己心中的“十全十美”，再也容忍不了别人超过自己。

父母的一言一行都会影响孩子，因此，父母应以身作则，自己不要与别人攀比，以免孩子模仿，同时也为孩子树立正确的榜样。家长要摆正自己的心态，不要同别人攀比，不追求物质享受。

二、满足孩子的要求，要把握“度”

适当满足一下孩子的小要求，给孩子买一些好一点的衣服、玩具等也无可厚非，关键是要掌握“度”。如果孩子得到礼物是为了炫耀，就要正面指出来，告诉他，炫耀、虚荣是有害的。

但是，对于孩子的不合理要求，则要坚决拒绝。可采取冷处理的方法，明确告诉他：“世界上好东西很多，不可能人人都拥有所有的东西。只要从小学好本领，长大就能通过自己的辛勤劳动，去获得自己需要的东西。”以此激发孩子潜在的自信心和奋发向上的进取心，让孩子幼小的心灵更加纯洁、明亮。

三、引导孩子正确认识虚荣心

父母要注意培养孩子高尚的情操，用道德情感规范孩子的行为，用理智战胜孩子的虚荣心，用美感引导孩子追求现实的、被人们称道的美好生活。防止孩子因不健康的羞耻感而产生虚荣心，不能因为自己的外貌、才能、地位、条件不及别人，而靠虚荣心来弥补。教育孩子要洁身自好，重品德，弃虚荣。

四、客观地评价自己的孩子

孩子自我认识能力差，不能客观地评价自己。许多孩子往往过高评价自己，以为自己什么都比别人强。因此，父母不能过分夸大孩子的优点，更不要掩盖孩子的缺点。对那些符合道德规范的行为，父母应给予适度的表扬。对孩子的缺点要及时指出，帮助分析原因，并鼓励他逐渐克服。

五、多给孩子讲道理

教育孩子远离虚荣心，就要多给孩子讲道理。告诉孩子，拥有名牌并不意味着拥有了较高的地位。只有依靠自己的努力取得成功，才能获得别人的尊重。教育孩子根据自己的需要买东西，而不要为了同别人攀比买自己不需要的东西，让孩子学会理性消费。很多家长不肯面对经济窘迫的事实，对家人和朋友隐瞒现状甚至夸海口，这是极其错误的。应该正面告诉孩子：每个人都无法选择自己的家庭，但可以选择自己的人生。对于自己家庭的实际状况，有必要让孩子及时了解，让他从小就懂得，要自立、自强，不能把自己对生活的希望寄托在父母身上，要用劳动创造属于自己的天地。

六、让孩子在成绩面前保持冷静

有的父母总喜欢夸耀自己的孩子，认为孩子这方面或那方面“与众不同”，如果孩子确实有某方面比较出众，父母会更沾沾自喜，炫耀起来没完没了。这样的夸耀最容易使孩子产生骄傲自满情绪和虚荣心，甚至很可能使孩子养成骄傲自满和爱虚荣的坏习惯。

当别人赞扬孩子时，父母要让孩子学会保持清醒和冷静，不能因此沾沾自喜，更不要因此而自以为是。

怎样改变孩子浮躁的心态

浮躁心态的主要表现是行动盲目，缺乏思考和计划，做事心神不定、缺乏主见、见异思迁、急于求成,不能够脚踏实地地学习。

浮躁对孩子的成长危害很大。作为父母,一定要帮助孩子纠正浮躁的心态。

一、让孩子不要随意改变自己的志向

托尔斯泰曾说过:"理想是指路的明灯,没有理想,就没有坚定的方向;没有方向,就没有生活。"父母只有帮助孩子树立远大的理想,才能使孩子明确自己生活的目的和追求的目标。只有对生活和学习有了高度的责任感,才能防止孩子浮躁心态的滋生和蔓延。

父母在帮助孩子树立理想时,一定要告诉孩子,立志要扬长避短,要考虑自身的条件,不要一时心血来潮,或看到其他孩子这样做了,自己也这么做。还要告诉孩子,立志要专一,志向不在于"多",而在于"恒"。

二、注重孩子的日常行为习惯

孩子的浮躁心态不是一时就可以改正的,如果发现孩子有浮躁的苗头,父母要及时采取措施。一般来说,对孩子的一些日常行为,父母若能够正确加以引导,孩子的浮躁习性就可以慢慢地改掉。

如要求孩子在做事情之前先思考,后行动。告诉孩子做事情要有始有终,不焦躁,不虚浮,踏踏实实做好每一件事,积少成多,积沙成塔,最后即可达到目标。

三、对孩子不要太纵容

一些父母对孩子过于迁就,要什么就给什么。比如,孩子今天说要学钢琴,便送孩子去学钢琴;孩子明天说想学书法,又赶紧让孩子学书法……父母的这种态度纵容了孩子的浮躁心理。

四、用榜样教育孩子

父母的言行时刻都影响着孩子。所以作为父母,首先不能有浮

躁的心理。父母要学会调适自己的心理，改掉浮躁的毛病，为孩子树立勤奋努力、脚踏实地工作的良好形象，以自己的言行去影响孩子。

父母还可以为孩子推荐学习榜样，如革命前辈、科学家、发明家、劳动模范、文艺作品中的优秀人物以及周围优秀的同学等。

怎样帮助孩子克服焦虑

过度焦虑会导致人的意志薄弱、神经衰弱、自卑抑郁等心理问题。如果孩子患有焦虑症，将会影响孩子的健康成长。如果孩子长期处于不良的心理状态，容易患各种疾病。因此，父母要有主动关心孩子心理健康成长的意识，主动去创设和构建一个心理健康成长的良好环境，帮助孩子掌握调控自我、发展自我的方法和能力，全面提高孩子健康成长的心理素质。

当孩子有了焦虑症状时，父母要教给孩子简易的放松方法，帮助孩子及时进行自我调节，以缓解焦虑情绪。帮助孩子调整好情绪，父母最好做到以下几点：

一、合理安排孩子的作息时间

父母要与孩子一起制订科学合理的作息时间，使孩子的生活规律化。另外，让孩子多和同学交流，同龄人在一起倾诉考试的焦虑和对成绩的看法，状况相似的同学一起交流内心的困惑、烦恼和郁闷，能够调节、宣泄不良情绪。

二、在适度的娱乐活动中释放焦虑

焦虑的孩子，往往同时表现出耐心上的匮乏。也就是说，忍耐力不够，如果不能马上看到期待的结果，就会变得暴躁，采取不合作的态度。这个时候，慢跑则能在短时间内，让一个焦虑、沮丧的孩子迅速平静下来。此外，父母还可以采用听音乐、讲笑话的方法缓解孩子的焦虑情绪。需要注意的是，父母要创造活泼、和睦的家庭氛围；还要改变不适当的教育方式，对孩子少唠叨，忌责骂和嘲笑，以减轻孩子的压力。

三、父母要保持镇静

面对孩子的焦虑，父母要尽力保持镇静，不要显得紧张不安，更不要对孩子百依百顺或一味训斥，而要耐心听孩子诉说，尽快找出其焦虑的原因；对孩子的感受要表现出理解，多与孩子进行推心置腹式的交流，并进行适时鼓励，逐步消除孩子的焦虑情绪。

四、引导孩子正确看待成绩

让孩子以一颗平常心来对待考试，以减轻他的心理压力和焦虑情绪。要避免考试失败，需要父母帮助孩子建立积极的自我暗示。所谓积极的自我暗示，就是利用想象或自言自语等方式进行自我安慰和鼓励。比如，教导孩子尝试着对自己说："我今天精神状态很好，我一定不会慌张"，"考试没有什么了不起，别人能考好，我也能考好"等类似的话。积极的自我暗示是考出好成绩的最有效的武器，它可以把一个人的热情、兴趣和自信调动起来，并产生整体效应。

帮助孩子尽早地克服焦虑心理，需要父母根据孩子的实际情况，有针对性地采取教育对策。对此，父母要适当地肯定，及时地鼓励，并善于发现孩子的闪光点。特别是对学习困难的孩子，如果能抓住他点滴进步及时给予表扬，就能使他慢慢地克服焦虑心理，建立起自信心，以轻松的心态和旺盛的精力投入到学习和生活中去。

怎样帮助孩子克服嫉妒心理

不要以为只有成年人才会有嫉妒心理，儿童其实也有嫉妒心。尤其是在孩子进入集体生活以后，父母和老师对他人的称赞和表扬，往往容易引起孩子不服气和嫉妒心理。如果不加以疏导，就会引发孩子之间的矛盾，甚至产生敌意。

孩子七岁前的嫉妒心基本上处于萌芽期，有嫉妒心的孩子，在集体生活中往往不受欢迎。一个人嫉妒另一个人的时候，就不会对人友善、热情，两人的关系必然冷淡。孩子嫉妒的对象越多，关系冷淡的对象也就越多，因而会给孩子交往能力的发展带来极大的障碍。因此，嫉妒心是孩子的人际智能发展道路的一大障碍，它最终会毁掉孩子的正常生活。

孩子嫉妒心理的成因是多样的，但归纳起来，主要是孩子内心的消极因素和外部环境的消极因素相互影响、相互作用而产生的。

作为父母，如果发现自己的孩子有了嫉妒的心理，那么就应该努力帮孩子改正。

一、提高孩子的自我认知能力

帮助孩子提高自我认知水平，是克服嫉妒心理的基本途径之一。应该跟孩子讲，每个人都有长处和不足，相互之间应该取长补短、共同进步。家长如果能做到这一点，就等于给孩子的嫉妒心理打了预防针。随着孩子认知能力的发展，会逐渐懂得每个人的能力都有限，谁也不可能什么事情都比别人强。

为人父母者，可以先拿自己做例子，然后再帮助孩子认识自己。也就是说，可以告诉孩子自己既有许多优点，也有不如人的地方。这样做孩子比较容易接受，对克服嫉妒心也比较有效果。如果父母引导孩子经常这样去想问题，孩子的嫉妒心理就会慢慢地被削弱，孩子也就能客观地评价自我、评价别人了。

二、培养孩子的移情能力

自我认知能力较强的孩子，也比较容易培养移情能力。简单地说，所谓移情，就是能设身处地为别人着想。移情能力，是孩子心理成熟的重要标志，而心理成熟的孩子才具备自我排解嫉妒心理的能力。移情能力强的孩子，在人际交往中，更受周围人的欢迎。

三、让孩子把嫉妒心转化为竞争意识

父母可以尝试着把孩子的嫉妒心理转化为竞争意识。先让孩子明白自己落后的原因不在于别人，而在于自己。如果孩子一时还无法接受，父母不妨先赞扬孩子哪些方面做得好，在孩子情绪平静后，再一起分析哪些方面没有做得很好，需要更加努力。

四、鼓励孩子多参加竞赛类游戏

对于嫉妒心强的孩子来说，参加竞赛类游戏，能多一些体验成功与失败交织的矛盾感受。多经历一些这样的心理上的矛盾冲突，可以锻炼孩子心理自我调适机能。

五、培养孩子博大的胸怀

有嫉妒心理的孩子，往往有自身的性格弱点。如喜欢发脾气、不会感谢人、易受外界影响等。对有性格弱点的孩子，父母要悉心引导。在孩子面前，对获得成功的人多加赞美，并热情鼓励孩子虚心学习他人的长处，积极支持孩子通过自己的努力去超越别人、战胜自己，使孩子的嫉妒心理得到正当的发泄。

父母要教育孩子对遭到不幸的人给予同情，不可纵容孩子幸灾乐祸。孩子受到了挫折，父母要耐心地同孩子一起认真地做理性分析，帮助孩子找到失败的原因，鼓励孩子再做努力，绝不可让孩子怨天尤人、垂头丧气、一蹶不振。父母要通过引导教育，使孩子能够做到：对别人的成功感到由衷的高兴；对他人的不幸给予深切的同情；对自己的失败具有再创成功的信心。

挫折是成功的阶梯

挫折教育的目的在于，引导教育孩子正确对待失败：面对失败，尽快调整好心态，保持心理平衡，充分发挥自己的能力和潜能，努力奋斗，去获取成功。

每个人的一生都不可能是一帆风顺的，总会遇到困难、风险、挫折与失败。虽然挫折会给人带来失望、痛苦、沮丧、不安等打击，但挫折并不可怕。挫折对不断前行的勇敢者来说，是一笔巨大的财富，这正如俗话说的那样："自古雄才多磨难，从来纨绔少伟男。"

苦难是人生的一大财富，不幸和挫折可以使人沉沦，也可以铸造人的坚强意志、成就充实的人生。苦难是人生的一位良师，它能教给孩子学会用感激的心情、积极的态度对待一切问题，勇敢地参与社会竞争。古今中外，凡成就大事业、大学问者，都受过磨难：屈原被逐而赋《离骚》；司马迁遭"宫刑"而作《史记》；曹雪芹家道中落而著《红楼梦》。正所谓自古英雄多磨难，"艰难困苦，玉汝于成"。

孩子早晚都会走入社会，独立面对生活。因此，怎样面对挫折是每个孩子的必修课。如果孩子没有正确的心态面对挫折，长大后会因为不适应激烈的竞争和复杂多变的社会而饱受痛苦。所以，家长要从小培养孩子的抗挫折能力。

近年来，许多发达国家越来越重视孩子挫折承受力的教育，旨在培养孩子一种内在的自信与乐观。挫折教育的重点是让孩子发现自己存在的问题或不足，面对失败和打击时，理智地调整自己的心态，寻找其他发展方向，并相信自己通过努力可以获得成功。换句话说，在面对挫折导致的失败时，要让孩子心中有数，而不会被挫折打击得一蹶不振。

在日本，孩子稍一懂事，父母讲的第一个故事就是鳗鱼的故事：

从前，日本渔民出海捕鳗鱼，因为船小回到岸边时鳗鱼几乎死光了。但是，有一个渔民每次回来他的鳗鱼都是活蹦乱跳的，而且他的船和船上的各种捕鱼装备以及盛鱼的船舱和别人都完全一样。他的鱼因此卖的价钱高过别人一倍。没过几年，这个渔民就成了远近闻名的大富翁。直到身染重病不能出海捕鱼了，这个渔民才把这个秘密告诉他的儿子：在盛鳗鱼的船舱里，放进一些鲶鱼。鳗鱼和鲶鱼生性好咬好斗，为了对付鲶鱼的攻击，鳗鱼也被迫竭力反击。在战斗的状态中，鳗鱼的本能被充分调动起来，所以就活了下来。

渔民还告诉他的儿子，鳗鱼死的原因是它们知道被捕住了，等待它们的只有死路一条，生的希望破灭了，所以在船舱里过不了多久就死掉了。

这个渔民最后忠告他的儿子：要勇于挑战，只有在挑战中，生命才会充满生机和希望。

所有的日本孩子自幼就被灌输了这样的信念：只有勇于挑战、战胜挫折，才能拥有成功和希望。

让孩子从小在挫折中成长，孩子就会把挫折当做家常便饭，应付起来也会轻松自如。他在遇到困难时，会勇于面对，学会独立处理、独立解决。

家长一味地顺从孩子、事事为孩子代劳，不让孩子吃苦，孩子的心理和性格就得不到锻炼。这样的教养方式，无法培养孩子的抗挫能力，遇到一点儿挫折，便不知所措，甚至内心脆弱得不堪一击。

对孩子进行挫折教育，家长必须有正确的认识。

首先，挫折教育可以激发孩子的潜能。

每个人的潜能都是无穷的，但是在正常的现实生活中，人们的很多潜能并没有被激发出来。对于孩子而言，也是如此，有的潜能只有在一些特殊的情况下才能被激发出来。例如，当孩子遭受挫折时，他的某些潜能就容易被激发出来。挫折教育中，越不容易找到答案，就越能激发孩子的潜能和探究精神，从而促使孩子进行深入学习，切实掌握知识。

其次，孩子能从挫折中学会"吃一堑，长一智"。

人们常说："从哪里跌倒，就从哪里爬起来。"当孩子遇到挫折并坚强地战胜挫折时，他就在挫折中积累了经验和教训，下一次就不会再在同一地方跌倒。对孩子来说，这是走向成熟的必经阶段。通过自己的艰苦努力，成功战胜挫折，会有一种成就感和不言而喻的喜悦。这种感觉是美妙的，是无法从书本中学到的。因此，父母应该鼓励孩子善于从挫折中总结经验，再将经验内化为知识和能力，为今后战胜挫折提供帮助。

一、告诉孩子挫折并不可怕

挫折是难免的，关键在于对待挫折的态度。同样的挫折既可以产生消极的情绪，甚至心理障碍；也可以磨炼意志使其奋发向上。孩子对周围的人和事物的态度常常是不稳定的，在碰到困难和失败时，往往会产生消极情绪，不能以正确的态度对待失败和挫折。这时，家长要及时告诉孩子："失败并不可怕"，"你要勇敢"，"你一定能做得更好"。家长要有意识地将孩子的失败作为教育的契机，引导孩子重新鼓起勇气，大胆自信地再次尝试；同时，还应让孩子明白人人都可能遇到困难和挫折，而困难和挫折是可以战胜的；教育孩子敢于面对困难和挫折，树立战胜困难和挫折的勇气与自信心，进而提高克服困难和抗挫折的能力。

二、不要让孩子过分享受安逸

一位美国儿童心理学专家说:"经历了十分幸福童年的人常有不幸的成年。"如今,许多孩子是独生子女。父母过分周到地为孩子着想,竭尽全力地呵护孩子,几乎包办了本应孩子去做的事情,孩子丝毫感觉不到危机和挫折。随着孩子的渐渐长大,脆弱的一面也暴露出来。

近几年来,自杀现象越来越多。心理专家分析,问题的根源在于独生子女缺少挫折的经历,一旦遇到突发困难时就没有应急的能力,就感到委屈、失落,进而对自己失去认可,于是以自杀来结束生命,以逃避现实。软弱、不能承担责任已经成为当代孩子的通病,这与他们从小生活的安逸环境有很大关系。所以,父母一定不要过度溺爱孩子,要让孩子经受挫折考验,来提高孩子应对挫折的能力。

三、给孩子设置适度和适量的挫折

父母给孩子设置的挫折必须有一定的难度,能让孩子产生挫折感;但又不能太难,以至于孩子无法应对。同时,孩子每次面临的难题也不宜太多。适度和适量的挫折能使孩子调节好心态,选择正确的应对办法,努力克服困难,追求下一个目标。

过度的挫折会损伤孩子的积极性和自信心,使孩子产生严重的挫折感、恐惧感,最后丧志斗志。

心理学专家表示,让孩子适当接受挫折教育,对他们的一生都会有益。对于现代家庭来说,让孩子体验生活的艰辛、品尝生活的磨难,孩子才能懂得人生的坎坷,并学会从挫折中接受教育。这不但有利于培养孩子的独立意识,还能增强孩子的心理承受能力。

四、对孩子既要批评,又要鼓励

有的家长总怕孩子受委屈,即使孩子做错事,也不批评孩子。久而久之，孩子便习惯了听赞扬的话，而不习惯听批评的话。当孩子在学校受到老师的批评、同伴的嘲讽时，就会出现逃课、逃学、与同伴发生冲突的事件。

因此，家长应该正确对待孩子的不足和缺点，客观地批评、及时地纠正孩子的错误。只有让孩子时常听到批评和指导，孩子才会知道自己错在哪里、自己的不足是什么。要告诉孩子，别人指出他的缺点并不是与他过意不去，而是为了帮助他改正缺点，这样孩子就能正确对待批评，从而让他成为一个知错能改的好孩子。

当孩子遇到挫折并准备退缩时，父母要及时给孩子鼓励，让孩子明白人的一生会遇到很多挫折，关键在于正确地认识和对待挫折；只有鼓起勇气努力向前，才能最终克服困难、战胜挫折。

五、教孩子学会处理并战胜挫折

在日常生活中，家长要培养孩子不怕困难、坚忍不拔的精神。家长要告诉孩子，自己的事自己要负责；要让孩子多参加实践活动，尝尝吃苦的滋味；要培养孩子战胜困难和挫折的意志，不能半途而废；要培养孩子学会调整心态，让孩子明白“失败是成功之母”的道理……

父母应该教会孩子妥善地处理遇到的挫折。当孩子受到挫折后，父母不仅要帮助孩子正确对待挫折，分析造成挫折的主客观原因，还要教育孩子多从主观上想问题、找原因。孩子受到的挫折，不管大小都是对孩子自信心的挑战，父母都要妥善地应对，不能忽视。

父母应指导孩子面对挫折采取正确的方法，并鼓励、安慰孩子。鼓励和安慰能帮助孩子树立战胜挫折的信心。孩子受挫后，父母要让孩子相信，只要他努力就一定能战胜挫折。

家长的责任，就是尽力培养孩子的抗挫折的能力和挫折后的恢复能力，使他们在任何困难和挫折面前都能泰然处之、保持乐观。

六、让孩子把绊脚石当做垫脚石

挫折能给孩子以教益，使孩子更加成熟和理智；挫折能让孩子吃一堑长一智，让孩子在失败后找到通向成功的道路。通过挫折教育，可以锻炼孩子的意志力，使孩子更加坚强。法国著名作家巴尔扎克说过，世界上的事情永远不是绝对的，结果完全因人而异。苦难对于天才是一块垫脚石，对于能干的人是一笔财富，对于弱者则是一个万丈深渊。因此，让孩子将苦难和挫折当做财富，当做成长和进步的垫脚石，孩子就能成为一个有出息、有作为的人。

第八章　家庭教育方式决定孩子的未来

◎ 家庭教育要把握孩子成长的关键期

◎ 良好的成长环境对孩子的作用

◎ 有利于孩子健康成长的家庭环境

◎ 创造有利于孩子成才的家庭环境

◎ 赏识敲开成功之门

◎ 要保护孩子的好奇心

◎ 要唤起孩子的求知欲

◎ 要激发孩子的上进心

◎ 要用崇高的理想激励孩子

◎ 父母的期望是孩子成功的动力

◎ 让孩子在玩儿中学

◎ 如何让孩子爱上读书

◎ 成长比分数更重要

◎ 培养孩子的合作精神

◎ 有助于孩子成功的说话语气

◎ 学会表扬孩子的技巧

◎ 掌握批评孩子的艺术

◎ 成为孩子心中理想的父母

家庭教育要把握孩子成长的关键期

如何指导孩子快乐学习、健康生活，需要家长了解孩子成长的关键期。孩子成长的关键期是指学会某种知识、技能、行为等的最佳时机。人的大脑发育的过程中，在哪一个阶段哪些功能发育，有一个发育计划时间表。如果父母抓住了孩子大脑发育的关键期，根据其生理和心理发展的规律，结合孩子的个体差异，有目的有计划地对孩子进行专项的教育、训练和培养，往往会起到事半功倍的教育效果。

在孩子成长过程中，有几个关键期必须把握住。

感官发展关键期(0～3 岁)：孩子从出生起，会借着听觉、视觉、味觉、触觉、嗅觉的感官来熟悉环境，了解事物。因此，父母要充分让孩子聆听、触摸、观察，以刺激孩子的感官，在生活中随机引导孩子运用五官，感受周围事物，增长其智慧。

语言学习关键期(0～6 岁)：6 岁前是孩子语言发展的关键期。语言敏感期在 6 个月左右就已经出现，两岁左右出现语言爆发期，3 岁前是听的敏感期，3～4 岁是说的敏感区，5～6 岁是应用、阅读、理解的敏感期。0～6 岁是孩子学习口头语言的关键期，这个时候，父母要经常跟孩子说话、讲故事、提问，或用“反问”的方式，鼓励孩子多说，促进孩子的理解，加强表达能力的培养，为以后人际交往奠定良好的基础。

动作敏感期(1～3 岁)：3 岁前是孩子的动作敏感期，要早点让孩子学走路，充分让孩子运动，使其动作正确、熟练，以促进左右脑的均衡发展。

秩序关键期(2～4 岁)：孩子的秩序敏感力表现在顺序性、生活习惯、所有物的要求上。2～4 岁是教孩子知晓规矩、养成习惯的关键期。在这个时期，父母应逐渐引导孩子脱离以自我为中心，鼓励孩子多交朋友。这时父母应要给孩子建立明确的生活规范、日常礼仪，训练他养成自律的能力，为今后适应社会规范、形成良好的道德规范奠基。

文化敏感关键期(6～9 岁)：孩子对文化学习的兴趣，萌芽于 3 岁以前；而到了 6～9 岁则出现想探究事物的强烈要求。这个时期的孩子，非常好奇，爱动脑筋，问题特别多。这时，父母可以在孩子兴趣的基础上，提供丰富的文化资讯，满足他如饥似渴的文化需求。

黄金阅读关键期(8～14 岁)：抓住阅读关键期能轻松地培养孩子热爱阅读的好习惯。5 岁左右，孩子开始由看图发展到识字，是孩子的阅读启蒙敏感期；5～7 岁，应该进入大量识字的阶段；8～10 岁，应该进入自由流畅阅读的阶段，孩子识字由图向文字的转变，初步建立了阅读兴趣的基础。在小学三四年级开始，孩子应该进入他一生中第一个也是最重要的一个黄金阅读期，可以加大阅读量，开阔孩子的阅读视野。

音乐能力发展关键期(3～5 岁)：3～5 岁是孩子音乐能力发展的关键期。如果要培养孩子的音乐技能，可以让孩子多听听古今中外名曲，多参加音乐活动。

想象力关键期(3～6 岁)：这个时期，父母要让孩子多听童话故事和科学幻想故事，多看图画，在积累了一定的知识后，可以让孩子看画编故事，或续编故事，提高孩子的想象力、创造力。

父母了解了孩子成长的关键期后，应积极创造条件，有计划有准备地做好子女的教育规划和实施。针对孩子成长的关键期的一般规律，学校教育也会做出整体的计划安排，家长要注意配合学校。例如，良好行为习惯培养的关键期是幼儿阶段和小学阶段，关键期是小学一二年级。对于刚入学的孩子，家长要特别重视配合学校做好孩子的习惯养成教育，不能把重点放在对分数的关注上。要注意并善于做好孩子的工作，让孩子也懂得关键期的理论，从而启动他的内在自觉性。让他明白：小学阶段是人生发展的关键期之一，应奋发图强，苦练本领，而不能放任自己，过分贪玩，贻误时机，遗憾终身。

当然，这里只是指孩子不同年龄阶段关键期的一般规律。由于孩子的身体素质不同，家庭环境不同，生活条件不同，文化素养不同，具体到每个人身上，关键期的表现会有所差异。家长要善于结合自己孩子的实际情况，因人而异，做出合理的教育安排。如果父母抓住了关键阶段的关键问题，教育孩子会变得更轻松，孩子也能更多地体验到学习的乐趣，体验到成功的喜悦。

良好的成长环境对孩子的作用

一、推动孩子智力的发展

父母是孩子的第一任老师。从孩子呀呀学语到蹒跚学步等能力，无一不是由父母教会孩子的。同样，孩子早期的智力开发也是由父母训练的。比如教孩子数数、学儿歌等。启蒙的好坏直接影响孩子今后的学习。恶劣的成长环境，忽视对孩子早期的智力开发，导致孩子的心智不健全。而良好的成长环境，则会推动孩子智力的发展。

二、帮助孩子习惯的养成

俗话说："小小孩子映八十"。意思是说：从孩子小时候的表现，就可以知道孩子一生的作为。虽然这句话说得有点绝对，但可以看出，习惯对人一生的影响。好的习惯让人受益终生。所以"昔孟母，择邻处。子不学，断机杼"成为千古美谈。而孩子诸多良好的习惯，如生活起居的习惯、饮食的习惯、学习的习惯、读书的习惯等等，其养成过程和良好的成长环境也是密不可分的。

三、促进孩子身体的发育

有首歌曲唱得好，“世上只有妈妈好，没妈的孩子像根草。”有些特殊家庭的孩子因为没有父母的照顾，生活没有规律，营养不良等影响孩子身体发育。由此可见，孩子良好的成长环境需要父母来创造，孩子身体的健康，需要父母来照料。

四、影响孩子世界观的形成

恶劣的成长环境影响孩子世界观的形成。没有良好的教育，就没有良好的习惯；没有良好的意识，也就会有一些不良的行为。现在青少年犯罪率的居高不下，几乎都能从他们成长的环境找到根源。或许缺乏管教，或许误交恶友，或许压力过大等等，无一不显示了良好环境对孩子成长的重要性。

有利于孩子健康成长的家庭环境

家庭环境对孩子的影响最深刻，家庭生活给孩子身心发展所打上的烙印，终生难以磨灭。家庭环境对人的一生成长发展起着重要作用。

家庭环境对孩子有耳濡目染、潜移默化的教育作用。孩子模仿性强，这个特点决定了家庭环境对孩子有着重要影响。为此，父母应当努力创设良好的家庭环境，促进孩子健康成长。

一、温馨、和谐的家庭气氛

一是搞好夫妻关系以及家庭成员之间的关系，二是要处理好父母与孩子的关系。

父母要爱护子女，对孩子尊重信任，尽量不板面孔，不随意呵斥、打骂，以平等的、民主的、朋友式的态度与孩子相处，建立新型的民主的家庭关系。

二、健康、文明的生活情趣

父母要有意识地在家庭中培养文明、健康的生活情趣，如关心时事形势，热爱科学，爱好艺术，喜欢参加体育活动，注重文化修养、语言文明等。对不文明的东西，父母要善于诱导，提高孩子辨别是非的能力，增强其免疫力。父母应处处以身作则，做孩子的表率。

三、端正、良好的家庭风气

优良的家庭风气，是良好家庭环境的重要组成部分，是有效地无形教育手段，对孩子有重要的影响作用。树立良好的家风，要求家庭成员有良好的伦理道理观念，要形成和睦互助、敬老爱幼、谦让有礼、积极上进、努力学习、诚实守信、热爱劳动、勤俭持家的好风尚。

四、设立属于孩子自己的小天地

给孩子设立一个属于他的小天地，给孩子更多自由活动的时间和空间，让孩子自由地表达自己的心愿和体会。孩子可以在自己的小天地里，凭自己兴趣选择活动内容，进行积极愉快地学习。同时也可以邀请好伙伴共享愉快时光。

创造有利于孩子成才的家庭环境

良好的家庭环境，可以使孩子性格活泼，具有开朗、大方、好学、诚实、谦逊、合群、求知好奇、爱劳动、爱清洁、守时守信等好的品行；

不良的家庭环境，会使孩子具有胆怯、多疑、自私、嫉妒、孤独、懒惰、放任、不懂礼貌、言语粗俗等不良品行。孩子在家庭中常以家长为模仿对象，形成自己的心理定式和性格特征。因此，家庭环境的优劣是儿童心理和行为健康水平的重要相关因素。

家庭环境对孩子的影响有两个最为典型的例子：

200 年前，美国有一位哲学家爱德华，至今，他的后代中，有 13 人当了大学校长，100 多人任大学教授，14 人创建了大学或专科学校，80 多人成了文学家，1 人任副总统，1 人做了大使，20 多人任上下两院的议员，18 人成了报社、杂志社的负责人或者主编。

同是 200 年前，美国有一个叫朱克的赌徒，至今，他的后代中，有 100 多人成了乞丐和流浪者，7 人因杀人被判处死刑，63 人因偷盗、诈骗等被判刑，因喝酒夭亡或成为残废者也甚多。

这两个例子发人深思。它说明家庭环境对子女的人生有着非常重要的影响。坏环境毁掉人，好环境成就人！学者的后代多数成才，赌徒的后代大多被毁。智商的遗传基因可能会占一部分，但绝不是重要的因素，重要的是两者的家庭教育环境有天壤之别！书香世家，父母的生活态度，乃至思维方式和习惯，会酝酿出一种学习气氛浓厚的家庭环境，子女耳濡目染，会在很大程度上潜移默化地受到影响；而赌徒心思花在了自己的嗜好上面，这样会恶性循环，生活散漫、作风不正、又穷又懒，家里往往弥漫着吵嚷、暴力或者冷漠、绝望的气息，孩子长期生活在这样有思想毒素的空气里，怎么能够上进！

50 年前，美国纽约成立了一个儿童救护会。该救护会专门收容和抚养弃儿、孤儿和贫儿。它的做法同普通的孤儿院不同，其方针是必须让这些孩子到可靠的家庭里接受良好的教育。因此，救护会把这三类儿童送到当地可靠的农家寄养。50 多年来，救护会共收容、照顾了 2.8 万名孩子。最近的报告显示，有 87% 的孩子成为出色的人物。其中，有的当了州长、总督、高级审判官、市长及州检察官；有 24 人被选为美国议会议员；有 9 人被选为州议会议员。此外，在教育、农业、商业等方面卓有成绩者也不胜枚举。更为有趣的是，该救护会曾把前面提到的赌徒朱克的第九代子孙收容到儿童救护会，照例把他送到良好的家庭寄养，而他已成为地方上的模范青年，前途大有希望。

可见，好环境造就好孩子，并成就各种各样的优秀人才。对孩子而言，最重要的是父母营造出适合孩子成长的家庭环境。

家庭教育的主要特点是潜移默化、言传身教。由于孩子的可塑性大、模仿性强，父母的一言一行、一举一动都在以身示范，无时无刻不在悄悄地对孩子施加影响。因此，孩子在家庭中所学到的一切，包括说话的语调、动作、走路姿态、性格和品德等都会打上父母的烙印。所以有人说，孩子是父母的镜子。如果父母下班回家后只顾吃喝玩乐，生活自由散漫，甚至行为不轨，无疑会给孩子造成负面影响。

那么，怎样的家庭环境有利于孩子成才呢？

一、互爱的家庭氛围

互爱的家庭氛围可以熏陶孩子的爱心，有爱心就会爱亲人、爱生活，对未来充满希望。这样的家庭培养出来的孩子一定会懂得生活情趣，能积极进取、把握幸福。

作为父母，一般都十分疼爱孩子，可是很多父母却忽视了夫妻间的爱。没有甜言蜜语，没有体谅和关怀，甚至很回避在孩子面前表现出亲昵举动。其实这是个误区，让孩子感受到爸爸妈妈之间的爱，对孩子的健康成长非常有利。如此，孩子从小就会明白互相关爱才是幸福，而不是彼此冷漠，或者麻木地接受别人的关爱。父母之间没有爱，还会慢慢地影响孩子的心理，影响他将来对爱情和婚姻的看法。还有很多家长忽视培养孩子对父母的爱，其实，教育引导孩子以行动表达对父母的爱，也是家庭互爱氛围形成的重要方面。

二、和谐的家庭氛围

温馨和谐的家庭氛围，有益于孩子消除疲劳、紧张和烦恼，使家庭成为孩子前进的加油站，不断为其注入生机与活力，增强信心与勇气。

家庭和谐，孩子就会处于一种愉快的心理环境中。长期处于愉快心理环境下的孩子，往往表现为精神振奋、性格豁达、活泼乐观、充满自信。相反，处在压抑的家庭氛围中，孩子往往是忧心忡忡，带着精神负担迈入家门，久而久之孩子就会表现为缺乏热情、性格内向、感情脆弱，甚至造成严重的心理障碍，出现忧郁症、逆反心理等，形成子女与父母之间思想上的代沟或情感上的隔阂。

三、民主的家庭氛围

现在的家庭关系应该是两代人相互尊重、平等相处的关系。作为父母，要尊重子女的意见、行为，尊重孩子的人格，不能高居于子女之上，滥施权威。作为子女，则要善于表达自己的意见，学会在一定程度上参与家庭的决定。在家中，父母把民主、平等、宽容的风度和气质体现出来，孩子长期处在这种民主、宽松的家庭气氛中，他的个性就能得到全面的发展。

四、良好的学习氛围

在家里给孩子创设一个良好的学习氛围，这是除了学校学习氛围以外，孩子成才的另一项保障。在家庭里，作为家长，应该做到：

1. 为孩子创设必要的学习场所

孩子希望有一块属于自己的活动场所，因此，为他准备一张书桌、一个书架、设置一个固定的学习空间，是非常必要的。这既可满足他的心理需要，也便于学习。为增强学习气氛，家长和孩子还可以在墙上布置些激励学习的字画条幅、学习计划、课程表等。

2. 家庭成员不要随意干扰孩子的学习

孩子在学习时，家长在一旁唠唠叨叨，教导不止；在孩子做功课时，父母给孩子送吃、送喝等，这些都是干扰孩子学习的行为，家长要注意避免。

3. 家庭要避免"过度教育"

对子女管教过多,监督过多,尤其是在子女教育上的要求过多,这都是"过度教育"。作为家长,要根据孩子的实际情况,指导他制订切实可行的计划,使其学习成绩逐步提高,让孩子从中体味学习的兴趣,增强自信心,这无论是对当前的学习,还是对将来的处世做人都极有好处。实事求是,是为人之道,也是家教之道。

五、浓厚的家庭文化氛围

家庭文化包括生活方式、道德修养、个性追求、处事为人、行为习惯等多种文化形态。这些文化形态无不反映在家庭日常琐碎的生活中,并潜移默化地影响子女的成长,具有不可忽视的教育功能。

家庭文化并不等于家长的学历和拥有的知识,但又与家长的文化素质、心理素养有密切的联系。知识分子的子女未必能成材,而农民子弟亦可成为博士生。这里除了天赋以外,还与家庭文化所熏陶出的子女心理素质有关。科技界一对夫妇对女儿只注重智力因素的培养,女儿只知念书而不知世事,造成性格孤僻、狭隘。在大学里因不适应集体生活中的人际关系,受不了半点儿挫折,结果自杀。一位农妇,虽然目不识丁,却常用"人往高处走,水往低处流","人穷不能志短"等朴素的生活哲理教育儿子,她在艰难生活中自信、自强、自立的精神,影响着儿子的性格,最终她的儿子成了德才兼备的科技人才。

良好的家庭文化,如同绵绵春雨,悄无声息地滋润着孩子的心田,使其思想品质、情感意志、个性习惯向着健康的方向发展。

赏识敲开成功之门

赏识教育是生命的教育,是爱的教育,是充满人情味、富有生命力的教育。人性中最本质的需求就是渴望得到赏识、尊重、理解和爱。赏识教育的特点是注重孩子的优点和长处。

赏识教育让家长和孩子觉醒，让孩子的生命状态得以舒展。赏识教育是承认差异、允许失败的教育。赏识教育是让家长成为教育家，使孩子舒展心灵、发展潜能的教育。赏识教育是让家长、孩子生命和谐、成为朋友、共同成长的教育。赏识教育是让孩子天天快乐、家长日日赞叹的教育。

赏识是一种理解，更是一种激励。赏识教育，是在承认差异、尊重差异的基础上产生的一种良好的教育方法；是帮助孩子获得自我价值感、发展自尊、自信的动力基础；是让孩子积极向上，走向成功的有效途径。只要我们能够真正理解孩子，尊重孩子，赏识孩子，那么，孩子心灵的苗圃就会阳光明媚，春色满园，孩子个性的幼苗就会一派生机，茁壮成长！

每个孩子都有自己的长处，孩子在这方面比别人差，可能在另一方面要强过别人，这就是孩子身上的闪光点，父母要善于发现孩子身上的每一个闪光点。对于每个孩子来说，缺少的往往不是成功，而是被发现。

父母在生活中要善于发现孩子的闪光点。孩子的闪光点是方方面面的。有的孩子对音乐有天生的兴趣，如果孩子对音乐节奏十分敏感，对音乐十分入迷，那么，这个孩子很可能有音乐天赋，父母应该提供更多的"音乐奖励"，孩子一表现出这方面的兴趣，父母就应该用各种方式进行鼓励。

有的孩子对颜色有很大的兴趣，并且经常在地上、墙上涂画各种东西，那么，这个孩子很可能有绘画的天赋，父母就应该为他购买画笔、颜料和纸，激发孩子画画的兴趣，还应该时常带他去感受大自然的风光，开阔孩子的视野。这些都算是对孩子的夸奖，对于开发孩子的天赋十分有益。

父母的夸奖，可以增强孩子的信心。即使考得不太好，也要肯定孩子的努力。父母要千方百计找出孩子闪光处给予夸奖，以增强孩子的信心。

尊重和爱是孩子的基本心理需要，由衷地欣赏、赞美孩子，需要父母学会从多个角度发现孩子的闪光点，用发自内心的喜悦感染、打动孩子，使其保持健康积极的心理状态。

父母要善于肯定和鼓励孩子。每一个孩子都具有天生向上的本能和把事情做好的自信。当孩子遇到挫折时，父母最应该做的是给予孩子自信；当孩子的成绩跌入低谷时，父母只需要告诉孩子一句话：你不比别人差，别人能做到的事情你也能做到。这种发自内心的理解和鼓励，会使孩子正视和迎接困难，孩子也因此有了精神的支柱和情感的依靠。

当孩子取得成功时，他期待的是得到别人，特别是父母的肯定与赞许。当孩子受到挫折时，他幼小稚嫩的心灵需要父母的理解和抚爱，这时，父母给予的热情关怀和具体的帮助，为孩子指出了成功的方向，培育了孩子的自信。

可见，积极的正面肯定，才能使孩子感受到父母发自内心的爱和喜悦，给孩子带来愉快的心理感受，强化孩子正面的表现，促使孩子努力做得更加完美。

大多数的家长都应当有思想准备，孩子的学习成绩不可能是全优。作为父母，要用赏识的眼光仔细观察自己的孩子，即使孩子非常平凡，也能发现他的闪光点。赏识孩子是一种非常艺术的教育手段，用得好，就可以让孩子信心大增。要从真正意义上做到赏识孩子，父母要注意以下几点：

一、深入挖掘孩子的闪光点

父母要给孩子充分的理由，让他真正认识到自己的长处，找回自信。父母的赏识不能仅仅停留在表面，“你不笨”，“你挺棒的”，这些话对孩子的激励作用并不大。只有深入挖掘孩子的闪光点，才能起到激励作用。

二、全面肯定孩子小小的优点

父母发自内心的赞赏是引导孩子一步步走向真、善、美的动力。如果父母老把眼光盯住孩子的过错，就会心生焦虑，因而在对孩子的教育上缺乏耐心与信心，导致孩子往消极的方向发展。如果父母在纠正孩子捣乱等错误行为的同时，用心发现他身上的优点，细心捕捉他的每一点进步，及时加以肯定和鼓励，孩子会逐步改掉不良习惯，强化优秀的品质。

三、赞赏孩子，应体现在行动上

赞赏孩子也不能只表现在口头表扬上，而是要给孩子创造展示自己的机会。一次成功的回答问题、一次众人面前的展示都能发挥孩子的才智，让他认识自身价值的同时还能够体验快乐，增强信心，也让其他孩子能够看到他的过人之处。

四、欣赏孩子的与众不同

世界上没有两片完全相同的树叶，也不会有两个相同的孩子。每个孩子都有自身的特点，这些特点是孩子人格的一部分，简单的斥责和生硬的要求只能激起孩子的逆反心理，把他推向不健全人格的深渊。发现孩子具有负面的性格特点时，父母先要反省自己的教育方式，寻找孩子特殊性格中的积极因素，因势利导，有针对性地帮助孩子逐步纠正负面性格，逐渐成为一个优秀的孩子。

五、告诉孩子，他不比别人差

心理学研究早已证实：当孩子克服困难受到赞扬时，孩子自信的心理品质可以得到强化，他会更加努力地向这方面的困难挑战；如果孩子经常失败，一旦有成绩，父母能够及时地给予表扬，孩子的自信心也能得到加强。

孩子一生下来就在学习，逐渐形成了自己的长处和短处，父母要尽量为孩子创造一种能发挥才能的良好环境，并尽己所能地走进孩子的精神世界，在孩子需要帮助时恰当地教诲、指点、鼓励或奖励，让孩子充分地品尝成功或失败的滋味，在尝试中体验战胜困难或把事情做得更漂亮的快乐，刺激孩子自信心不断强化。

六、让孩子体验成功

赏识孩子，还应该在他遇到困难时，鼓励他，让他勇敢面对；在他取得成绩时，给他赞美和掌声，让他体验成功的喜悦。

每个人在成长的过程中都会遇到这样那样的难题，都会有感到彷徨、无助的时候。同时，也会取得这样那样的成绩，有需要与人共同分享的时候，需要在他人的赞美声中获得自我肯定。这些时候都是父母赏识孩子的最佳时期，父母的一句鼓励会让孩子获得无穷的力量和勇气；父母的一句赞美也会让孩子体验到成功的喜悦。

当孩子对某事物表示感兴趣的时候，父母千万不要反对，哪怕他是在观察蚂蚁搬家。这也许妨碍了教育计划，但这很有可能是孩子天赋萌动的时候。与那些学习失败的孩子接触时，会发现他们身上也有闪光点，也有自己的长处。所以，父母要善于发现孩子身上的闪光点，并加以鼓励，让孩子的长处得以发挥和发展，这样孩子将来才会取得成功。

要保护孩子的好奇心

有好奇心是孩子的天性，是打开孩子梦想之门的钥匙。父母应注意保护孩子的好奇心，认真回答孩子提出的即使很幼稚的问题，培养孩子对未知领域的探索精神。

孩子都有极强的好奇心，总是问这问那，经常问得父母无以应答。这时候，有的父母对孩子的问题一笑置之，有的甚至流露出厌烦的情绪。父母或许觉得孩子的问题过于幼稚，没有必要回答；或许自己也不知道答案，但又碍于“面子”不好直言相告。可是父母的任何一种态度都会直接影响到孩子，可能因为父母的不耐烦而不敢再提问题。不让孩子提问题或不予理睬，或许可以让父母得到片刻的安静，却在不知不觉中压制了孩子的好奇心和求知欲，将来如果他在学习、生活中遇到问题时可能就会选择沉默，这很不利于孩子的健康成长。

好奇心是指想要了解事物的心理。它首先表现为对一事物产生疑惑，继而引发思考，以求明白真相。所以说，好奇心是求知欲的出发点，又是求知欲的推动力。因此，父母在日常生活中要学会保护和培养孩子的好奇心。

一、正确对待孩子的好奇心

心智健全的孩子最初对学习都很感兴趣，他们天生有一颗好奇心，可惜往往由于父母教育时的态度和方法不当，使孩子对学习失去了情绪和兴趣。父母对孩子要求要严格，而不能苛求。唤起孩子的好奇心，孩子就不会觉得学习是一件苦事。

二、呵护孩子的好奇心

新奇的事物都能吸引孩子。学龄前孩子的提问，是一种不自觉的学习方式，父母对此应采取支持和鼓励的态度，充分利用孩子渴望求知的机会进行教育。父母可以鼓励孩子勇于发现问题。父母要认真解答孩子提出的每一个问题，并力求回答得生动、具体，使孩子从小就能够享受到探索事物奥妙的乐趣。

呵护孩子的好奇心，就应该鼓励孩子多提问。从孩子提的问题，能更好地了解孩子，同时培养孩子的认知能力，激发他学习的内在动力。好奇心如同一棵嫩芽，如果培育它，给它浇水，给它施肥，那么，它就会长成一棵参天大树；但如果压抑它、摧残它，那么，它最终就会化为泥土。

三、鼓励孩子提问

引导孩子从爱提问发展到会提问、会思考，父母在解答完孩子的问题之后，还可以向孩子提问，引导孩子更进一步地思考。

在孩子学习时，如果父母巧加引导，让孩子由问方转为答方，可使孩子的学习产生相当显著的效果。因为孩子要回答问题，就必须进行思考，才能认真回答。即使孩子尚未理解的问题，也可由父母引导发问，启发他去思考、去解决。这样经过大脑思考而来的答案，孩子记得更牢固。因此，要使孩子养成良好的思考习惯，父母应采取不马上回答问题而加以反问的方式。

四、启发孩子独立思考

孩子提出问题，有时是因为好奇，并没有经过自己的思考。对于孩子的提问，哪怕父母已经知道了答案，也不必急着先告诉孩子，而是启发孩子先思考。父母在给孩子解答问题时，不能只告诉他答案，还应该教给他思考的方法，从而让孩子学会独立思考。

五、激发孩子的好奇心

父母要给孩子创造一个丰富多彩的环境，让孩子能从中获得新奇的感觉，使他对这个世界充满好奇。孩子总是将好奇的目光投向他所能接触到的事物，并努力去探索其中的奥秘。父母要善于将孩子的好奇心引入正确的轨道。

父母可以将孩子的好奇心引向大自然，带孩子观察春天里动植物的变化。比如让孩子去池塘边观察小蝌蚪，看看它们是怎么变成欢蹦乱跳的青蛙的；或在花盆中撒几粒种子，观看植物是怎样生长的；也许，孩子会由此开始一个未来生物学家的探索。可以带孩子观察夏夜的星空，让他对横亘的银河、闪烁的星星以及盈亏交替的月亮产生兴趣；也许，未来天文学家会由此诞生。总之，可以让神奇的大自然来激发孩子的好奇心，培养他的求知欲。

父母可以用书籍来激发与满足孩子的好奇心，鼓励他自己到书籍的海洋中探索宇宙间的无穷奥秘。除了给孩子购买与订阅少儿书籍与报刊外，父母还可以领孩子到图书馆来满足孩子的求知欲望。

要唤起孩子的求知欲

孩子天生具备强烈的求知欲和探求精神，这是由他们对事物的好奇心所决定的。他们对自己所不知道的事情，总是喜欢刨根问底，并勇于去追求真相。孩子的这种天性，对唤起他们的求知欲提供了可能。

求知欲强的人自觉地、积极地追求知识，热情地探索知识，以满足其精神上的需要。随着孩子年龄的增长，在生活、学习中，特别是在系统地学习知识的进程中，求知欲得到了进一步的发展。

求知欲是促进孩子进步的酵母，是孩子成长和发展的不竭动力。作为家长，应该通过巧妙的引导，有效地激发孩子的求知欲，让孩子爱上学习。

教育的真正意义，就在于充分满足孩子的求知欲望。如果教育偏离了这一点，就很可能是失败的教育；如果教师和父母不尊重和爱护儿童的求知欲，那么，这样的教育肯定是失败的。

家庭教育的任务，在于帮助孩子学习，无论学习什么，父母必须先唤起孩子的求知欲和好奇心，孩子才能产生持久的学习动力。

人们在生活、学习和工作中，碰到问题、面临任务、感到自己缺乏相应的知识，就会产生探索新知识的冲动。这种情况多次反复，求知的冲动就逐渐转化为人的内在的求知欲，求知欲能够促使人坚持不懈地探究知识。这是一种可贵的主动求知的表现。

强烈的求知欲、好奇心和探索精神是开启智慧之门的金钥匙。许多科学家的发明创造都起始于对事物的好奇和探索。牛顿正是对"苹果为什么落在地上"这一问题的探寻，才发现了万有引力。总之，求知欲和探索精神是创造成功的开端和必要的条件。

求知欲是人类最珍贵的品质之一。父母要从小启发、引导、培养孩子的求知欲，使孩子具备努力驱动自己求知的动力，自觉地、发自内心地去探求知识的宝库。

求知欲在孩子身上表现得尤为突出，它是推动孩子去探求知识并带有感情色彩的一种内心要求，是孩子探索、了解未知事物的欲望，是追求知识的动力。一个求知欲强的人，总是用好奇的目光注视着周围世界的一切事物，从中捕捉自己需要的奇妙的猎物，获取新的知识。

求知欲是激发孩子学习行为的心理动机，有了学习的兴趣，孩子才会对学习充满热情，并孜孜不倦地坚持下来，才会学有所成。但是求知欲并非孩子天生具备的，父母要有意识地引导，让孩子对学习的重要性有一个深刻的认识。另外，父母也不能忽略自身的榜样作用，养成坚持学习的习惯，给孩子积极的影响，能有效地培养孩子的求知欲。

培养孩子的求知欲，让孩子爱上学习，就要让孩子把获得新知识当成一种需要。因此，父母在教育、引导孩子时一定要注意技巧的运用，不要让孩子感到厌烦，要时刻让孩子感到不满足，才能让孩子对学习保持十足的兴趣。

求知欲是孩子进步的酵母，只有让孩子永远保持旺盛的求知欲望，孩子才会通过学习知识使自己不断进步，最终使自己的人生发生质变。

如果父母把学习当做轻松的话题，孩子就能够全身心地投入到学习中，就不会对学习感到厌烦。父母越是逼迫孩子，孩子就越对学习没有好感，直至对学习产生抵触情绪。

所以，父母要转变教育思想，只有把催促孩子学习变为引导孩子学习，才能激发孩子的求知欲望，孩子才会享受到学习的快乐。

在培养孩子的过程中，怎么发现和唤起孩子的求知欲呢？

一、和孩子交朋友

家长与孩子建立和谐、融洽的亲子关系和朋友关系，使孩子敢于在家长面前敞开心扉、无拘无束、毫无保留地把内心世界展示出来，家长才能真正地透过孩子的表情、眼神、姿态、动作来窥探孩子内心的秘密，知道他想些什么、干些什么以及为什么这样想、这样干。

二、在游戏中学习

如果将孩子对游戏的欲望引向学习方面，引发孩子的求知欲，孩子就会认为学习是一件快乐的事情。

每个孩子对游戏都充满兴趣，因为他们觉得游戏好玩儿。同样的道理，如果父母让孩子觉得学习也是“好玩儿”的事情，那么，孩子就会像热衷玩游戏一样，很自觉地拿出固定的时间来学习。

可见，激发孩子的求知欲和学习兴趣并不是难事，关键在于父母的巧妙引导。爱玩儿是孩子的天性，父母要抓住孩子的这一天性，将“游戏”导入孩子的学习，就能很好地激发孩子的求知欲。

三、用肯定和赞扬唤起孩子的求知欲

当孩子在学习中付出很多却没有取得理想的成绩时，父母不要吝啬肯定，要肯定孩子的付出；当孩子在学习中取得进步时，父母不要吝啬赞扬，要赞扬孩子的进步，哪怕一丁点儿进步。比如，上次孩子考了全班倒数第三名，这次他考了全班倒数第四名，父母也要赞扬孩子，因为孩子确实进步了。孩子上次考了60分，这次还是考了60分，但是这次粗心大意所犯的错误比上次少了，父母也可以表扬孩子，因为孩子粗心大意的毛病有所改善，因此也要表扬。

告诉孩子："你真棒！""我相信你一定能行。""勇敢地去尝试吧，你会成功的。"这在心理学中叫做"积极的暗示"，这对孩子尤其能发挥奇效。因此，父母要多给孩子肯定和赞扬，给孩子积极的暗示，以此使孩子对学习保持兴趣。

四、激发孩子求知欲

家长要有计划有目的地引导孩子感受变幻莫测的自然风光、五光十色的艺术品、扑朔迷离的社会生活。这样不但可以满足孩子的好奇心，而且可以激发孩子的求知欲。

五、把孩子引进书的世界

书是孩子认识世界、了解世界的又一个重要的窗口，家长在引导孩子通过这个窗口认识世界时，应选择符合孩子兴趣爱好的书，以培养孩子对书的兴趣。在此过程中，家长千万不可操之过急，否则只能引起孩子对书的厌恶。

六、帮孩子找到学习的黄金时间段

为了激发孩子的求知欲，父母千万不能逼迫孩子学习，而应该尊重孩子的学习习惯，帮助孩子找到学习的黄金时间段，这样孩子才会取得好的学习效果，并且有利于保持持续的求知欲。

让孩子保持好的学习状态，不仅能够提高孩子的学习效率，还会让孩子对学习产生兴趣，对求知产生强烈的欲望。最后，孩子自然会爱上学习。

关于如何寻找孩子学习的黄金时间段，父母可以让孩子把每天所做的事情都记录下来，经过一到两周的记录，找出孩子每天精力最充沛、做事效率最高的那段时间，那便是孩子学习的黄金时间段。

七、用目标激发孩子去学习

给孩子制订切实可行的短期计划，让孩子经常感受到成功的喜悦。制定目标时，家长应该注意，规定孩子实现这个目标的期限不能太长，否则孩子不能坚持下来；目标设置不能过高，严重超出孩子的能力会给孩子压力。

教育家苏霍姆林斯曾经说："成功的欢乐是一种巨大的情绪力量，它可以促进儿童好好学习的愿望。"可见，达成目标后所产生的成就感是一种强大的精神动力，让孩子不断达成学习方面的目标，孩子就会逐渐对学习产生兴趣，孩子的求知欲也会逐渐被激发出来。

另外，父母给孩子设置目标时，可以为孩子找一个学习上的竞争对象，让孩子将这个对象当做超越的目标，如让孩子和他的同桌比成绩，让孩子跟他成绩差不多的同学比进步，让孩子与学习比他好的同学比创新能力等。

当孩子在学习中遇到了困难，并开始退缩时，父母不妨用目标去激励孩子。这就需要父母了解孩子的理想，或者为孩子树立一个正确的理想。在目标的引领下，孩子会觉得付出点辛苦是值得的。

值得家长注意的是，给孩子找竞争对象的目的是让孩子与对方比学习的劲头，而不是比结果，如果一味让孩子与对方比结果，会使孩子陷入盲目竞争中，还可能会使孩子产生嫉妒心理。

要激发孩子的上进心

上进心就是一个人努力向上、立志有为的一种心理品质。孩子的上进心，实际上就是一种积极进取的动机。有的孩子为什么缺乏这种动机呢？一般来说，有三个方面的原因。

第一，家庭教育不当。

孩子原来有上进心，但是父母对他的上进心不屑一顾。他不一定缺少能力，但是经常受到指斥、批评，甚至受到讽刺、挖苦，从未体验到成功的喜悦，有的干脆就放弃了努力。这样的教育方法会使孩子的自信心降低，而没有自信心就很难有进取心。那种自强不息、不断进取的精神，实际上是建立在对自己、对未来、对现实的信心之上的。

第二，家庭环境的影响。

有些家庭中，父母缺乏上进心，工作不思进取，生活上平平庸庸，更忽视孩子情感与智力方面的需要。父母对孩子没有明确的行为指导和要求，极少和孩子谈话、游戏、讲故事，压抑了孩子的上进心。

第三，孩子自身的问题。

孩子年龄较小，生性好玩，不能对自己做出正确评价，不能自我调节、自我监督，因此，不能自我教育、自我激励。

那么，怎样激发孩子的上进心呢？

一、为孩子确立奋斗目标

孩子强烈的上进心，首先来源于对目标的执著追求，这种不懈的追求，能焕发出一股不断向上的力量。所以，家长应帮助孩子从小树立远大的目标，激发孩子为实现目标而百折不挠的上进心。

给孩子确立的目标，要让孩子通过努力能实现，体会到成功的喜悦，从而激发上进心。给孩子树立恰当的目标，使他有获得成功的机会，能够体验到成功后的喜悦。心理学研究证明，成功的行动，容易使人产生积极上进的情绪，而失败的行动容易使人产生消极退缩的情绪。家长千万不能急于求成，对孩子要求过高，而要为他树立恰当的学习目标，让他通过一段时间的努力能够实现目标，获得成功的快乐。学习上成功的喜悦之情是孩子渴望学习、战胜困难的动力源泉。

二、善用榜样的力量

在激发孩子上进方面，要采取循循善诱的方法，要经常给孩子讲成功人士是如何成功的。要让孩子有机会多看些有积极意义的电影、电视、书报，使他有明确的是非观念，懂得该怎样做，不该怎样做。要启发他认识这样的道理：要想干一番事业，就必须树雄心、立大志，并下苦功学好真本领，要落实在行为表现上，切忌做言语的巨人，行动的矮子。

孩子善于模仿，加强直观感性的教育，能收到较好的教育效果。要使孩子有上进心和进取精神，一方面要让孩子懂得人为什么要进步，怎样才能进步；另一方面使他学有榜样、做有目标。

三、为孩子创造良好的家庭氛围

良好的家庭氛围有助于儿童健康成长。小孩的模仿能力强，父母的一举一动时刻影响着孩子。可以想象，如果父母缺乏上进心，工作不思进取，生活上懒散，整天无所事事，而去要求孩子努力学习，好好表现，孩子是不会听从的。

四、发现孩子的闪光之处

如果孩子处处受到别人的歧视，处处受到别人的指责，他就会自卑，会抬不起头，会对自己渐渐失去信心，久而久之就会失去上进心。孩子需要表扬、激励，渴望得到别人的肯定、赞许、赏识，从而树立自信心。有了这种自信心，必将促使他努力追求、创造成功。作为家长应看到，学习只是孩子生活的一部分，有的孩子虽然在学习成绩方面比较差，但是在其他方面却不一定差。当他在文体活动、实践活动以及小制作和小实验中做出成绩时，他会感到“我在这方面比别人强”，他同样会产生成就感。家长不能因为孩子学习成绩落后，而把孩子看成一无是处，整天训斥，或仅以分数这把尺子衡量孩子的优劣。家长要善于发现孩子的闪光之处，看重孩子的全面发展，看重综合素质的提高。

五、与学校配合形成合力

石头只有在撞击中才能冒出火花，孩子的上进心和进取精神不可能自发产生，需要家庭、学校和社会各方面配合形成合力，共同激发，并使这种合力转化为孩子的内在动力。

要用崇高的理想激励孩子

理想是人生的奋斗目标，理想是力量的源泉、智慧的摇篮、冲锋的战旗、斩棘的利剑。只有让孩子心中有理想，他才会有力量，才会看到前进的方向和胜利的曙光。

一位哲学家说过："什么时候树立了理想，什么时候就开始了真正的人生。"

既然理想如此重要，父母就应该让孩子知道，所谓理想，指的是一个人希望达到的人生目标和追求向往的奋斗前景。简言之，理想就是人生的奋斗目标。

每个孩子都有自己的人生，有自己与众不同的理想，父母不能将自己的想法强加于孩子。因为人生是否成功，理想是否崇高，孩子自己才是最重要的评判者，标准在孩子自己的心里。

一位儿童心理学家表示，问孩子将来想做什么，并不是让他给出一个确切的答案，而是为了引发孩子思考。即使孩子的目标不伟大，但是他经过了思考，并找到了或大或小的理想。这时，他就会感觉到生活是有目标的，生命是有意义的。因此，父母要注重引导孩子树立崇高的理想，以此激励孩子进步。

理想也是人生道路上的灯塔，有了理想，孩子才会知道自己将来要做什么，以及现在应该如何去做才能实现理想。这样，孩子在生活和学习中才不会像无头苍蝇那样盲目地飞，而是有计划、有步骤地一步一步向理想进发。为此，孩子必须脚踏实地地去学习，去积累知识，这样，孩子的生活就会充实起来。

理想对孩子的成长和进步有着激励作用，孩子每进步一点儿，都会引发他去反省自己与理想之间的差距，也会给他带来更多的动力，这样孩子可以很好地避免骄傲自大、目中无人，如此一来，他也会更有可能成功。

理想还是孩子对未来生活的追求，是对未来社会的向往。孩子最富于理想，最有雄心壮志。作为父母，要爱护孩子那天真、纯洁的向往未来的美好理想，并促使他为理想而努力奋斗。

正确的人生理想，是取得成功的决定要素。

不论你希望孩子将来是出人头地，还是平安无忧地生活，你必须帮助孩子设定属于他自己的人生理想，并为实现自己的理想去努力创造条件、刻苦学习。

这一点是必须明确的，每个人行走甚至奔驰在人生的道路上，过程固然重要，但只有目标的指引才能使人一生的奔忙不至于失去方向。目标是人生航行中的灯塔，拥有它，就可以容易地摒弃杂念、排除阻碍、勇往直前。

学习的目的是学习的内在动力，它是学习的需要。表现为学习的意向、愿望、兴趣等，对学习起着推动作用。明确的学习目的，能够激发孩子的积极性。孩子一旦养成了学习的自觉性，就会迸发出极大的热情，表现出坚韧的求知意志，促使其勤学苦练，朝着目标不断前进。

许多为人所知的成功人士之所以能够取得成功，无一不是他们目标明确，具有了浓厚的学习兴趣和强烈的求知欲望。没有目标，就不能积极主动、心情愉快地去学习、去奋斗，求知就会成为一件沉重的负担。许多孩子没有突出的特长，没有兴趣是最重要的原因。因为目标不明确，他们的个人成长就会成为一种盲目的、被强迫的、甚至痛不欲生的过程。

高尔基说过："一个人追求的目标越高，他的才力就发展越快，对社会就越有益，我确信这也是一个真理。"作为父母，不但要引导子女明确自己的人生理想，而且要达成共识耳濡目染，使它成为一盏明灯，时刻照亮和激励着孩子生活的每一天。

目标是人生道路上的指南针，一心向着自己的目标前进的人，整个世界都会为他让路。

有一位叫布罗迪的英国教师偶然发现了50年前一个班级的作文稿。作文的题目是《未来我是……》，31个孩子在作文中表达了31个不同的理想，有的想当总统，有的想做军官，有的想成为明星，有的想做航天员，也有的想成为园艺师，字里行间充满了对未来生活的憧憬和向往。

看到这里这位教师突发奇想，他迫切地想知道这班学生是否实现了儿时确立的目标，于是在报纸上刊登了一则启事。不久，一个个学生陆续给老师回信，单单没有收到的盲童戴维的回信，戴维当时的理想是做一名议员，因为盲人做议员相对于正常人来说是很难的事情。正当这位教师要将戴维的作文本送进一家私人收藏馆时，他收到了国会议员戴维·布伦克特的来信，这使他大吃一惊，也感动万分。来信中说："那个叫戴维的就是我，感谢您还为我保存着儿时的梦想。不过我已经不需要那个本子了，因为从那时起，我的理想就一直在我的脑子里，一天也没有放弃过。"原来，盲童戴维也已经梦想成真。

这就是目标、理想的作用，在它的指引和激励下，常常能使人迸发出不可思议的能量。许多实践还证明，有理想的人与没有理想的人相比，会在人生的道路上走得更远更稳。人总是在追求目标的过程中体现生命意义的，商人的目标是积累财富的多少，学者的目标是学术造诣的高低，一个人只有有目标、有动力时，才可能去做事。在没有终点的赛跑中，人不可能全力冲刺，心中没有目标就没有了动力，人人都是如此。

在现代社会谈人生理想，往往会被人取笑，但是有学者说：孩子从小就需要人生理想，因为人是以目标为导向的生物，没有目标，孩子的能力就不能被激发起来，家长应该帮助孩子树立自己的人生理想，从小培养孩子“欲则立”的前瞻思维方式，到底如何才能帮孩子树立正确的人生理想呢？

首先要明确何时才是设定人生理想的最佳时机？19岁以前。在19岁以前就确定人生的理想，这样才有足够的时间去为之奋斗。而大多19岁以下的孩子都对自己的未来比较茫然，这时候，就需要父母尽到自己的职责，加以引导。

一、及时向孩子提出理想要求

教育孩子的目的，就是开发他的智力，培养他成才，然后服务于社会，为社会创造财富。为此，必须适时对孩子提出理想方面的要求。

作为家长，在向孩子提出理想要求时，要由浅入深，分层次进行，不能期望太高。比如，中学时期的孩子已积累了一定的文化知识，个性逐步得到发展，兴趣爱好也已产生，这时家长应该从他的爱好和感受出发，多考虑其个性的发展，帮助他树立带有职业性质的理想。如果孩子是绘画爱好者，那么就应多从绘画这个角度提出希望，并视其潜能确立期望值的高低：潜能小的就鼓励他多描摹景物、人物；潜能大的就鼓励他做个画家，这是第一层次的理想要求。接下来，家长就要使孩子个人的理想与社会的需要挂起钩来，提高到更高层次，即树立具有强烈的事业心和使命感的社会理想。就以上例来说，家长不能仅仅停留在期望孩子为当画家而发愤练习，而应该教育他懂得学画是为了弘扬人类文化，从而使他更自觉地从社会的要求出发来鞭策自己为理想而奋斗。

二、要让孩子了解自己的兴趣所在

爱因斯坦每天在实验室工作18个小时以上，当记者采访他时，他兴奋地说："我这一生中从来没有工作过，我每天只是在玩儿。"同样，兴趣才是孩子为之奋斗的不竭动力。父母不能把自己的意志强加到孩子身上，因为，这是他的人生而不是你的人生，让孩子选择他最喜欢的事情作为自己的人生理想。

三、理想要切合实际

制定成功的理想，不仅要考虑未来的情况，而且要考虑目前的情况。制定理想即不可好高骛远，也不可妄自菲薄。根据孩子目前的发展情况引导他制定自己可以企及的目标才是积极有益的。

四、每天一个小目标

一个人不仅要有一个长远的人生理想，而且要有自己的日常目标，也就是每天一个小目标。日常的目标也许不是什么宏图大业，仅仅是一些平常的事情，但每天成功的激励会让孩子自信心得以累加，并最终在持之以恒的努力中实现自己的人生理想。

五、小目标要定得详细具体

让孩子选一个他认为能达到小目标的具体日子，并拟定详细的日程表，明确每天要执行的每个任务。日程表要常做，做到知道"下一步"该做什么。这不仅可以培养孩子对自己人生的规划能力，而且日程表还能起到时时提醒孩子把握时间，催促孩子为实现小目标提高学习效率的积极作用！

六、对孩子的理想进行正确引导

有关专家认为，青少年理想发展大致可分为4个阶段：一是理想发展的准备阶段，其特点是孩子把家长的、老师的要求当做自己的理想；二是生活理想阶段，是孩子最早独立思考的理想，是自己在活动中产生了兴趣而憧憬的理想；三是职业理想出现和开始发展阶段，随着兴趣的发展，孩子逐步培养起某种爱好，在这个基础上，逐步产生对某种职业的向往；四是社会理想发展阶段，这是孩子抽象思维能力发展到一定水平并有了一定的社会经验的必然结果，它往往同个人职业理想相联系。

不过，上述理想发展的4个阶段并不是截然分开的。比如，第三阶段孩子的理想多是从本人的爱好和感受出发，从个人的发展出发，很少认识自己对社会的责任。因此，家长就要有意识地把信仰的引导提到教育日程，用科学的信仰帮助孩子从职业理想过渡到正确的社会理想。

父母的期望是孩子成功的动力

期望是成长的动力，父母要给孩子积极正面的期望，让孩子感受到爱，从而充满自信地面对生活。

在孩子的学习和成长过程中，父母的期望起着十分重要的作用。积极正面的期待会使孩子感受到爱与支持，从而充满自信，生机勃勃；相反，负面的、消极的评价则会使孩子失去信心与发展的机会。

实验证明，期望是一种力量。积极的期待不仅让孩子有了成长的动力和强烈的求知欲，而且让孩子有了人生的方向，指引孩子走向成功。

父母一定要给孩子一个期望，给孩子一份信心，关注孩子的兴趣，培养孩子的兴趣，引导孩子的兴趣，这样，孩子才能真正地将父母的期望转化为成功的不竭动力。

父母的期望一定要建立在孩子兴趣的基础上。父母的期望就是孩子成才的动力源泉，是孩子的精神支柱。只有父母的期望以孩子的兴趣为基础，孩子才会"领情"，才能在父母的支持、关注下，走向成功之路。

父母适度的期望有利于增强孩子的自信心、进取心，是孩子进步的动力。但是，如果父母对孩子的期望值过高，脱离孩子的实际，不仅不会起积极的促进作用，反而会起消极的作用，只会僵化孩子智力的发展，阻碍孩子的健康成长，很可能会出现揠苗助长的后果，相信这也是父母不愿意看到的结果。

在日常生活中，父母不仅要关注孩子的兴趣，更要根据孩子的实际情况来修正自己对孩子的期望值，让孩子的兴趣在父母正确的期望值下发展，这样才能有利于孩子的身心健康，从而让孩子的兴趣得到健康发展，帮助孩子走向成功之路。

期望是父母激发孩子对事物兴趣的秘密武器，不管是学习成绩还是一般的爱好，父母的期望都会转化为孩子前进的动力，在期望中成功，在期望中成长。孩子的兴趣也会在父母的期望中得到培养、发展，从而转化成为受益终身的能力。这也是父母所期待的结果。让我们一起努力，演好这个"期望的魔法师"。

父母的期望是孩子发展兴趣的精神支柱，不仅在学习上是这样，在生活的很多方面都是这样。在孩子面对困难的时候，给孩子以期望，孩子就会坚强地面对困难；孩子在发展兴趣遇到挫折的时候，父母的期望就是孩子继续前进的动力；孩子在运动中受伤，对运动恐惧的时候，父母的期望就是孩子继续保持运动习惯的动力……

总之，父母的期望可以给孩子发展兴趣带来动力，是孩子发展兴趣的精神支柱，是孩子成长最好的营养。

那么，父母该如何表达对孩子的期望呢？

一、说出对孩子的期望

父母一定要说出对孩子的期望，但要注意方式方法，不要等到孩子问，更不能用命令的方式表达期望，让孩子像执行任务一样，没有自己的想法。让孩子知道父母的期望，孩子会尽力做到最好，这对父母来说是一种莫大的欣慰。

二、期望还可以做出来

孩子喜欢运动，那就给孩子运动的空间；孩子对游戏感兴趣，那就给孩子一点自由；孩子对漫画感兴趣，那就给孩子发展的余地……零花钱可以给孩子，礼物可以给孩子，期望也可以给孩子。做出来，让孩子看到你对他兴趣的重视，孩子才会更专注于兴趣，这对孩子的成长来说是一种鼓励，是一种必不可少的营养。

三、期望也可以用暗示来表达

给孩子成功的暗示，给孩子前进注入动力，让孩子能够在父母的期望下，勇敢地面对困难，逐步成长。良好的暗示，对孩子来说是动力，是支持，孩子会做出让父母感到惊讶的成绩。

总之，期望可以说出来，也可以做出来，还可以通过暗示的方式来表达期望。有了期望，孩子才会努力；有了期望，孩子才能奋进；有了期望，孩子的兴趣才能得到健康、快速的发展，才能具备成功的能力，最终走向成才之路。

让孩子在玩儿中学

玩儿游戏是一种开发智力的好方法，孩子的玩儿和学并不是一对矛盾，完全可以相互结合，相互补充。孩子在参加各种兴趣活动和游戏中，边玩儿边学习，寓教于玩儿，寓教于乐，学玩儿结合。这样，既满足了孩子玩耍的心理需求，又让孩子在游戏中学到书本上学不到的知识。

在玩儿中学习可以成为家庭学习的一种有效的方法，而且特别适用于小学和学龄前的儿童。这个时期的孩子直觉形象思维占有优势，行为又易受到情绪的支配，而游戏活动具有直观形象性和趣味性，正满足了孩子的需要，因此他们特别喜欢，乐于参与。

玩儿不只是孩子的生活内容，也是孩子接触社会、学习社会、学习知识的重要形式，因此"玩儿中学习"是一种符合儿童年龄特征的较好形式，"玩儿中学习"方法的好处在于，充分调动孩子探索世界、认识未来的主动性和积极性。因为孩子对玩儿有很大的兴趣，活动中完全处于主体地位，能充分地投入，积极地作出反应，这样会激发他们的求知欲望，又很容易接受和掌握玩儿中所接触的知识和事物。

在玩耍中，孩子和孩子、孩子与父母完全处于平等的地位，能与同伴、与父母充分地进行语言沟通和思想情感的交流。在这个过程中，孩子能学会社会的行为规范，学会处理人与人之间关系的方法，可以为他们实现社会化奠定基础，如果父母能参与孩子的活动，在玩儿中还可以进一步密切亲子关系。可是，要正确运用"玩中学习"的方法也有一定的难度，如果掌握不当，过分突出了玩儿，也会带来一些负面效应，产生影响孩子学习的不良后果。

为了孩子在游戏中更好地学到知识，父母要把握住以下几点：

一、在玩儿中加强引导与启发

对孩子的玩耍加以引导，让孩子玩儿并非放任自流，一定要给予必要的启发和引导。有条件的父母可以直接参与孩子的活动，告诉孩子哪些活动是有意义的，在玩儿中应该学些什么、注意些什么、接受些什么，让孩子逐步认识到应该进行有目的的玩儿，而不是盲目地胡闹和捣蛋。

二、在玩儿中培养孩子的兴趣

父母对孩子的兴趣要进行分析和培养。孩子玩儿的兴趣多种多样，一种是对各种活动都有兴趣，另一种是对某种活动喜欢。前者的兴趣尚未分化，有比较广泛的指向，缺乏选择性，容易改变，其变化很大程度上取决于活动的本身，所以是一种低层次的兴趣；后者的兴趣有一定的选择性，指向也比较明确。父母在分析孩子兴趣的种类后，有必要将他的兴趣引向分化和集中，以利于逐步发展他的个性和特长。

三、在玩儿中学习知识

孩子玩儿到高兴时，也正是向他传授知识的最佳时机，这个时机一定要抓住。因为这时孩子的大脑反应最灵敏，注意力最集中，对知识最容易理解和接受。这时安排适当的学习内容，对他智力的开发和能力的培养都是有明显作用的。

1. 玩儿一些开发智力的猜谜游戏

父母可以试着把孩子要掌握的知识编排到游戏中去，比如说游戏填空、成语接龙等；或者把知识编进谜语，让孩子猜，猜对了给予奖励，等等。在考试之前，父母还可以和孩子一起猜一猜“明天考试会出什么题”？孩子为了能够猜中，很可能就会扩大复习范围，提高复习的效率。从孩子的心理来讲，如果这次体会到乐趣，以后就会主动去猜题。孩于渐渐地就会萌发好胜心，取得的效果也就更加明显。而且，讨论有没有猜中的过程，其实也起到了复习功课的作用。简单的猜谜游戏，却能够引导孩子走上爱学习的道路。

2. 在找错游戏中培养孩子学习的兴趣

经常有父母提到自己家的孩子不读书、不看报，令人担忧。然而，这些不读书、不看报的孩子也许对报纸上的找错游戏很感兴趣。这种找错游戏不仅登载在成人杂志上，在那些面向儿童的报纸、杂志上也是常见的。这就证明，不仅父母喜欢这种找错游戏，孩子们也很欢迎。而且，令人吃惊的是父母需要一天才能解答的问题，孩子时常当场就能给出答案。这大概是因为孩子充满了好奇心，所以特别热衷于这种找错游戏。

父母不应错过这个利用孩子好奇心的好机会。比如说，和孩子一起做习题集的时候，可以故意把答案说错几处。当发现这些错误的时候，孩子一定会很兴奋。如果孩子能够带着这种找错的热情把一本习题集从头到尾反复阅读的话，就会想做更多的习题。

3. 拼图游戏寓教于乐

著名的教育学家蒙特索利先生把世界地图做成拼图游戏，把这种方法当做激发孩子学习兴趣的第一步。孩子对拼图游戏天生有一种好奇，即使那些从来不看地图的孩子听说是拼图游戏，也都聚精会神地把打散的地图拼凑起来。那种情景无论是谁看到都会感到很惊讶。孩子都喜欢游戏，特别是拼图游戏在世界范围内大受欢迎，经久不衰。

比如说，让一个对地理毫无兴趣的孩子来做本国地图的拼图游戏。虽然他对本国地图本身是不感兴趣的，但是他却会被游戏吸引。而且，孩子都是完美主义者，即使有一块拼图没有拼装上去也会不高兴。当他完成整个拼图的时候，本国地图的全貌一定已经深深地刻在他的脑海中了。

4. 利用新颖的文具增加学习的乐趣

要想把游戏的因素引入到学习当中，当然要考虑到道具的问题。学习的道具是文具，游戏的道具是玩具。要想把学习变成游戏，就可以选择玩具化的文具或者文具化的玩具。现在市面上已经有很多类似的文具出售。比如，动物形状的带香味的橡皮、可以发声的图画书、结构复杂的文具盒、昆虫形状的订书机等各种各样的文具，数不胜数。这些生动有趣的文具，多少都会对孩子们的学习起到促进的作用。

5. 让孩子跟自己玩个竞争游戏

孩子总是争强好胜的，在做题的时候，让孩子把自己当对手，父母为他记录一下半个小时做了多少道题，再让他不断挑战自己的纪录，如果挑战成功的话就给孩子一些奖励。这样一来，孩子的学习热情就会被调动起来，学习的效率也会大大提高。

四、在玩儿中促进人格健全发展

孩子在玩要中难免要出一些差错，甚至同伴之间会发生争吵和不和。遇到此种情况，父母要耐心劝导，切不可训斥和打骂，不然会在孩子的记忆中留下阴影，影响其人格的健全发展。

如何让孩子爱上读书

父母要努力为孩子营造一个良好的家庭阅读氛围，创造让孩子自己选择阅读的条件，培养孩子的阅读兴趣和阅读积极性，养成良好的阅读习惯，教给孩子正确地阅读课外读物的方法以及选择好书的原则，循序渐进地培养孩子爱读书、多读书、读好书。一句话，就是要采取适宜的方式，培养孩子从小喜欢读书。

孩子应何时开始读书才合适呢？专家认为：在孩子学习生字之前，父母就应当做孩子的读书工具，给孩子朗读文章。这是培养孩子对读书感兴趣的基础。但朗读不要太具表演性，因为变换太多的语调会干扰孩子的注意力，使他忽略故事情节。

要经常对孩子阅读并讲解文章，虽难懂的书也可以阅读，并给孩子解释他不懂的地方。叙事文学作品对孩子来说是难题，但叙事文学作品对孩子尤其有益，因为它能让孩子了解世界历史进程的共性。而这种了解是所有教育的终极目的。

除了给孩子阅读外，还应为孩子提供“图画书”。这些没有文字的色彩鲜艳、形象生动的“图画书”，能够让孩子轻易就看得懂画面，也能够轻松地从中发现人物的表情、动作、背景，并将之串联起来进一步理解故事情节。这种“零难度的快乐阅读”无疑大大增强了学龄前孩子对读书的兴趣。

孩子上了学，并掌握了许多生字后，就要考虑为孩子选购一些有益的图书，最好是有图画的书。图画能帮助他对书中内容的理解；同时，形式简单，能启发孩子思考，从而帮助他掌握科学知识。这个年龄段应该首选童话故事书，其次是科学幻想故事书，再次是传奇故事和英雄人物故事书，最后是数学游戏、发明创造、科学知识、动物世界、海洋、旅行、战争、历史、娱乐、诗歌、传记和天文、地理等方面的书籍。孩子阅读这类书籍可以从中找到乐趣、增长知识。

如何开发孩子的阅读能力，让孩子从小喜欢读书是许多家长都关注的话题。

美国的方法值得借鉴。美国的父母对孩子阅读能力的开发最早，也最富创造性。国际教育成就评估协会的调查结果表明，美国孩子具有比世界其他任何国家的同龄孩子更强的阅读能力。例如：同样是小学四年级学生，能阅读中等难度的成人报纸者在美国孩子中占78%，能阅读难度较高的文学名著者占46%，比国际平均水平分别高出27和21个百分点。

一、培养孩子的爱书意识

儿童时期的模仿性是很强的，因此，父母在教会孩子自己读书之前，就要培养他爱书的意识。在孩子很小的时候，父母就经常让他高声朗读有趣的书籍。儿童能接触到家中书架上父母的书，尽管这样做会使这些书受到损坏，但却使儿童与书建立了亲密的关系，这非常有益于孩子养成爱读书的习惯。

二、不限制阅读内容

培养孩子对“广义阅读”的兴趣。早在孩子开始认字之前，每每见到动画片海报，浅显的路标、布告、门牌等等，家长便停下来跟孩子一起阅读。美国人认为，阅读不应限于读书，凡是幼年时期对广义的阅读感兴趣的孩子，长大了自然也会爱读书。

鼓励孩子从小读“杂”书。这就是说，不但读故事性强的童话和小说，也读历史、地理、天文、社会以及和自然科学的书籍。事实上，一个人小时候书读得愈杂，日后的知识面就往往愈广。

三、培养读书兴趣

尽早发现孩子在阅读上的特别兴趣或特别需要，以便提供及时、恰当的帮助。提供给孩子的书籍，必须适合孩子的年龄、迎合孩子的兴趣。

如果孩子对读书并无兴趣，可以试着以他的其他兴趣为桥梁，把他的兴趣引向书本。例如，让他看些与他的嗜好、所喜欢的运动有关的或关于某个有个性的人物的书籍。如果孩子的兴趣很罕见，也不要失望，书籍五花八门，什么都有，只要下工夫，就能找到合适的书籍。

利用节假日带孩子逛逛书市。宁可少买玩具，也要多买图书。重要的是，让孩子体会到读书不仅是一种学习的手段，而且也是一种消遣的手段。待孩子真正对书籍如对玩具一样感到兴趣盎然时，他便开始乐于以书为伴了。

四、让书籍成为孩子生活的一部分

让孩子的生活离不开书，是培养孩子读书兴趣的有效途径。

1. 每天念书给孩子听

不论孩子多大，他都可以和家长一起享受读书的乐趣。几个月大的孩子虽然还听不懂家长念的是什么，可是他能从家长柔和的读书声里体会到读书带来的安慰。除了父母之外，家里的亲友和孩子的保姆也都可以念书给孩子听。孩子上小学以后，虽然可以自己读书了，但是如果每天仍能有一段时间和父母一起读书，这种温馨的体验对孩子来讲还是很难忘的。

2. 让孩子及早接触文字

平时不妨将食品包装上的文字指给孩子看，然后大声念给孩子听，让孩子逐渐了解到这些文字符号是有一定意义的。除此之外，将报纸上的大标题念给孩子听，或者在上街时，将广告牌上的内容指给孩子看，这些都是让孩子及早熟悉文字的好方法。

3. 将书摆放在孩子能拿得到的地方

家里的每个房间最好都要有书，让孩子随手就可以拿到。逢年过节，当有亲友要送孩子礼物时，可以让他们将书作为给孩子的礼物。

五、家长要言传身教

父母的读书兴趣对孩子有着潜移默化的影响，那些音乐世家、书香门第等等正是这样产生的。例如，六龄童演猴戏，他的儿子六小龄童的猴戏便登峰造极，正是家庭熏陶的结果。实际上，兴趣教育比强迫孩子去做连家长自己都不感兴趣的事更容易，效果也好得多，所以，培养孩子读书的兴趣，父母的言传身教至关重要。

所谓“言传”就是尽可能早地读书给孩子听并养成习惯。因为要培养孩子读书的兴趣，就得把书的魅力展示给孩子，就像要让孩子吃梨，得先让其看到尝到一样。随着孩子年龄的增长，还要在读完书后进行思想引导，如：“书可以给我们打开一扇窗口，发现另一个美丽的世界。”“世界上谁的力量最大？有智慧的人。有智慧的人是无法战胜的。那智慧从哪里来？从书里。”“将来我们都会变老，无论长得美的丑的，老了大家都差不多，不同的是什么呢？用一生积累智慧财富的人,也就是一生都在读书的人,即使老了,也是美的。”在思想引导之后,孩子自然会更喜爱读书了。

俗话说,身教重于言教。如果孩子平时都不曾见过家长读书的身影,家长对孩子读书兴趣的教育就会大打折扣。如果家长做个酷爱读书的人,孩子看到父母如醉如痴读书的身影(孩子在午夜醒来,发现父母仍在伏案苦读),自然会以父母为榜样。

六、父母要和孩子一起读书

和孩子一起读书时,首先要考虑的是孩子的兴趣,此外还要考虑到孩子的智力水平和接受能力。书里面的插图也要尽量大而色彩鲜明。孩子的注意力集中时间比较短,因此文章不要太长,最好能一次读完。许多孩子都喜欢一遍一遍地听同一个故事,家长要尽量尊重孩子这个习惯。

孩子常常会主动向家长提出要求,要爸爸妈妈讲一个故事,这个时候往往是和孩子一起读书的最好时机。此外,每天也可以安排一些固定的读书时间,比如午睡前和晚上睡觉前这两段时间就很好。平时和孩子一起外出时,也可以在孩子的小车里或背包里放一本书,遇到排队和需要等候的情况,拿出书来读一读,可以让这段等候的时光很快地过去。

给孩子读书时,要大声。有些家长不太好意思大声给孩子念书,怕自己会念错;其实大可不必这样想,孩子是不会在意父母是否会念错的。如果念的时候能放慢速度,再加上面部表情和一些表现声音的象声词,那就更好了。家长还可以和孩子一起讨论插图中的细节;当故事进入高潮时,还可以故意停下来,问孩子一些问题,例如“小猫为什么跑了呀”,以提高孩子阅读的兴趣。

经常和父母一起读书的孩子,语言能力和记忆力都发展得很快。也许用不了多久,你的孩子就会对你说,他要自己给你“念”书了。

成长比分数更重要

并不是每一个孩子学习成绩都是最棒的，但是，每一个孩子都会是最棒的，孩子的成长比分数更重要。作为父母，应该尽可能多地捕捉孩子身上的闪光点，在孩子受到挫折的时候，给他一些宽容和理解，让孩子从中获取无穷的力量，从而扬起生活的风帆，一步步走向成功的彼岸。

身为父母，千万不能太看重孩子的考试分数，而应该注重孩子思维能力、学习方法的培养，尽量留住孩子最宝贵的兴趣与好奇心。绝对不能用考试分数去判断一个孩子的优劣，更不能让孩子有以此为荣辱的意识。

很多成绩差的孩子并不是不努力的孩子，因此，不要看到孩子成绩糟糕，就对孩子横加指责。这样做不但对提高孩子成绩毫无帮助，甚至还会起到反作用。在父母的指责声中，孩子就会认为“我是个笨蛋，怎样做也无法达到父母的期望”。于是就会陷入一个恶性循环：成绩越考越差，越差越讨厌学习。

经调查发现，很多孩子厌学是因为成绩差。成绩差给孩子带来了很多压力，孩子会怀疑自己的智商，担心父母责骂自己，这会使他越来越讨厌学习，并且产生不安感。对于这种情况，父母来“硬”的是没有用的，越骂反而会越糟糕。只有宽慰和鼓励孩子，才能带孩子走出低谷，让他忘记烦恼，重拾信心。

那么，该如何正确地看待孩子的分数，让孩子从考分的压力中解放出来呢？

一、冷静对待孩子的考试成绩

有些父母，一看到孩子考了低分，不问青红皂白，就把孩子臭骂一顿，甚至还要拳脚相加，大骂孩子没出息，吓得孩子以后再也不敢把低分考卷拿给父母看。实际上，一次考差了，也并不能证明什么。爱玩儿是孩子的天性，也许刚好孩子在考试前一段时间贪玩儿，耽误了功课。结果被这样一阵辱骂，孩子反而产生了逆反心理，再也不愿用功学习了。这样岂不是得不偿失？

二、全面考虑和分析

有时，孩子考了低分并不表示孩子的成绩就一定很差。比如全班数学平均成绩是50分，而孩子考了60分，那他还可以算是班上成绩较不错的。此外，要弄清楚是单项成绩差还是全部科目都差，也许孩子有些偏科呢？因此，不要只看一门课程考试成绩差，就说孩子学习差，如果孩子因一门功课差而感到自卑、气馁，父母还要在鼓励的同时，用其他科目的好成绩来调整孩子的情绪。

三、用小小的成功帮孩子建立信心

用小小的成功激发孩子学习的兴趣。心理学家认为经常有意识地安排一些比较简单的题目让因成绩较差而厌学的孩子做，并及时给予鼓励、赞美，那么，孩子的自信心自然容易建立，厌学的情绪必定也会得到改变。

四、看孩子是真差还是假差

孩子的整体素质不是仅凭几次测验就可以全面地反映出来的。如孩子考试成绩是靠死记硬背得来的，机械答题，这是真的差；而若是孩子反应灵活，答题具有创造性，有时虽然考分不高，却不能说差。对于稍差一点的孩子，父母也不要夸大其词，以免伤害了孩子的自尊心，削弱了孩子学习的积极性。

五、鼓励孩子重新振作精神

成绩差的孩子更需要父母的安慰和鼓励。父母应适时地帮助孩子从失败和挫折中总结教训，在哪里跌倒就从哪里爬起来。这样才能使孩子重建信心，振作精神。

六、承认孩子存在差异

实际上，在孩子上了中学以后，也早已明白学习的重要性和各方面竞争的压力，但每个孩子由于智力水平的不同，所在学校的教学质量以及自身的学习方法和理解能力等的不同，也会造成学习成绩的差异。因此，父母要做的就是认真了解情况，听听孩子的解释，不能武断地得出孩子学习不努力、不用功的结论。

七、让孩子找个榜样做朋友

榜样的力量是无穷的，如果父母多鼓励孩子和成绩优秀的同学交朋友，从他们身上学习良好的方法和思路，时间一长，孩子自然就会受其影响，改变学习的态度。如果这个同学碰巧是孩子喜欢的人，那就更好了，这样对他的影响会更大。

八、看重孩子的学习效果

作为父母，在指导孩子学习的时候，不能只盯着孩子的考试分数，更应该看孩子实际的学习效果。不能把分数作为评价孩子学习好坏的唯一标准，而要以一种平和的心态对待孩子的考试分数。孩子不仅需要掌握基础知识，还要掌握基本技能和基本方法，这些都需要父母配合老师对孩子加以积极的引导。

九、给孩子更多的宽容与鼓励

孩子都有不足，更不可能每个孩子都考第一名，总有孩子会落在后面。当孩子在考试中没有达到预期的成绩时，他已经非常难过了。这时候，他需要的是父母的宽容和安慰，而不是在他的伤口上再撒一把盐。

父母应该宽容孩子的不足，细心呵护孩子脆弱而单纯的心灵。当他需要安慰和鼓励的时候，多给孩子一些宽容，让孩子在父母的宽容中得到理解和力量。如果只是一味地批评甚至打骂，则容易让孩子产生逆反心理，从而消极抵抗父母的责备，逐渐对学习产生厌倦。

其实，真正能够取得成就的人，不一定是天资聪颖的孩子；而一直不断努力的孩子，即使天资不够优秀，也一定能获得成功。

父母应该明白，成长比分数更重要，多给孩子一些宽容与鼓励。在你要发火时，不妨忍一忍，换一种方式看问题，也许你会给孩子和你自己一个惊喜。

培养孩子的合作精神

合作是一种精神态度，也是一种能力修养。现代社会人与人之间的联系越来越紧密，这就决定了人与人之间也必然需要合作。

合作不是一般意义上的人际交往，而是为了一个共同的目标结成的互助互利的双赢关系。因此，培养孩子与他人合作的能力尤其重要。父母应该从孩子懂事起，就有意识地培养孩子与他人的合作精神和能力。

合作是现代人的一项基本素质与品格。如果一个人不能与人真诚合作，他就不可能成功。

一个人要取得事业上的成功就需要具备与人合作的良好品质。没有互相关心、支持与合作就很难取得事业上的成功。21 世纪的成功者将是全面发展的人，富有开拓精神的人，善于与他人合作的人。

“一个篱笆三个桩，一个好汉三个帮。”一个人的成功离不开别人的帮助，离不开与别人的合作。在未来生活中、事业上都需要合作，各种各样的合作。要让孩子不管在什么时候、在什么地方，永远都要记住“合作”。因为合作是取得成功的前提条件。

现在的孩子多是独生子女，在家备受父母的宠爱，因此也很容易养成任性、脾气大、与人合作能力差的缺点。所以，父母应格外重视培养孩子与人合作的能力。

与人合作不是一件容易的事情，毕竟合作双方是两个独立存在的个体，在心理意识、个人判断以及价值观等方面难免会存在差异，这些差异对合作有着极大的影响，一个弄得不好，就可能导致不良现象的出现。

学会关心他人、善于合作，能与人相处共事，将是未来社会所需人才重要的条件之一。离开这一条不可能成为社会有用的人，更无法立足社会，无法生存发展。所以，父母一定要让孩子学会合作，让他早日受益。一旦学会合作，他就会在学习的道路上越走越顺利，同时，也为未来事业的成功打下基础，成为社会需要的人才。

当今社会是一个合作共赢的社会，是一个呼唤有合作能力的人才的社会。因为在信息化的社会里，每一个新理论的诞生，均得益于学者之间的合作；每一个新的科研成果、每一项事业的成功，均是集体智慧的结晶。由此可见，要想让成功的机会大一些，就必须善于与他人合作。

合作是一个人、一个群体早日迈向成功的重要途径。父母应该重视培养孩子的合作能力，让孩子能够在未来的生活、学习和事业中施展自己的合作本领，助其早日走上成功的大道。那么，到底应该怎样培养孩子的合作精神和能力呢？

一、让孩子明白合作的重要性

“天时不如地利，地利不如人和。”这说明了合作的重要。让孩子明白，当今社会是一个需要大家相互合作的社会。因为社会竞争日益激烈，科学技术日益高速发展，社会分工日益精细，而每个人的智力、知识面总是有限的。所以，人们为了达到共同的目的就会一起工作，以提高工作效率，这就是所谓的"合作"。合作已成为当今世界人们的主要工作模式。

二、培养孩子的合作意识

培养孩子的合作能力，还应该注意培养孩子的合作意识。一旦孩子具备了合作意识，他就会在这种意识的指引下去完成合作活动，久而久之，孩子的合作能力就培养起来了。

父母可以多让孩子参加集体活动。在集体活动中孩子能逐渐意识到处处考虑别人的意见，做事要与人合作。在孩子之间发生矛盾时，尽量让他们自己解决问题，使他们获得与人相处的经验，培养其与人合作的能力。

平时，要给孩子多讲一些合作成功的故事，然后让孩子分析其中的成功原因。这样，孩子就会对合作有一个比较清晰的认识，就会在头脑中树立一种合作的意识。

培养孩子的合作意识，除了给孩子讲述合作的故事之外，还要注意训练孩子的合作思维。要使孩子明白，自己想的不仅仅是自己需要什么，而是整个活动、整个家庭需要什么。

三、培养孩子表达和沟通的能力

父母要让孩子知道，表达与沟通能力是非常重要的，不论做出了多么优秀的事情，不会表达，不能让更多的人去理解和分享，那就几乎等于白做。只有注重与别人之间的交流与沟通，注重培养团队精神，才能为别人所接纳与尊重，才能与人愉快地合作。

四、让孩子感受合作的快乐

"兴趣是最好的老师"，培养孩子的合作能力，应让孩子感受到合作的乐趣。比如，如果孩子喜欢侦探故事，就让他读读侦探福尔摩斯的故事，然后让孩子想一下，为什么福尔摩斯破案会这样神速呢？孩子就会明白，原来是福尔摩斯与华生配合的原因。这样，孩子就会发现合作的兴趣。

如果孩子喜欢唱歌，就让他注意一首歌曲一般有几个人完成。他就会明白，原来一首歌竟然需要词作者、曲作者还有演唱者共同合作才能完成啊！如果只有曲作者而没有词作者，或没有演唱者，那么这一首歌就是不完整的。这样，也会激发孩子的合作兴趣。

孩子之间的彼此合作不但可以事半功倍，还可以让友谊地久天长。其实，做事情最重要的是自己快乐。与别人合作快乐了自己也快乐了他人，何乐而不为呢？

成功的合作可以让孩子产生快乐的感受，这种感受能够带给孩子无穷的动力，进而促进孩子的合作意识和合作行为。

五、让孩子多与同伴交往并共同完成任务

给孩子足够的时间让其与同伴在一起，他们可以一起交谈、一起分享玩具、一起做游戏、一起出去玩耍、一起做作业。父母应该知道，孩子有自己的生活，这种生活是成人社会所无法取代的。如果孩子不喜欢与别的孩子交往，父母就更要有意识地鼓励他与同伴接触、交往。此外，父母不能过多地干涉孩子的交往，这种交往是孩子获得合作的能力与情感体验的最基本的条件，它有利于养成合群性，消除孩子执拗或孤僻的性格。

父母想要提高孩子的交往与合作水平，可以让孩子与同伴分担一个任务的不同部分，以便他们通过必要的主动交往与协调达到总体任务的完成。

六、让孩子明白集体力量胜过个人力量

要让孩子明白，集体的力量永远胜于个人的力量。在一个集体中，只有团结一致、齐心协力才能办好事情。孩子明白了这样的道理，就会融入集体，融入团队，就会自然而然地与别人合作。

很久很久以前，有个国王，他有10个儿子，这10个儿子平时因争权夺利，相互勾心斗角，扰得整个皇宫不得安宁。一天。老国王得了重病，知道自己快要不行了。于是就把10个儿子都叫到身旁，拿出10支箭来，让10个儿子每人折一支，10个儿子轻轻一折，就将箭折断了。然后老国王又拿出10支箭，并把这10支箭紧紧地捆扎在一起，让10个儿子折，可10个儿子每个人都用尽力气也折不断。这时，10个儿子都明白了老国王这样做的目的，他们也终于明白了集体的力量大于个人的力量。

要让孩子明白，每一个人，都离不开集体。我们每一个人都希望能得到集体的关心和爱护，从集体中获取勇气和力量。但是，这一切从何而来？这一切来自于每一个人的相互合作。只有每一个人都热爱集体、关心集体、共同维护集体的利益和荣誉，集体才会充满阳光，才会更有力量！

七、在游戏中培养孩子的合作精神

让孩子参加游戏活动也是培养孩子合作交往能力最有效的途径，因为在游戏中孩子可以学会逐步摆脱“自我中心”。

另外，还可以邀请些孩子到自己家里来玩，并带他们一起做一些需要协作的集体活动，如共同搭积木、拼图等。在这些活动中，必须制定一项规则，即不可相互责备。孩子与同伴在活动中意见不统一时或玩得不愉快时，家长应及时引导孩子相互商量用什么方法可以使大家都玩得愉快，如“剪子、包袱、锤”、依次轮流等方法，协调关系，确定共同的目标，使活动顺利进行。

父母可以引导孩子在游戏中学会合作，因为游戏是培养孩子合作交往能力最有效的活动，它是一种对社会活动的模仿，深受孩子的喜爱，因而也就能起到很好的教育效果。如将孩子分成几个小组，选择需要互助合作才能完成的游戏让孩子比赛，赛完后分析获胜和失败的原因，让孩子知道只有服从集体利益，即使自己吃亏也是光荣的。

要让孩子学会相互配合，慢慢地就可以使他懂得如何合作才能把活动做好。在合作过程中，孩子也会发现别人的优点，就会变得喜欢与别人合作。

八、让孩子树立双赢意识

现在的孩子大多都是独生子女，一般在家里不会有人跟他争什么东西，父母也通常不会对他的言论提出什么不同的意见。但是在家以外的地方，比如学校，就出现了竞争者和反对者。这样，孩子就认为反对他以及和他竞争的小伙伴不是合作的对象。所以，父母要及时教育孩子端正他的竞争心理。告诉孩子，竞争目的主要在于实现目标，而不在于反对其他竞争的同学。父母要教孩子把其他同学作为学习上的竞争对手，生活上的合作伙伴，千万不可一味地把他人当成竞争对手和敌人。

要让孩子明白，只有通过大家的共同努力，才能取得共同的成功，获得双赢。如果只是自私地想自己成功，而不顾其他人，这样没有人愿意和你合作，自己也不能获得成功。

有助于孩子成功的说话语气

成功的家教与父母的言语表达息息相关。尤其是父母跟孩子说话的语气，将对孩子的情商、智商、气质、修养产生深远的影响。

一、信任的语气

孩子希望得到成人特别是父母的信任，所以，对孩子说话时要表现出充分的信任。

如孩子想学习某项技能，家长用信赖的语气说："只要努力学，认真学，我相信你一定能学会。”这无形中就给了孩子一份自信，并让他明白，只有坚持才能获得成功。假如用的是挖苦的语气：“就你这样三分钟热情学什么也学不会。”就会给孩子的自尊心带来伤害，令他对自己的能力产生怀疑。

二、尊重的语气

从两三岁起，孩子的自我意识就开始萌发，随着年龄的增长，这种自我意识会愈发强烈。孩子有了自己的一些主见，说明孩子知道了自己的力量和能力。

当孩子提出自己的看法和要求时，不要认为是孩子不听话，跟父母对着干，而粗暴地反对。如家长要求孩子去学习，可他还想再跟小伙伴玩一会儿，家长不能发脾气：“越大越不听话了，不好好学习，看你长大了能干什么。”这样做只会让孩子更加厌恶学习。应该用尊重的语气：“那你再玩一会儿，不过，玩完了，可一定要好好学。”孩子就比较乐于接受了。

三、商量的语气

每个孩子都是有自尊心的。要让孩子去做某件事情，可用商量的语气，让孩子明白，他跟大人是平等的，父母是尊重他的。

比如，父母想让孩子把地上的玩具收拾整理一下，可以这么说：“宝宝，乱丢玩具是多不好的习惯啊，你跟妈妈一起把玩具收拾一下好吗？”千万不要用命令的语气：“你怎么搞的，乱丢玩具，快点去收拾好！”否则，孩子听你责备，心里就会产生反感，即使按大人的要求去做，也是不开心的。

四、赞赏的语气

每个孩子都有优点，都有表现欲，发现孩子的优点并加以赞赏，会让他更加乐于表现。

孩子画了一幅画，也许画得不是很好，可孩子作画的热情和认真劲儿是最可贵的。当孩子把画捧给你看时，不能轻描淡写地应付几句："画得一般，好好练。"这样会让孩子对画画失去热情和信心。应该用赞赏的语气肯定他的作品："想不到我的宝宝画得这么好，继续努力，一定会画得更好。"孩子的表现欲得到了满足，有了快乐的情绪体验，对画画就会更有兴趣。

五、鼓励的语气

要孩子做到没有过失，这是不可能的。当孩子做错了事，不要一味地批评责备，而应帮助他在过失中总结教训，积累经验，鼓励他再次获得成功。

如孩子第一次帮妈妈端饭碗失手掉到地上摔碎了，你不能责备他："连个碗都端不稳，真笨。"这样会打击孩子尝试新事物的信心和勇气。应该用鼓励的语气："你不小心摔了碗，没关系，以后先用手指试试烫不烫再去端。"这样，既教给他实践的方法，又给了孩子再次尝试的信心。

学会表扬孩子的技巧

孩子的天赋就像一棵刚刚萌芽的幼苗，非常需要父母的赏识。

对孩子来说，能得到父母的表扬是一件很了不起的事情，因此，父母不应吝惜对孩子的表扬。但表扬也不是越多越好，父母应避免因表扬过多而影响孩子的行为动机，防止他专门为了得到表扬而采取不恰当的行动。

父母什么时候都不应吝惜对孩子的表扬，尤其是对年龄小的孩子。父母常用成人的眼光去看待孩子的行为，认为孩子没有值得表扬的地方。其实，年龄小的孩子能做好一些“简单”的事已经很不容易了。要知道，良好的习惯和惊天动地的成绩就是由这些“简单”的行为累积起来的。因此，只要有助于培养孩子良好的习惯，能增强孩子的自信心，父母就要慷慨地给予表扬。

父母的表扬能使孩子感觉自己就是天才。当然，如果孩子认为自己是一个天才，那他最终就会成为一个天才。相反，如果孩子觉得自己很笨，他也就会真的越来越笨。究其原因，是心理暗示在起作用，遇到难题就害怕，越怕越容易错，错了就觉得自己更笨，进而形成恶性循环。

在现实中，有很多孩子不能正确评价自己，不能正常发挥自己的天赋，反而整天在缺乏自信的状态下死读书，浪费自己的天赋。他们本来用一半的时间就可以取得双倍的学习效果，却从小被挫折感折断了飞翔的翅膀，这实在是非常可惜的。

父母有必要学习一些表扬孩子的技巧。

一、表扬要及时

对于孩子的良好行为，父母要及时表扬。过后再表扬，孩子会弄不清楚为什么受到了表扬，因而对表扬不会有什么印象，当然也起不到强化好的行为的作用。因为在孩子的心目中，事情的因果关系是紧密联系在一起的，年龄越小，越是如此。

二、表扬要具体

表扬得越具体，孩子越容易明白哪些是好的行为，越容易找准努力的方向。比如，孩子看完书后，自己把书放回原处，摆放整齐。如果这时父母只是说“你今天表现得不错”，表扬的效果会大打折扣，因为孩子不明白“不错”指什么。你不妨说：“你自己把书收拾得这么整齐，我真高兴！”一些泛泛的表扬，如“你真聪明”、“你真棒”，虽然暂时能提高孩子的自信心，但孩子不明白自己好在哪里，为什么受表扬，就很容易养成骄傲、听不得半点批评的坏习惯。

三、表扬要针对孩子的个性

对性格内向、个性懦弱、能力较差的孩子要多肯定他的成绩，以增强他的自信心。对虚荣心理强、态度傲慢的孩子则要有节制地运用表扬，否则将会助长他的不良性格，影响他的进步。

四、采用适合孩子的表扬方式

只有采用适合孩子的表扬方式才能收到最好的效果。表扬、鼓励的方式有很多，如购买图书、玩具、衣服、糖果、饮料等物质奖励；点头、微笑、搂抱、竖大拇指等动作和表情奖励；恰如其分的语言表扬；做游戏、逛公园、讲故事等活动性奖励。所有这些父母都可以有选择地加以运用。

首先不同年龄的孩子对表扬反应不同，年龄小的孩子，父母的搂抱、亲吻、抚慰等动作，讲故事、做游戏等简单的活动，漂亮玩具、好吃东西等物质奖励会收到好的效果。对年龄大的孩子这一套很可能行不通，而这时父母若采用竖大拇指、拍拍孩子的肩膀、微笑等动作，再辅以恰当的语言、孩子喜爱的图书等，却往往会收到意想不到的效果。

每个孩子都有自己的特点，哪种方式最适合你的孩子，就靠你去用心选择了。希望所有的孩子都能在父母适当的表扬声中学会自信、进取、探索和自我激励。

五、精神激励与物质奖励相结合

精神激励与物质奖励相结合的表扬方式经常被父母采用，但应该明确，任何时候都应以精神奖励为主。物质奖励一定要伴随言语的指导。不要过分强调物质这一外在的动力，应注意孩子内在动机的培养。在进行物质奖励前后要具体说明为什么，让孩子明白奖励的原因。有些孩子本来可以干好，也应该干好的事情，父母就不应用奖励来刺激，否则会适得其反。

当孩子表现得非常好，或长时间坚持好习惯时，可送给他一个喜欢的小礼物，让他惊喜一番。但这种物质奖励不能滥用，年龄越大的孩子越应采用以精神奖励为主的方法。

掌握批评孩子的艺术

管教孩子是一门很大的学问。父母管教的方式在不知不觉中影响孩子的成长。过多的或不当的叱责不仅会束缚孩子的主动精神，也会扼杀孩子的独立性和创造性，并给孩子的心灵造成严重的创伤。

父母可以从以下几点方法中得到一些管教孩子的启示：

一、尊重孩子的人格

在父母眼里，往往觉得孩子小，什么都不懂。殊不知孩子是正在成长中的人，他对周围的人和事会有自己的认知方式和情感倾向，也需要别人的理解和信任。父母只有尊重孩子，用科学民主的方法对待他，才能把他培养成有高度自尊心和责任感的人。因此，教育孩子时一定要注意场合和分寸，切莫在大庭广众之下训斥孩子，也不要说粗鲁、讥讽孩子的话。

二、让孩子知道自己为什么受批评

由于孩子年龄小，知识经验少，能力有限，因此常常会惹出这样那样的事端来。父母应实事求是地加以评价，讲清道理，同时应帮助孩子分析原因，引导他自我反省。

三、告诉孩子正确的做法

批评本身只是一种教育手段，而不是教育的目的。教育的目的是使孩子今后不再犯同样的错误。因此，父母在批评孩子时，要耐心地教给孩子做事的方法，最好是暗示，让孩子自己去思考、去判断，通过自己的努力加以改进。

四、营造融洽的说教氛围

在对孩子进行批评的时候，最好能够营造比较融洽的氛围，剑拔弩张的批评方式很难取得理想的效果。只有在其乐融融的环境中给孩子讲述生活的道理，他才能够真正明白自己错在哪里，应该怎样进行改正。

五、批评孩子要注意时间和场合

父母尽量不要在清晨、吃饭时、睡觉前批评孩子。在清晨批评孩子，可能会破坏孩子一天的好心情；吃饭时批评孩子，会影响孩子的食欲，长此以往会对孩子的身体健康不利；睡觉前批评孩子，会影响孩子的睡眠，不利于孩子的身体发育。最关键的是，父母批评孩子最不应该在公开场合，比如：公共场所，当着孩子同学、朋友的面，当着众多亲朋的面。孩子也是有自尊心的，甚至有的孩子自尊心会很强。如果父母在公开场合批评孩子，会让孩子感觉很没面子，还可能会对父母心怀不满甚至心生怨恨，会影响父母与孩子之间的感情。

六、批评要合理

批评合理才能使孩子接受，才有可能抑制孩子的不良品德、不良行为、不良习惯与不良学习态度等。

父母对孩子进行批评时，首先要把孩子的不良行为事实搞清楚，事实不清、夸大其词会使孩子产生拒绝心理。因此，父母在批评孩子时，要做到有一说一、有二说二，绝不能把一说成二。

七、批评要与教育结合起来

批评的目的是为了抑制孩子的不良行为、不良品德、不良习惯与不良学习态度等。为了使批评能够达到目的，父母在对孩子进行批评时一定要向孩子讲清楚不良品德、不良行为、不良习惯与不良学习态度的危害性，使孩子感到非常有必要克服这些缺点，改正错误，使孩子感到父母批评自己的目的确实是为了自己好，是为了自己能够更快地进步。

八、批评要批评在点子上

批评要有针对性，就事论事。然而，有些父母批评孩子却不是就事论事，而是算旧账，把上星期甚至一年前、两年前孩子的过失都放在一块儿算。这样就冲淡了要批评的主题，孩子不知道挨批评的重点是什么，也不清楚父母让他改正什么。这也不是，那也不是，总是有缺点，容易使孩子产生消极情绪，失去信心。

九、批评是为了让孩子改错

批评时，应该允许孩子做出解释。但也要让孩子明白：解释的目的并不是推卸本来应负的责任。要求孩子解释时保持心平气和、实事求是。

批评是为了让孩子改正错误，而不是揭孩子的短。因此，批评不是随意指责孩子，而是根据不同时期的孩子的心理特点给予积极引导。

批评孩子是一门艺术，父母应该努力去学习、去探讨这门艺术，以便对孩子的批评能有的放矢，如春风化雨般滋润孩子的心田。

成为孩子心中理想的父母

所有父母都希望给孩子最好的照顾与成长环境，都希望成为孩子心目中的理想父母。父母对孩子的爱是那么的纯洁和无私，在前所未有的爱意中浸泡的孩子，是否感到莫大幸福、对自己的父母感觉到满意了呢？

怎样才能成为孩子心目中的理想父母呢？首先要让孩子感觉到你对他的爱，其次还要进一步了解孩子的心理与需要，在孩子需要父母时，可以提供及时的爱与支持。

一、作为夫妻感情好

理想的父母不会在孩子面前争吵、打架、说脏话、批评他人。夫妻感情融洽，营造良好的家庭生活与气氛，让孩子视家庭为生活的保障与避风港。爱将全家人紧紧地结合在一起，有了爱，生命才显得伟大；有了爱，生活才有意义。

二、作为父母脾气好

理想的父母脾气不暴躁，不打骂孩子。允许孩子犯错，认为孩子犯错是成长的需要，是教育的机会。给孩子改正错误的机会，不老是拿孩子的错误说事。

三、智慧、幽默、大度

理想的父母应该是以身作则，和邻居友好相处，知道关心他人，遇事不急不躁。谈吐幽默，处世智慧，为人宽容大度，身心健康，人格健全。

四、常和孩子在一起

理想的父母不把公事带回家，要保留一点精力回家。晚上或假日，尽量减少应酬，与孩子约定的时间要遵守。经常抽空陪孩子玩儿，以联络感情，培养亲情，取得孩子对父母的信任，增进亲子间的沟通。在玩儿的过程中可了解孩子的心事、想法、对父母的要求、生活中遇到的挫折与困难等，这有助于了解孩子。陪孩子一起玩儿还可以培养出共同的兴趣，陶冶孩子的情操，协助孩子发挥自主性、增强创造能力、增进想象力。

五、不在别人面前说孩子的缺点

虽然孩子的缺点不少，但父母应给孩子适当的自尊心，避免在别人面前指出孩子的缺点、批评孩子的不是，让孩子在他人面前下不了台，丧失自尊心。

六、不逼孩子吃饭

孩子不好好吃饭虽然是一件令人头疼的事，但理想的父母应该了解孩子的生理状况，根据孩子的生理状况合理安排饮食，不要强令孩子把剩饭吃完，可以在下次吃饭时少盛一些。

七、不剥夺孩子做事的机会

只要是孩子能力范围可及的事，尽量由孩子自己动手处理，除非孩子需要父母帮忙，否则不要事事代劳，剥夺孩子做事的机会与自我实现的成就感。在孩子完成一件事时，除了验收成果之外，更不要忘了给予称赞、鼓励。

八、懂得倾听和商量

理想的父母懂得凡事倾听、凡事商量的道理。平日不管有多忙，只要孩子需求，都应停下来听孩子说话，了解孩子的想法，尊重孩子的意见。

正如每个孩子的个性都不同一样，每个父母也各有自己的特点，所以，做到尽善尽美很难，尽力而为吧。“坐而言，不如起而行”，只有付诸行动，才能成为理想的父母！